浙江智库
ZHEJIANG
THINK TANK
浙江师范大学非洲研究院

非洲区域国别学系列丛书
总主编 / 刘鸿武
非洲法律翻译及研究丛书
主 编 / 吴 卡

非洲国际投资法律与政策

基于人权路径探讨投资管理和争端解决问题

[尼日利] 福拉·阿德莱克 / 著　　李良才 / 译

International Investment Law and Policy in Africa

Exploring a Human Rights Based Approach to Investment Regulation and Dispute Settlement

Fola Adeleke

法律出版社 | LAW PRESS
北京

Routledge
Taylor & Francis Group

著作权合同登记号
图字：01－2021－0739

国家社科基金重大项目《“五位一体”构建中非命运共同体的战略路径探索与实践创新研究》
（21ZDA129)

非洲区域国别学系列丛书总序*

一、编纂非洲区域国别学系列丛书的缘起

在“区域国别学”从学术边缘走向学术前沿的历史进程中，浙江师范大学非洲研究学术团队，一直发挥着某种特殊而关键的前沿探索、基础搭建、体系建构等开拓、引领作用。多年来，我们以非洲大陆及其上的 54 个国家为对象，进行重要的“区域国别”研究，扎根于斯、行走于斯、创作于斯，逐渐在实践中探索出了一条具有知识原创性、学理建构性、实践指导性的区域国别学建设之路，形成了“学科建设为本体、智库服务为功用、媒体传播为手段、扎根非洲为前提、中非合作为路径、协同创新以赋能”的“六位一体”的实践路径，以及中非学者紧密合作、双向推进“中国非洲学”和“非洲中国学”的发展模式。

2021 年，国务院学位委员会发出《关于对〈博士、硕士学位授予和人才培养学科专业目录〉及其管理办法征求意见的函》，将“区域国别学”列为新增“交叉学科”门类首批 6 个一级学科之一，这是中国高校学科建设的一个具有方向性启示意义的重要调整变化，表明国家与时代对“区域国别学”之重要性有了更高的认可与期待。在此背景下，以创新举措与务实方式建设好“区域国别学”，既是时代赋予中国学人的新使命，也是中国高校

* 本序原为刘鸿武的《中国特色区域国别学的建设目标与推进路径》一文，载《大学与学科》2022 年第 3 期，此处有改动。

学科创新建设的重大前沿领域，在此方面尚有许多重大的实践与理论问题有待中国学人去探索，去实践。

中国古人治学，常说“著书立说”，当“有典有册”，将多年积累的学术成果编辑成册并结集出版，将无形的知识与思想用图书形式固定下来，以便跨越时空的保存、收藏与传播，正是所谓“文献名邦”以书香浸润天下、感化后人、泽被万世。可见著书立说实为学术传承与发展的基础，虽然今日电子信息时代，图书也非学术传承之唯一形态，但从学术发展的长远考虑，重视专业学科建设中的系列图书出版，依然是学术累积、学派形成、品牌建构的不可或缺的途径。

不过，成书并累积成系列、成文库、成大典，实非易事，当有专人作规划、推动，举凡经费之筹措、编纂之实施、校编之完善，环环相扣，缺一不可。事实上，早在2007年9月浙江师范大学非洲研究院创立之初，我们就在《光明日报》首次发布了面向海内外的《浙江师范大学非洲研究文库》编纂通告，一时响者甚众，那以后的十五六年，我们这一非洲研究文库坚持高起点、国际化原则，汇集海内外中非学者资源，先后推出“非洲当代发展研究”“非洲重点区域与领域研究”“非洲通史与国别史研究”“非洲教育与中非教育合作”“非洲经济与中非经贸合作”“非洲艺术与文化研究”“面向非洲国家的中国改革开放与发展实践研究”等系列，其中有的系列还获得国家出版基金的立项资助，保证了图书的顺利出版。此外，过去10多年，通过协同创新的方式，浙江师范大学校内其他相关学院如经济与管理学院、外国语学院、法学院、国际文化与社会发展学院等，也陆续编纂出版了各自学科领域涉非著(译)作数十种。这样，截至2023年，浙江师范大学学术团队组织编纂出版的聚焦非洲的各学科领域著(译)作，累计已超过200部，成为进入21世纪以来全国编纂出版的规模最大的非洲研究成果集成。

为更好推动非洲区域国别学学科建设与人才培养事业的发展，2023

年年初，经多方论证，浙江师范大学决定在过往基础上，启动新一轮更加专门化的“非洲区域国别学系列丛书”大型编纂工程，以求进一步拓展研究领域，增加系列类型，提升成果的学科化和专门化水平，并在《光明日报》再次推出《非洲区域国别学系列丛书》编纂征聘通告，面向海内外征聘遴选非洲区域国别学著作，以非洲区域、非洲国别、非洲专题的形式，再次集结为非洲区域国别学研究的新十大系列丛书，以形成既具备学科覆盖面与系统性，又各具特色、重点突出的非洲区域国别研究成果，打造非洲区域国别学知识群落，为中国区域国别学建设探索新路径，提供新模式，树立新标杆。

“著书不为稻粱谋，惠及民生方为高。”一时代有一时代之学术，学术作为时代的窗口，往往与时代演化交互作用。纵观当今之世界，多元文化碰撞激荡，各种思潮往来竞逐，世界百年未有之大变局使人类面临的问题和挑战越来越复杂，世界比以往任何时候都更迫切地需要建构起一种人类共建、共通、共享的知识、思想与文化体系，从而让人类以更加理性、主动、积极的方式，携手相向而行，采取共同行动，塑造共同利益，担当共同命运。在构建这样一种人类共享知识体系的过程中，中国可以也应该发挥更多建设性作用。有中国特色和精神气度的新兴交叉学科“区域国别学”作为一门行走世界、认识寰宇、服务天下的学科，自当在当今世界复杂背景下发挥积极作用，以学术服务于中国之治和世界之治，进而推进人类命运共同体之建构。我们当由此背景和高度上来理解“中国特色区域国别学”建构的时代意义，并寻求开阔通达的前行目标与推进路径。

从战略层面上看，中国特色区域国别学是助力建设和谐美好世界的“人类命运共同体建构之学”，是对冲、消解、替换维护西方特权霸权“冷战知识体系”的“人类共建共通共享知识体系建构之学”。从学科层面上看，建构区域国别学对中国高校创新发展也有特殊意义：一是有助于打破学科壁垒，破解“内卷”困局，推动高校学科建设的融合发展；二是有助于搭建对外桥梁通道,推动中国高校学科建设的国际化进程,提升中国高校的国际影响力;三是有助于延伸大学知识的价值链,使一流学科兼具特色智库功能。

概言之,中国特色区域国别学的逻辑起点、推进路径和最终归属,都必须努力融入国家与时代的发展大潮。在此方面,浙江师范大学非洲区域国别学"'六位一体'集成建设"的实践探索,或许可为全国高校区域国别学建设提供某种路径参考。

二、区域国别学的概念阐释与内涵解读

作为一门新兴的、建设中的实践性学科,我们对"区域国别学"的基本定义做这样的表述:"区域国别学是一门聚焦于特定的地域性问题的综合性、交叉性、实践性的新兴学科,它重视自身创造知识与思想形态的地域适应性和时空关联性,重视从特定地域时空结构上来开展适宜性研究,通过建构综合性与适地性的知识体系,努力形成对这一特定区域的一般性、普遍性、特殊性问题具有解释力、运用性、操作性的集成化的区域国别学学科群落与知识体系,以为天下治理之大用。"①

这里,我们对上述定义做一些分析解释。

第一,我们说区域国别学"聚焦于特定的地域性问题",这是相对于以往那些"聚焦于领域"或"聚焦于专业"的学问而言的。所谓"聚焦于领域与专业"的学问,包含了诸如聚焦于经济问题的经济学、聚焦于政治问题的政治学等;而"聚焦于某个特定的区域、地域、地区、地方,并对这个区域作整体性综合性专门化研究"的区域国别学,则包含如"聚焦于非洲问题的非洲学""聚焦于中东问题的中东学"等。至于"被聚焦的地域",则可以依研究之需要而有大有小,大者如洲际规模的"非洲""亚洲""拉丁美洲",小者如次区域的"非洲大湖地区""中南半岛""巴尔干半岛""加勒比海地区"等。这些或大或小的"区域""次区域"往往都具有问题的区域关

① 刘鸿武:《中国区域国别之学的历史溯源与现实趋向》,载《国际观察》2020年第5期。

联性与整体性，可以作为具有内在联动性的“单位”进行综合观察、专门分析与系统研究。从这个意义上说，所谓的“国家”，也是一个“区域”，一个“地方”，如中国这个区域、印度这个地方，我们可以把国家作为一个“整体”来研究观察，形成关于中国、关于印度的知识体系与理论成果。总体上说，区域国别学是聚焦于某个特定地域上的学问。

第二，区域国别学是一种新时代中国学术与思想发展的策略路径，通过它的创新发展与实践，并交叉整合于其他学科，必将大大有助于推动今日中国之学术发展与学科建设更多地传播到世界上不同区域、不同国家，从而使传统的“聚焦于领域专业之学”（如经济学、政治学、历史学）与新兴的“聚焦于地域国别之学”（如非洲学、中东学、拉美学、南亚学）两大知识领域，得以相辅相成，进而让我们对今日之大千世界的各个区域、各个国家、各个民族，看得更清楚，说得更明白，解释得更完整，合作得更有效。

第三，所谓“重视自身创造知识与思想形态的地域适应性和时空关联性，重视从特定地域时空结构上来开展适宜性研究”，是指通过“聚焦于特定区域的知识与学问”而形成的种种知识体系与思想形态有一个突出特点，即这些知识与思想必定与其研究的特定区域相关联、相适应，这些知识与思想只能产生于对这一特定区域的长期观察、体验、分析、思考和研究的过程中，而不是产生在其他地方，更不是产生在长期远离研究对象之时空的学者的“沙发”上。区域国别学不是在远离研究对象区域、远离研究对象具体时空环境的“真空”中作抽象概念推演而形成的各种空泛假说与虚浮臆想。区域国别研究者所形成的知识与思想，必须产生并适应于这一特定区域、地方和地域的鲜活实际情况，经得起在这一特定区域的实践查证、检验和追问。

第四，通过上述努力，“形成对这一特定区域的一般性、普遍性、特殊性问题具有解释力、运用性、操作性的集成化的区域国别学学科群落与知识体系”，这里包含三层意义：一是学者的知识创造与思想探索，可以用来很好地解释、解答其所研究的特定区域、特定国家、特定地方的一般性、普遍性、特殊性问题；二是这样的知识与思想不是分散的、局部的、零落的，而是集成化的、整体的、系统的，是一个关于特定区域、特定国家、特定地方的集成化的知识群落与知识体系；三是人们也可以运用这些知识与思想来指导、支撑、帮助他们去认识和解决特定地方的各种复杂问题，即所谓“学可以用，智可以启”。

第五，“一方水土养一方人”，一方水土也养一方学人，成一方学问。比如研究贫困问题，一般性的经济学家可能更多是从普遍的、抽象的、理念的层面，来分析贫困的原因，解释贫困的根源，但区域国别学研究者则有所不同，其针对具体的地区、国别实际做出的具体研究，当特别呈现知识与思想的可操作性、可运用性和可实践性，凸显与研究对象特殊形态相关联的知识针对性。贫困是人类社会的“顽疾”，但贫困的发生与解决，在不同的区域、国别、地方会有不同的根源和表现，也需要不同的对策和举措。现实生活中，非洲的贫困与中东的贫困，尼日利亚的贫困与坦桑尼亚的贫困，一定有所不同，呈现地方特殊性。如果要用知识去帮助解决不同地方的具有特殊根源与表现的贫困问题，我们就必须深入这些不同的国家、不同的区域、不同的地方，去真实地、具体地、全面地研究当地贫困的实际情况，方可从空洞的概念推演落地到真实的生活大地上来并付诸实践，避免犯纸上谈兵、本本主义、教条主义的错误。如此，知识才会是有用的、能用的、管用的。

第六，区域国别学是一个集成化的学科群落与知识体系，是一个用于国家治理、天下治理的实践知识体系。在某种意义上，区域国别学既可以称为“交叉学科”，亦可以称为“博物学科”，因其“集成化”的知识体系与知识群落，我们说区域国别学本是一个“博学”的知识形态，它需要将研究对象的各类知识统筹、汇聚起来，形成纵横交错、层叠相加、相互印证的集成化知识群落，方可获得对于特定区域国别的系统化、整体化、通识化的把握,求得对一区域国别复杂问题的统筹通揽,即所谓"认得大体、辨得大局、把得大势、成得大业"。

第七,从实践的角度看,区域国别学是一个实践的过程,是一门实践性、操作性突出的新兴学科。它既是综合交叉、跨学科的,又是个体经验、个体实践的。我们经常讲,区域国别学是培养研究对象的"国别通""区域通"。"通"者,通古今之变、通天人之际、通史地之源、通中外之交,打通知识体系,方可纲举目张、把握潮流、辨识大局,从而顺势而为,因势利导。从实践操作角度上看,这个"区域国别"无论是大是小,我们都可以把它作为一个特定的"区域"来作整体性研究,通而观之,集化成识。就此来说,"学科交叉"之起步只是初始形态,"交叉学科"之建成才是完成形态。也就是说,通过学科之交叉而形成交叉之学科,集众学科之大成而深度融合,汇通众人之博识而得"集成化的学科群落",方是作为"交叉学科"的区域国别学之真正完成。

第八,区域国别学之研究路径方法有两个重要维度,就是需作时间和空间的综合把握与宏观认识并落地生根。从事区域国别研究,一定要到对象国去,扎根于对象国特定的环境、时间和空间,重视研究对象特定的历史进程与时间关系,重视研究对象的环境背景、基础动力和演进过程。先说事、后论理,论由史出,因事求理。简言之,区域国别学要能把对象的事情说得很清楚、讲得很明白,每当世界上某个地方发生事件时,我们的区域国别研究者能够"摸得到路,找得到人,说得上话,办得成事",在相关研究成果与专业人才方面确保"国家用得上、部委离不开、队伍靠得住、建议可信赖"。作为一门接地气、能运用、可操作的"行动之实学",区域国别学要从"概念之虚学"里走出来,脱虚向实。总体而言,区域国别学是一门"研实际、求实理、重实践、做实事、育实才、务实效、得实功"的"七实之学"。

第九,区域国别学并非新事物,也非舶来品,"周虽旧邦,其命维新"。中国有深厚的区域国别的学术传统与实践积累,历史上的中国不仅要处理好国内东西南北间复杂多元的民族、种族与文化关系，而且作为一个周边国家、民族和文化极其复杂多样的洲际规模的大国，中国自上古之时起就特别重视对中原与边疆、华夏与四夷、本国本族与他国他族之复杂关系的认知，从而形成了丰富而久远的中国区域、地理、环境、民族和文化等不同维度的知识传统和治理经验。中国最早一部有关区域研究的经典之作是孔子整理的《诗经》。《诗经》之十五国风，就是当时通过田野调查、民间采访所获得的国情、区情或民情。按孔子的理解，这些资料可观民情、听民声，从而美教化、移风俗、施良策、治天下。汉代以后，中国知识思想体系渐趋成熟，班固撰《汉书》，专门设《地理志》之部，承继《诗经》之十五国风的传统，推论自黄帝以来至汉初的国家疆域沿革变迁、政区设置和治理特点。这一传统后世连绵传承，促成中国古代史上形成了发达的具有资政治国意义的“疆域地理学”或“政区地理学”。除正史外，发达的方志学、郡国志、地理志也是中国“区域研究”重要的知识传统。国家治理、社会协调和区域管理都强调“入乡随俗”，要“因地制宜”“到什么山唱什么歌”，这些思想传统都十分重要且有价值。

第十，从“分散的、个体的、分割的区域国别研究”提升到“集成化的、学科化的、体系化的区域国别学”，这是区域国别学作为一门新文科建设成长的基本方向和应有之义。一般来说，“区域国别研究”与“区域国别学”两个概念在许多时候是可以换用的，“区域国别研究”这一概念的内涵十分明确，无须特别解释，凡一切与区域国别有关的研究活动、研究领域和研究内容都可总归其门下，而“区域国别学”则有所提升，它更加突出了学科主体性、学理建构性、知识系统性和理论专业性，更多地关注区域国别研究的理论旨趣、学科路径、体系建构和方法创新，重在探索学科表现形态的某些普遍性、基础性问题。

三、世界百年未有之大变局下中国学术的志向担当

当前，国家重视中国特色区域国别学的学科建设。近年来，党中央提

出对内要铸牢中华民族共同体意识，对外要推动构建人类命运共同体、建构新型国际关系。为此，必须有能支撑、解释和服务这一命运共同体和新型国际关系的人类共建、共通、共享的知识体系、思想理念与行动智慧。但是，这一知识体系不会凭空而降，也不能由某一区域、某一国家的知识来充当普遍性的人类知识。过去百年，尤其是“冷战”结束以来，西方的本土知识逐渐传播于全球，包括西方对于非西方世界的认知与研究所形成的知识形态，一度被冠以所谓“普世主义”的光环，并在相当大的程度上主导或支配了人类的知识形态，给世界的知识创造和人类的相互关系带来许多矛盾和冲突。这是今日世界动荡不安、冲突迭起的一个非常重要的思想与知识根源。②

然而，人类社会面临的问题和挑战越来越复杂，没有任何一个国家的区域国别知识可以应对全球挑战。中国特色区域国别学，是中国学者与世界各国学者通过共同合作、平等对话、海纳百川而成之学，并非中国一家所独建独占，更不是要用中国的区域国别知识去替代西方的区域国别知识而成为另一个自封的“放之四海而皆准”的知识。中国特色区域国别学建设的出发点与目标宗旨是，通过推进开放包容、兼收并蓄的世界各个地区、各个国家、各个民族的共建、共通、共享的人类知识体系的努力过程，来与世界人民一道共同创造一个真正具有全球性包容吸纳特征的人类新知识体系。

就此来说，今日中国特色区域国别学建设中要做的一件事情就是，把西方世界近代以来创造的所谓的“普世知识”，总体上重新“还原”为“欧美的区域国别知识”或“美西方的区域国别学”，从而让我们得以历史地、理性地看待其成就与不足，取其精华，去其糟粕，而这正是今日中国学术思想界“重新认识欧美”的另一次思想解放与学术自觉过程的开始。

---

② 参见刘鸿武:《中国区域国别之学的历史溯源与现实趋向》，载《国际观察》2020 年第5 期。

长远来看,中国特色区域国别学之建设必须花大力气来广泛而充分地汲取、开发、继承、扬弃古往今来世界各个国家、各个民族、各个区域的传统知识和现代智慧。在这个基础上,通过平等对话、多元交流,如江河入海,综合创造出超越个别区域、个别国家范畴的人类共建、共通、共享的知识体系,从而让人类以更加理性、主动、积极的方式,相向而行,采取共同行动,塑造共同利益,担当共同命运。

从这个意义上来说,中国特色区域国别学是建设和谐美好世界、构建人类命运共同体之学,它也必须是应对中国与世界所需的"问题导向之学",而不是"对标西方理论之学"。中国特色区域国别学需要正本清源、校正前行方向,从过往的西方概念、理念、模型导向的研究,转向服务时代、服务国家,解决现实问题的自主创新研究,从"用中国和发展中国家材料去印证阐释西方理论的依附研究"转向"基于自身实践考察而建构自主理论知识体系的创新研究",从书斋论道、自说自话的"闭门书生"式的研究转向扎根大地、起而立行、知行合一的开放研究。

我们知道,当今世界正处在南北力量、东西力量对比转换前的复杂相持阶段。在这个阶段,一是美西方维持其全球霸权和特权的决心与力度不断增大;二是当前南方国家和亚非拉国家总体上尚未形成合力,且被分化的趋势还在加强。但无论如何,整个非西方世界的崛起和南方国家的发展是世界历史之大势。在这种情况下,中国的战略思想和知识创造需要有超越美西方的更高远的追求,需要统筹好中华民族伟大复兴战略全局和世界百年未有之大变局,开展协同研究,从知识层面上为对内铸牢中华民族共同体意识、对外构建人类命运共同体作出特殊贡献。

为此,今天中国战略思想知识界必须"有破有立":"破"者,破"美西方冷战知识体系"之高墙深壕;"立"者,立构建人类命运共同体知识体系之开阔平台。简言之,就是要从过去几十年美西方主导的冷战知识体系肆虐传播的旧形态,过渡到人类命运共同体知识体系建构传播的新形态,这是当前中国哲学社会科学努力发展的重大方向,更是区域国别学这一新兴学科首先应该着力的方向。今日中国的知识创新在世界范围内的一个时代任务,就是要破除这个笼罩在世界知识界、学术界、理论界、话语界的陈旧僵化的"美西方冷战知识体系",而以一种崭新的、开放的、包容的人类命运共同体知识体系来创造人类共同的未来。

我们认为,自20世纪80年代末以来,经过三四十年的演化交手,目前关于人类命运共同体知识体系和"美西方冷战知识体系"的基本内容已然清晰可辨。首先,关于建设合作共赢美好世界的人类命运共同体知识体系,我们已经有一系列相对完整的理念概念的知识表述与实际的行动方式,有了诸多关于人类命运共同体知识体系的理念和原则,如合作共赢、平等相待、相互尊重、和合共生、同舟共济、文明互鉴、多边主义、共同安全等。在这些理念和原则的基础上,我们也提出了很多具体概念并付诸行动,如独立自主、主权安全、政治稳定、发展权、生存权、经济增长、民生改善、基础设施建设、脱贫减贫、绿色发展、国家建构、政府能力、有效市场、有为政府等。

以上这些中国知识体系的积累与提炼过程,体现在当代中国区域国别学科建设实践的不同层面。例如,自2011年以来中非双方已在中国和非洲召开了"中非智库论坛"12届会议,中非双方学术智库界通过对中非全方位合作发展的直接观察与深入研究,及对构成这种发展的基础与背景的世界史、现代性和全球化现象的重新思考,日益有了自己的问题意识与自主意识,并逐渐开始"生成"自己独立的话语形态与理论面相,逐渐有了属于自己的知识基础、理念特色乃至话语概念。③ 可以说,"中非智库论坛"10余年的发展正是围绕上述这些理念、概念、知识与实践创造而不断推进的。

同样,多年来美西方维护其特权霸权的"冷战知识体系"也是清晰可辨的,比如这样一些耳熟能详的语词:唯我独尊、零和游戏、相互对抗、信奉

---

③ 参见刘鸿武:《非洲学发凡:实践与思考六十问》,人民出版社2019年版,第132页。

霸权、维护强权、支配全球、遏制战略、领导世界等。在这些理念和原则的引导下,美西方也创造出了很多具体的概念标签并且付诸全球行动,比如民主国家、专制国家、选举自由、价值观外交、历史终结、威权体制、庇护主义、家长制、资源诅咒、债务陷阱、制裁干涉、保护责任、转型国家、结构调整等。这些概念与行动具有突出的实用主义与双重标准的特点,本质上都是维护美西方利益的工具手段。

因此,中国特色区域国别学,不是西式的殖民帝国之学、霸权强权之学,而是融汇人类各区域、各国家、各民族文明成果的人类共建、共通、共享知识体系,是"人类命运共同体建构之学",用让世界相向而行、合作共赢、相互欣赏、美美与共的"人类命运共同体知识体系",去对冲、消解、替换让世界撕裂、对抗并维护美西方霸权特权的陈旧的"冷战知识体系"。这是当代中国学术的历史使命与时代责任,也是开放包容的"中国特色区域国别学"的学术志向与学术担当。

四、区域国别学建设的内生动因与目标

高校是国家科技竞争力的战略平台,未来中国在全球的科技发展、学术发展、思想文化发展的实力与竞争力,很大程度上取决于中国高校的人才培养和知识创造。"十三五"以来,中国高等教育取得了快速发展,目前中国已成为世界上高等教育大国,建成了世界上规模最大的高等教育体系,每年培养一大批高素质专门人才。党的十八大以来,中国特色社会主义进入新时代,哲学社会科学和高校学科建设迈上了一个新的台阶,国家的发展越来越需要高等教育和哲学社会科学提供战略性支撑,提供新的学术思想和知识创造,培养创新型人才。国家对高等教育和哲学社会科学的期待是过去从未有过的,尤其是"一带一路"倡议启动以来,高校在"一带一路"倡议中的支撑作用越来越明显。可以说,中国高校比以往任何一个时候都更加深入地参与到了国家的发展战略中,这给中国高等教育的发展

带来了前所未有的机遇。④

但当前高校不能适应国家经济社会和对外交往合作快速发展的缺点还是十分明显的,2016年5月17日,习近平总书记在哲学社会科学工作座谈会上指出,"面对新形势新要求,我国哲学社会科学领域还存在一些亟待解决的问题。比如,哲学社会科学发展战略还不十分明确,学科体系、学术体系、话语体系建设水平总体不高,学术原创能力还不强……"⑤"中国特色哲学社会科学应该涵盖历史、经济、政治、文化、社会、生态、军事、党建等各领域,囊括传统学科、新兴学科、前沿学科、交叉学科、冷门学科等诸多学科,不断推进学科体系、学术体系、话语体系建设和创新,努力构建一个全方位、全领域、全要素的哲学社会科学体系"。⑥

区域国别学对中国高校学科的新型发展,以及对建设世界一流大学有什么特殊意义?笔者认为,可以从三个方面来理解。

第一,打破学科壁垒,破解"内卷"困局,拆除过往人为建构起来的一些学科界限,尤其是阻碍学科融合创新发展的知识樊篱,推进高校内各学院各学科的交叉融合。区域国别学的建设目标是要形成有关研究对象区域国别的集成化知识群落,这离不开高校内部学科建设的协同化、集成化发展。今天的中国,是一个有14亿多人口,经济总量位居世界第二的巨型国家,无论是中国自身的事情,还是中国与外部世界的关系问题,往往都是极其复杂的。所谓"大国之事""大国之治",都必须由"大国之学"来解决,须有"集大成之学"来应对。实际上,自以"2011计划"为核心内容的高校推进协同创新工程实施以来,一些传统的学科隔膜、人为制造的障碍已经逐渐被打破,一些新兴的研究领域与知识体系正在被建构起来,集成化和系统化的学科平台与知识高地也在探索中呈现。现在通过建立体制

④ 参见张平文:《关于〈大学与学科〉的若干思考》,载《大学与学科》2020年第1期。
⑤ 习近平:《在哲学社会科学工作座谈会上的讲话》,人民出版社2016年版,第7页。
⑥ 习近平:《在哲学社会科学工作座谈会上的讲话》,人民出版社2016年版,第22页。

化的一级交叉学科区域国别学，通过形成相应的学科平台和学位体制，就可实现从“协同创新的行动实践”到“交叉学科的体制构建”的重大飞跃，把多年推进协同创新的成果规范化、体制化、学科化。在这方面，国家自然科学基金委员会已经做了比较重要的先行先试，2020年国家自然科学基金委员会在以往的七大学部之外，新成立了“交叉科学部”，其目标就是以重大基础科学问题为导向，以交叉科学研究为特征，统筹和部署面向国家重大战略需求和新兴科学前沿交叉领域的研究，建立健全学科交叉融合资助机制，促进复杂科学技术问题的多学科协同攻关，推动形成新的学科增长点和科技突破口，探索建立交叉科学研究范式，培养交叉科学人才，营造交叉科学文化，从而建设集成化的、综合化的知识体系与人才队伍，去攻克那些事关今日中国国家建设发展的重大“卡脖子”的难题，如集成电路科学与工程。就此来说，人文社会科学、管理科学也需要跟上时代的变化，有力推进学科的交叉与创新。区域国别学应是一个具有开放视野的，整合文理工各学科领域的集成知识领域，它对于今日中国高校的学科创新发展具有重要的推进引领意义。

第二，高校开展区域国别学科建设，可有效推动高校学科建设的国际化进程，提升中国高校在对象区域、对象国家的影响力。中国高校的各专业各学科的科研人员与教师，通过与研究对象区域国别的学术机构和科研人员的深度合作或无缝对接，在合作研究的过程中，向对象区域国别派遣访问学者、联合培养学生，将有效提升中国高校在研究对象区域国家的综合影响力。我们认为，区域国别学科的建设，不是中国学者“关起门来”在国内“沙发”上做学问，而是要走到研究对象区域国别去，与对象区域、对象国家的知识思想界无缝对接，与研究对象区域国家学者一道构建原创性的合作建构的知识与话语体系。比如，过去10多年，浙江师范大学通过开展全方位的对非教育合作与建构非洲区域国别学科，全校各学院各专业都启动了基于自身学科特色和地方发展需要的多学科跨学科的对非合作，在这个过程中，不仅浙江师范大学在非洲国家的影响力获得了快速而意义广泛的提升，而且也大大推进了整个浙江省各行各业的对非合作，浙江省对非人文交流、教育合作、智库对话和民间交往也取得重大进展。由此，浙江省尤其是金华市已经成为中国对非合作的"全国高地"，形成"对非合作，全国看浙江，浙江看金华"的区域对非合作新现象。

第三，区域国别学的学科特征使其天然具有特色智库的功能，可服务于国家重大战略需求，是实现当代中国国家治理和全球治理专业化、科学化和民主化的重要路径之一。区域国别学围绕国家发展重大领域和前沿问题，努力延伸大学知识价值链，让大学的一流学科兼具特色智库功能，助推了国家治理和全球治理的专业化、科学化和民主化。总体而言，中国特色区域国别学是一个内外跨学科赋能的过程，它赋予高校各传统学科以新的能力。从这个意义上来理解，区域国别学的建设，对高校来说并不是多一门学科、少一门学科的问题，而是要通过建设这样一个新型的特色交叉学科，创造一种当代中国高校办学模式、学术创新和思想变革的新工具、新方法与新路径。通过这样一种学科的创新建设和特色发展，优化提升中国高校学科建设与人才培养的新方向，让中国高校更加主动地融入国家的发展战略，更加主动地服务国家的发展战略，推动中国学术更多地落到今天中国和世界的现实大地上。

中国人素来讲究"天时地利人和"，这一思想传统对于今日构建中国特色的区域国别研究学科依然具有整体上的启示滋养意义。所谓"天时"，是指人类普遍性的文明精神与规则原理，是人类共享共用的自然规则和社会规律，天道、法则、天理，大致如此。所谓"地利"，则是指因为人类生存的地域空间与生态环境上的多样性而形成的区域、国别和民族的文化个性与文明特点，它具有依时空变化而形成的差异性与多样性，而这种区域上的差异性和多样性的存在，正是国别与区域研究学科建立的基础所在。所谓"人和"，主要是指通过人类自身的主观努力，通过主动的知识交流与思想沟通，在平等对话、相互学习、共享共建的基础上，将不同国别与地域的人类知识体系与思想智慧一步步沟通和连接起来，让具有地域性和国别性的文化知识汇入具有普遍性的人类知识思想的洪流中去，从而成为全世界可以相互理解、沟通共享的知识与思想，最终成为具有普遍性的人类思想财富。⑦

五、"六位一体"集成建设的实践探索与案例路径

浙江师范大学非洲研究院作为国内高校首个综合性、实体性的非洲研究院，经过16年学科建设创新性实践，已经开辟了一条有中国特色、原创性的区域国别学学科建设之路，形成了"学科建设为本体、智库服务为功用、媒体传播为手段、扎根非洲为前提、中非合作为路径、协同创新以赋能"的"六位一体"集成建设路径，以及中非学者双向建构"中国非洲学"和"非洲中国学"的集成知识体系与丰富经验，为中国特色区域国别学学科发展做出了系统化、专门化的创新探索。

2012年3月，全国高校区域和国别研究培育基地第一次工作会议在浙江师范大学成功召开，数百位专家学者参观考察了浙江师范大学非洲学的建设经验，从那时起教育部已有规划地推动区域国别学学科发展。⑧ 在2017年5月国务院新闻办公室举行的"一带一路"沿线国家民心相通情况发布会上，时任教育部副部长田学军称赞浙江师范大学非洲研究建设成果是中国高校服务国家"一带一路"民心相通工程的典范，相关实践成果"具有代表性、示范性、推广性"⑨。下面，我们具体介绍一下浙江师范大学非洲学"六位一体"集成建设实践取得的成效与面临的问题，并在此基础上

⑦ 参见刘鸿武：《中国区域国别之学的历史溯源与现实趋向》，载《国际观察》2020年第5期。

⑧ 参见教育部办公厅：《区域和国别研究培育基地第一次工作会议成功召开》，载中华人民共和国教育部网，http://www.moe.gov.cn/jyb_sjzl/s3165/201204/t20120417_134244.html。

⑨ 《国新办举行"一带一路"沿线国家民心相通情况发布会》，载中华人民共和国中央人民政府网，https://www.gov.cn/xinwen/2017-05/12/content_5193007.htm。

提出若干对策建议。

第一,学科建设为本体:必须花大力气把学科建设基础工作做起来。学科是高校演化的“基础细胞”,也是人类认识世界、把握世界的工具和手段,同时也是知识转化为实践的桥梁。学科的形成与演进是一个历史的过程,需要根据人类认识世界进展和从事科学研究而不断调整、丰富和完善。区域国别学作为新的一级交叉学科,首先要把学科的基本建制与平台建设起来,并逐步完善提升。学科建设,包括专门化的学术、学位、学者和学生的形成,也包括专门化的课程体系、教材体系和师资体系的建设,以及相应的考核标准、评价体系等环节的形成。这需要在吸收其他学科理论与方法、知识与思想的基础上,一步步地探索自身成长的道路,建构起自主性的学科体系,完成“由学科交叉的努力到交叉学科的形成”的创新建构过程,从过去的“聚焦抽象化的领域专业之学”转化为一门“聚焦具体化的区域国别之学”。

在从“学科交叉”到“交叉学科”这一过程中,区域国别学涉及的学科大体上可分为核心学科、支撑学科和相关学科三个层次。总体上看,区域国别学的基础性核心学科有三个:一是历史学;二是地理学;三是外国语言学。历史学和地理学分别支撑了研究对象纵横交错的历史时间意识与环境空间意识,乃一切研究的基础。所谓“历史时间意识”,是指研究者当重视事物发生、发展、演变的历史进程与时间关系,重视事物的背景、基础、动力与演进,先说事,后论理,论由史出。而“环境空间意识”则指重视事物生存发展的空间环境的差异与多元,各区域之环境不同,地理相异,就需因地制宜,因时而变,入乡随俗,分类施治。从学科交叉的角度来看,“历史时间意识”主要指向历史学,涉及文化、民族、宗教等;“环境空间意识”主要指向地理学,涉及地理、环境、生态等。史地之外,则为工具之学外国语言学,它涉及通用语、非通用语、文字、口传、翻译等。因而我们说,历史学、地理学、外国语言学是区域国别学的三大基础性核心学科。

在此基础上，则需根据重点方向及领域之不同而与政治学、经济学、法学、社会学、教育学、自然科学与技术科学作交叉融合，从而形成层次不同、取向有异的跨学科交叉借用形态，最终支撑建立起一个相对独立的区域国别学。[10]

就浙江师范大学而言，它一直以来建设的核心目标就是把有中国特色的"非洲区域国别学"建设好，这"是一门专以非洲大陆的人文与自然现象为研究对象、探究非洲文明历史进程及其当代政治经济与社会发展问题的各类研究活动，以及由这些研究活动所累积而成的有关非洲的各种知识成果汇集而成的一门综合性国际性交叉学科。换句话说，这是一门在特定时空维度上将研究目光聚焦于非洲大陆这一空间区域，对这块大陆的自然与人文现象进行综合性、专门化研究的新兴学科。这门学科对创造中非共享知识，完善当代中国学术体系，助推中非命运共同体建构，都有重要的意义"。[11]

那么，区域国别学作为一门面向新时代与国家重大需求的"新文科"，它"新"在哪些方面呢？从我们这些年建设有特色的"非洲区域国别学"实践来看，建设单位或依托平台必须有一些"标准配件与门槛"，应该有如下方面的持续努力：其一，有一个实体化长期稳定存在的专门机构；其二，有一支高水平能力强的科研与管理队伍；其三，有特色鲜明品牌化的重点领域优势方向；其四，有多元多维的财政来源与足够经费投入；其五，有设施齐备运作有效的现代化办公环境；其六，有在对象区域国别的紧密合作伙伴平台。

除此之外，还应该有一些建设学科的必备平台与软硬要件：一是有专门化的博物馆、翻译馆、影像馆、资料馆、数据库和接待馆；二是有专门的出版文库、期刊、档案中心、多语种开放网站和运营的品牌；三是有在对象区

---

⑩ 参见刘鸿武：《非洲学发凡：实践与思考六十问》，人民出版社2019年版，第4页。

⑪ 刘鸿武：《非洲学发凡：实践与思考六十问》，人民出版社2019年版，第6页。

域对象国的前方研究基地、有在对象区域对象国的国际化合作队伍、有研究成果的转化途径、有相应的媒体发布平台等。

这些所谓的“标准配件与门槛”,并非一日建成,规模与层次也可因地制宜,但总的原则就是能用、管用、可用,这些都是需要花大力气并且具有专业化的人才来建设和管理的。以往那种“一张纸一支笔,一篇文章一辈子”的传统手工作坊式的国际问题研究,作为个体的科研人员与教师,当然还可以继续延续下去,保持学术研究的个体自由空间,但对一个学科的建设而言,对一个服务国家发展战略的新兴学科建设而言,就需要在上述方面作出持续的努力,形成共同的知识平台与创新空间,方可取得实质性、根本性的突破。

形象地说,只有具备了坚实有力的“一流人脉、一线体验、一手资料”的平台支撑与资源滋养,当国家和社会提出需求的时候,我们的区域国别研究机构与学者们,才能够在对象区域对象国别“摸得到路,找得到人,说得上话,办得成事”,是“可信赖、靠得住、能管用”的,是“政府信得过、部委离不开、企业愿合作”的学术机构与人才培养机构。这些,都是这门新文科之“新”的学科特征所在,也是其建议内容所在。

第二,智库服务为功用:济世之学当有新气象、新格局、新作为。学术当为天下用,惠及民生方为高。今后我们评价中国的区域国别研究学科建设得好不好,是不是一流的,标准是什么,一个重要方面就是看它能不能解决中国现实中的问题,能不能解决中国与世界各区域各国家合作中面临的问题,这是区域国别学作为新增交叉学科的一大特征和重要使命。因此,提供广义上的智库服务是区域国别学的题中之义。我们说“学科建设为本体”,但不是“本位”,不是自己为自己服务,这个“体”要能为天下所用,为天下人服务。目前,区域国别学建设存在的一个明显短板是普遍缺乏政、企、社、学、商之间的整体协同与统筹安排来提升成果的实际效用。

经世致用是中国传统地理学、区政学的核心精神,今日中国区域国别学科建设也应该紧密围绕“国家关心、企业关心、社会关注、百姓关心”的主线来开展研究、评价成果、奖励贡献，目前国内许多区域国别研究还是停留在自己体制内作学者间的微循环，自说自话，所谓的“影响因子”其实只是学者小圈子的相互引用，对国家、社会、大众能产生的影响或关联很小，在对象国的影响就更小了，这种自我封闭的状态需要做出实质性的调整改变。

笔者认为，区域国别学建设其实是给高校提供了一个机会，即由专业学科拓展为特色智库，将一流学科与高端智库的建设结合起来，借此推进高校的供给侧结构性改革，从而延伸大学的知识、思想、人才的价值链，努力让智库的“想法”变为领导的“说法”，让智库的“文章”变为上级的“文件”，让智库的“谋划”变为组织的“规划”，让智库的“言论”变为社会的“舆论”，让智库的“对策”变为政府的“决策”，这一智库服务国家、服务天下、服务人民的过程，其实也是当代中国国家治理的专业化、科学化和民主化的过程。

第三，媒体传播为手段：建构起当代中国知识的全球战略传播新渠道。区域国别学建设是一个与国家对外合作密切相关的领域，它不应再是学者们坐在书斋里喝茶聊天的文人自赏，它的建设过程与建设成果，一开始就面临一个如何有效地推进与对象区域对象国家进行紧密沟通、独立自主的国际传播的问题，学科建设与智库功能的发挥都必须在对外交往的平台上来实现，对外传播就成了区域国别学建设的题中应有之义。区域国别学开展的媒体传播就是国际传播，由于区域国别学本身包含了对不同地域、不同国家、不同群体受众的研究，有助于提升国际传播的区域化表达、分众化表达，有助于探索更为精准的传播方式，增加国际传播的有效性和影响力。

“学而不传则怠，传而不远则虚。”对外传播之所以重要且特殊，与中国学术和中华文化的传统特点有关。我们知道，中国学术是一个由汉语汉字建构起来的特殊体系，进行国际传播首先要突破汉语汉字的“瓶颈”，因而需要借助外语学科尤其是翻译学科来推进中外知识的内外转换,于是国际翻译学对中国区域国别学之发展就起着特殊的支撑桥梁作用,这正是区域国别学一开始设置在外国语言文学一级学科下的原因。

第四,扎根非洲为前提:将新学科建设根基深深扎在对象区域大地上。区域国别学是对象国家的学问,无论是做学科、建智库还是做传播,要想做得真、建得实、传得开,就不能坐在“沙发”上,守在“书斋”中,只在“象牙塔”里做研究,而必须扎根于研究对象区域与国家。具体而言,区域国别学不是从书本到书本、从概念到概念的研究,而是要做成扎根中国大地、扎根对象区域国别大地的研究;不是拾人牙慧、照搬照抄、小圈子自说自话的研究,而是起而立行、知行合一、脚踏实地、解决实际问题的研究;不是要做接轨西方、依附跟随、学人言语的模仿抄袭研究,而是要做自尊自立、自主创新的开拓性研究。因此,在建设非洲学科和培养人才的过程中,我们特别强调中国的非洲研究者在去欧美留学前,最好能先去非洲对象区域和对象国家留学、调研、考察,获得“一手体验、一线资料、一流人脉”以后,再去欧美国家交流学习。事实上,重视调查研究、扎根田野、实事求是,重视文明发生发展的地域制约性和时间影响力的观察认知思维,本是中国学术的传统,中国区域国别学应继承这一传统并发扬光大,走扎根对象区域国别生活大地之路。

区域国别研究,往往具有冷门、绝学的特点,在这样的研究领域,人才的成长、成果的积累、学科的建设,是需要日积月累的,赶时髦、追热点、急功近利,不可能成就大事。在我看来,大体上10年是一个基本的区域国别学科建设的基础单位。这些年,根据培养非洲区域国别研究人才的经验,我们提出了区域国别研究人才成长的“十年十个‘一’计划”。第一个“一”,去一个非洲国家留学、进修、调研1年以上,而且最好是反复去,长期跟踪一国一地。只有长期扎根对象区域对象国,去除偏见而对非洲历史文化怀有赏析关爱之情,以自己的经历去观察研究非洲,知己知彼,才能开展客观公正的研究。第二个“一”,翻译出版一本研究对象的经典性、代表性著作。这本著作最好是请对象国的一流学者来推荐,最好是对象国本土的学者所撰写的著作,能原汁原味地反映对象区域国别的真实情况的。在翻译这本著作的过程中,自然需要广泛查找相关的背景资料、熟悉专业词汇与特殊知识,理解感受研究对象的精神特质,积累起最基本的也是比较全面的研究对象的基础知识。一般来说,最好是研究对象的历史地理方面的通史性著作,以求得对研究对象的登高远望的宏观把握。在此基础上,以后可以根据研究的实际需要选择翻译第二本、第三本著作,领域也可以适当扩大。翻译的目标是了解研究对象的基本情况,对他人的研究有辨识能力,知道自己应该从哪里起步,方向大致如何。第三个“一”,建立一个自己的专题数据库。第四个“一”,组建一个自己的小学术团队。第五个“一”,在非洲拥有一个学术合作朋友圈。第六个“一”,主持完成一个国家社科基金项目。第七个“一”,发表一组论文及一部代表性的著作。第八个“一”,为国家提供一份管用的咨询报告。第九个“一”,搭建一个自己的学术创新平台。第十个“一”,成为一个优秀的非洲研究学者。

第五,中非合作为路径:以人为师,双向建构,形成知识共生形态。今天中国的区域国别学还有一个特殊使命和时代担当,就是要与研究对象区域对象国家进行知识与思想、学科与学术的双向建构。这种双向建构进程需要中非学者的相互合作和共同努力来完成:一方面,中国学者在非洲学者帮助下开展中国的非洲研究,建立“中国的非洲学”;另一方面,中国学者也应到非洲去,帮助非洲国家的学者开展基于非洲视角、非洲需要、非洲特色的非洲的中国研究,建立“非洲的中国学”。通过中非学者紧密合作和双向建构来创造中非共享的新知识,形成中非共通的新话语形态和概念体系,改变以往通过美西方文献观察描述非洲和中国的偏颇局面。

笔者一直认为,就对非洲的了解来说,没有谁比非洲人自己更了解非洲,我们做非洲研究,就要拜非洲人为师,向非洲人学习,非洲人就是我们的"先生"。离开了非洲学者的帮助，离开了非洲人民的支持，我们不可能真正懂得非洲。中国的非洲研究要真正成长起来，一个关键前提是今后我们必须有一批年轻学子直接到非洲的大学去留学，在非洲导师的指导下开展研究，读非洲人自己撰写的著作，倾听非洲人民自己的心声，中国学者也应该经常去非洲的高校和科研机构进行长期的驻点研究、合作研究。

第六，协同创新以赋能：政、学、研、商、企、智、媒需多方合作，集成而建。区域国别学作为交叉集成化学科，能不能交叉得起来，如何集成化，很大程度上取决于我们从事学科建设的人是否具有开阔心胸与气量基础上的协同协调能力、沟通互动能力，及相应的动用各种资源、动员各种人才的组织才干。中国古人常讲，做学问需"才、学、识、德"融一体方可成大事、成大识。跨学科交叉学科的本质就是协同基础上的创新、合作基础上的共赢。近代以来，学科建设总体上是依对象而立的，大学分专业而建，学者依学科而行，大学之墙也越建越高，形成相对封闭内环的所谓"学术共同体"。应该说，高校学科"分科而治"，有其精深之优势，但若要实现"综合而立"，尤其是在交叉融合中实现突破，则必须推动各学科各要素相互协同，形成概念互补、资料互补、方法互补、平台互补、人才互补的聚合网络，方能塑造新结构、发挥新功能、产生新效用，更好地聚焦和解决当今时代面临的重大问题。

协同创新与集成化说起来简单，但做起来不易，因为涉及复杂的体制机制上的创新变革，更需有开阔心胸、高远视野、包容情怀，能"各美其美，美人之美，成人之美，美美与共"，方可协同、融合、共享、共建、共赢。我们需要把高校内部的学科建设和人才培养工作，放置在中非合作的时代大潮中，努力打破行业壁垒，通过资源共享、优势互补，增强协同效应，实现学科内外、学校内外、领域内外、国内国外的"大循环""大协同"，将学术研究、人才培养、资政服务、舆论引导、公共外交等集成起来而融合推进，以取得明显的成效。

最后,我们对推进中国区域国别学建设,提几条操作性的建议。

第一,把"区域国别学"提升到服务国家发展重大战略的支撑学科的高度,作为"特色学科"列入新一轮国家"双一流"大学和学科建设体系中,给予专门化支持。以切实举措加强专业学科基础建设,形成专门化的"区域国别学"的学科、学位、师资、课程、教材建设平台。建议尽早出台政策,使"区域国别学一级学科"可以直接授予博士硕士学位,其下设二级学科,建立专门化的教学指导委员会、学位学科评审组,努力培养专门化师资,编撰专门化教材,建设专门化课程,培养专门化人才。

第二,大力推进专业化的区域国别学的科研条件建设,包括专业数据库开发,世界各大区综合博物馆、专题博物馆、特色语言文字和文献档案馆建设。区域国别研究是具有古典气质的基础研究,许多专题领域研究具有冷门、绝活、秘传的特点,没有专业化、系统化的知识积累和基础条件建设将很难实质性地推进。建议各高校和科研机构努力建设非洲博物馆、亚洲博物馆、拉美博物馆、中东博物馆,以及专题领域如古典文明博物馆、东方语言文字博物馆、丝绸之路博物馆、亚非人类学博物馆等。目前在培养相关专业的硕士博士方面,一些特色工具手段不足,应努力补上短板。

第三,采取切实可行而特殊的举措,制定一个系统推进中国区域国别研究人才培养的国家方案与国家标准,努力培养复合型、跨学科、专业化和外语能力通用型区域国别人才。制定基本的目标与方向、原则与框架,由各高校和科研机构根据自己的区域国别研究对象特点来细化方案,包括在本科、硕士、博士、博士后阶段的对于不同专业的阶梯式人才培养方案。本科阶段采用通识型的人才培养方案,从世界文明史与古典学术层面系统学习"文史哲 + 外语"通识型专业,获得广博知识积累;硕士生和博士生阶段,则偏向于区域国别专业化的深化学习,如非洲研究、拉美研究、亚洲研究、欧洲研究、美洲研究、亚太研究等,毕业时分别授予区域国别学专业的学士、硕士、博士学位。

第四，审慎而积极地引进研究对象国家的高级专业人才，尤其是需要启动一个专门面向非洲、拉美、亚太国家的各类区域国别专业研究人才与师资队伍的培育引进专项，实现我国区域国别研究人才队伍的国际化改造，逐渐形成中国学者与对象国学者紧密合作、相互学习、共同创造知识的局面。建议启动"国家社会科学基金外国学者特殊专项"，主要为非洲、亚洲、拉美、亚太地区的发展中国家学者申报，也可面向在中国学习的相关国家留学硕士生和博士生。启动诸如"非洲学者论非洲""拉美学者论拉美"丛书撰写项目，由亚非拉和中国学者合作重新撰写世界与本国的著作，改变以往通过欧美西方学者著作来看世界的缺陷。

第五，重视跨学科跨领域的专业人才整合，建立一批具有综合实验、数据处理、信息加工、智能服务的文理工交叉的"区域国别学综合实验室"，开发编辑相关专题数据库，制定人才培养与成果转化的指南，形成以我为主的话语形态与概念体系。分区域、分地域、分主要国家和组织推进相关专业数据库、信息库、实验室、文献收藏室的建设，并且通过与研究对象国的国家档案馆、博物馆合作，双向培养中方人才与对象国人才，支持研究对象国也相应地建设中国博物馆、中国研究中心等机构，形成诸如"中国的非洲学"与"非洲的中国学"的双向建构与知识共享，最终建立起中外共建、共通、共享的知识体系，为建设人类命运共同体提供知识与思想准备。

六、结语

"读书不作儒生酸，跃马西入金城关。"习近平总书记指出，"历史表明，社会大变革的时代，一定是哲学社会科学大发展的时代。当代中国正经历着我国历史上最为广泛而深刻的社会变革，也正在进行着人类历史上最为宏大而独特的实践创新。这种前无古人的伟大实践，必将给理论创造、学术繁荣提供强大动力和广阔空间。这是一个需要理论而且一定能够产生理论的时代,这是一个需要思想而且一定能够产生思想的时代”。[12]当今世界正经历百年未有之大变局,国内正处于实现中华民族伟大复兴的关键时期,国际力量对比深刻调整,单边主义、保护主义、霸权主义、强权政治对世界和平与发展的威胁上升,逆全球化思潮上升,世界进入动荡变革期。面对复杂严峻的国际形势和前所未有的外部风险挑战,我们必须牢牢把握新时代工作大局,紧扣服务民族复兴、促进人类进步这条主线,高举和平、发展、合作、共赢的旗帜,一如既往地以世界眼光关注人类前途命运,从人类发展大潮流、世界变化大格局、中国发展大历史正确认识和处理同外部世界的关系。[13]

“文章千古事,得失寸心知。”书生自古以天下为己任。中国特色区域国别学是应时代之需而推动建立的一门“经国济世之实学”,一门行走世界、认识寰宇、服务天下的大学问,也是一门实践性、操作性突出的新兴学科,它既是综合的、跨学科的,又是个体的、经验的、实践的,其建设路径尚有赖今日中国学界根据自身实际及研究对象特点而做多元化、多方位的探索,有赖于中国学术思想界努力形成自尊、自信、自立的治学精神去实践,并在努力走向外部世界的过程中,与世界各国家各区域各民族的学者一起,共同创造人类共建、共通、共享的知识体系。

举高慕远,躬身力行,求实创新,见远行更远,中国特色区域国别学必能走上开阔大道！期待我们编纂的这套领域广泛的非洲区域国别学系列丛书,为此大道之推进起到铺设砖瓦、架桥砌基之作用。

刘鸿武

---

[12] 习近平:《在哲学社会科学工作座谈会上的讲话》,人民出版社 2016 年版,第 8 页。

[13] 参见《中共中央关于党的百年奋斗重大成就和历史经验的决议》,载新华网,http://www.news.cn/2021-11/16/c_1128069706.htm。

非洲法律翻译及研究丛书总序*

发展同非洲的友好合作关系，是我国一以贯之的基本政策和坚定不移的战略选择。① 自20世纪中叶中华人民共和国成立和大批非洲国家纷纷独立以来，中非双方在半个多世纪的治国理政实践中都积累了丰富经验；自1978年中国改革开放，尤其是2000年中非合作论坛成立以来，中非双方在近几十年的互利合作实践中也积累了丰富经验。这两方面的丰富实践经验，在中非共建"一带一路"携手打造更紧密命运共同体的当下，需要我国学术界作出理论上的回应，从而为中非更好开展治国理政经验的交流互鉴和更好发展各领域的互利合作提供更具解释力和前瞻性的思想智慧与知识工具。②

在此背景下，近年来，非洲研究在国内逐渐得到重视和加强，其研究领域和方向不断拓展和延伸，日益成为当代我国学术研究的"新边疆"。③ 不仅如此，2020年8月27日，以浙江师范大学非洲研究院为建设主体的"非洲学"等交叉学科经教育部认可和批准设立，这是全国高校第一次直接冠

---

* 本序原为陈钊、吴卡的《中国非洲法研究的时代意义与推进建议》一文，载《外国法制史研究》2021年，此处有改动。

① 参见《杨洁篪在结束访问非洲三国之际接受新华社书面采访》，载新华网，http://www.xinhuanet.com/world/2019-12/21/c_1125373359.htm。

② 参见刘鸿武：《论中非关系三十年的经验累积与理论回应》，载《西亚非洲》2008年第11期。

③ 参见刘鸿武：《非洲研究：中国学术的"新边疆"》，载《光明日报》2009年11月9日，第8版。

以“非洲”名称的学科，这一“正名”为我国非洲研究学科建设与人才培养开创了新历史。2022 年 9 月 13 日，国务院学位委员会、教育部发布新版《研究生教育学科专业目录(2022 年)》，“交叉学科”正式成为新设的第 14 个学科门类，“区域国别学”(编号 1407)则成为“交叉学科”下设的 9 个一级学科之一，并明确“可授经济学、法学、文学、历史学学位”，我国非洲学在内的区域国别学被国务院学位委员会、教育部正式确认。

在我国对非洲的研究中，非洲法研究是不可分割的组成部分。“法律是治国理政最大最重要的规矩”④，非洲国家自独立以来如何推进法治建设以实现治国理政目标？“国际合作，法律先行”，中非各领域合作自开展以来如何运行在法治轨道上以行稳致远？这两大方面的法律问题，即“当代非洲法律发展”与“新时期中非合作法律问题”，随着中非共建“一带一路”以构筑更紧密命运共同体不断拓展广度与深度，也需要我国法学界作出理论上的回应，从而为非洲国家治国理政和中非各领域互利合作提供中国法律智慧与法律方案。

一、非洲法研究的时代意义

基于上述时代背景和重大需求，非洲法研究在当下已经日益凸显其重要的时代意义，这体现在学术和实践两个方面。

就学术意义而言，首先，学术具有时代性与中国性。在中非共建“一带一路”以构筑更紧密命运共同体的当下，法律是助推这一策略行稳致远的重要利器。“文章合为时而著，歌诗合为事而作。”开展非洲法研究，有助于拓展我国对非洲法律的认知从而完善中国的法学学术体系，在此基础上推动构建中国的非洲法学术理论、提炼中国的非洲法学术话语、产生中国的非洲法学术影响。其次，学术具有共享性与互鉴性。构建中非命运共

④ 中共中央文献研究室编:《习近平关于协调推进“四个全面”战略布局论述摘编》，中央文献出版社 2015 年版，第 100 页。

同体,应有支撑、解释和服务这一命运共同体的中非共建共享共通的知识体系。开展非洲法研究,有助于夯实中国的非洲法律知识基础,拓展中国法学的学术视野,并积累中非共享知识,为中非治国理政法治经验的交流互鉴提供学术保障和智力支持,助推中非命运共同体建设。再次,学术具有专业性与交叉性。2020 年 8 月,“非洲学”交叉学科已被教育部认可和批准设立。我国对非洲法律问题的研究,既涉及法学的专业性研究,又可结合“非洲学”的交叉性研究,从而使研究既更具动力与活力,又可增添特色与优势。最后,学术也强调实践性与参与性。法学是实践知识、实践学问,它总是通过实践来获取知识,并把法学知识应用于解决法律实践问题,为此提供答案。⑤ 开展非洲法研究,既有助于我国学者进一步开展对非洲法律的理论研究,又可推动其深入非洲社会生活和中非各领域合作的具体实践开展调研,进行应用研究。

就实践意义而言,首先,开展非洲法研究,有利于推动形成中非间以法治为核心的营商环境。“水深则鱼悦,城强则贾兴。”好的营商环境犹如阳光和空气,可促进中非经贸关系健康成长,而“法治是最好的营商环境”⑥。开展非洲法研究,可以更畅通地获取对非合作法律信息,推动中非法治化营商环境的形成,进一步提升中非企业在对方经商投资中的信心。其次,有助于防控对非经贸投资法律风险与纠纷。大量实践案例表明,中国企业在非洲遭遇法律风险和法律纠纷,在很大程度上是因为对非洲当地法律不了解。开展非洲法研究,提供及时准确有效的非洲国家法律信息,有利于我国企业了解非洲国家的宏观与微观法律环境,从而使其有效防控和解决相关法律风险与纠纷。最后,有助于推动中非法律外交,推进中非法律共享互鉴以更好开展治国理政经验交流。法律外交,是以法律为基础、形式、

⑤ 参见舒国滢:《并非有一种值得期待的宣言——我们时代的法学为什么需要重视方法》,载《现代法学》2006 年第 5 期。

⑥ 2019 年 2 月 25 日,习近平总书记主持召开的中央全面依法治国委员会第二次会议深刻阐述了这一重要论断。

内容、目的或手段的外交。[7] 在深入研究非洲法的基础上,可以夯实、丰富、增强中非法律外交的基础、内涵和特色,增进中非以法治为核心的治国理政经验的交流。

二、我国非洲法研究的概况

我国对涉非法律问题的研究,主要聚焦于两个方面:一是非洲法律的历史与现状;二是中非关系尤其是经贸关系中的法律问题。

对非洲法律历史与现状的研究,肇始于20世纪90年代末。当时,湘潭大学在国内最早成立了非洲法研究所,组建了非洲法相关研究团队,开始了非洲法律的翻译与研究工作。20多年来,以洪永红教授为主要负责人的该团队相继出版了《非洲法导论》(2000年)、《非洲法律发达史》(2006年)、《非洲投资法概览》(2012年)、《作为一门独立学科的非洲法》(2017年)、《埃及法专题研究》(2019年)、《非洲实用商事法教程》(2023年)等力作。这些成果聚焦非洲法律的历史积累尤其是当代发展,并注重与区域国别研究紧密结合,既开了我国非洲法律研究之先河,又为我国开展非洲法研究奠定了良好基础。此外,夏新华的《非洲法律文化史论》(2013年)、孙谦和韩大元的《非洲十国宪法》(2013年)、韩良的《非洲商事法律制度精析》(2015年),以及朱伟东的《非洲经济一体化的法律问题》(2018年)、《非洲商法协调组织》(2018年)、《非洲大陆自由贸易区法律文件汇编》(2020年)等专著、译著,对非洲宪法、法律文化、商事法律制度等做了梳理与分析,这些成果也都属于对非洲法的基础性研究。

对中非关系尤其是经贸关系中法律问题的研究,主要是随着这10多年中非经贸关系的发展而开展的。这方面的专著或译著主要有:朱伟东的《非洲涉外民商事纠纷的多元化解决机制研究》(2013年)、《中非争议解决:仲裁的法律、经济和文化分析》(2017年)和《中非双边法制合作》

---

⑦ 参见谷昭民:《法律外交》,中国法制出版社2018年版,第45~50页。

(2019年),张泽忠的《新时期中非经贸合作机制研究》(2013年),吴卡的《中非产能合作国际法律保障机制研究》(2019年)等。此外,韩秀丽、胡充寒、刘阳、郭彤荔、赵文杰、乔慧娟等学者在其著述中也就中非经贸关系所涉各领域法律风险防控和争议解决等问题做了研究。这些研究,旨在为我国提供非洲法律尤其是经贸领域法律发展现状的最新资料,并试图为中非经贸关系中的前沿性法律问题提供对策建议。

虽然我国的非洲法研究随着近年来中非各领域合作关系的发展而大有勃兴之势,但总体而言,我国的非洲法研究仍然处于初步探索阶段,还存在几个方面的明显短板:一是研究机构和人员偏少,成规模的研究团队则更少;二是研究成果偏少,非洲国别法与非洲区域组织法等研究成果更是缺乏;三是国内协同、中外协同尤其是中非协同研究较少,跨国内外高校的有组织性的科研力量极其薄弱;四是研究成果的影响力尤其是国际影响力偏小。总之,相较于非洲在政治、经济与外交等方面对我国的重要性,我国的非洲法研究现状与之不甚相称,有待提升。

三、我国非洲法研究的实践进路

鉴于上述研究现状与短板,需从研究思路与原则、研究机构和团队建设、研究内容、研究方式方法和研究目标等方面,进一步廓清我国非洲法研究的实践进路。

(一)研究思路与原则

1. 研究思路

以“当代非洲法律发展”与“新时期中非合作法律问题”两大研究主题为导向,以理论与实践两方面目标为引领,坚持国际化、协同化和交叉性等原则,进一步加强中非协同创新团队建设,采用社会调查、历史分析、比较研究、跨学科等多元研究方法,依循翻译—解读—研究—建议—数据库建设的路径，扎实推进非洲法研究，为中非各领域合作和中非法治经验交流提供既有理论深度又切合实需的意见建议。

2. 主要原则

一是国际化与协同化相支持原则。研究非洲法，既不能闭门造车、自说自话，又不能故步自封、妄自尊大，中非双方应互以平等开放的心态，组建以中非法学学者为主体、其他领域学者为补充的国际化研究团队，对非洲法开展协同研究。

二是基础性与前沿性相结合原则。聚焦“当代非洲法律发展”与“新时期中非合作法律问题”两大主题，前者主要就非洲国家和国际组织法律的历史沿革、当代发展及其在非洲治国理政中的效能等基础性问题进行研究；后者重点对中非合作尤其是经贸合作中的前沿法律问题进行研究。

三是理论性与应用性相促进原则。与非洲法研究两大主题相对应，在研究方法上应实现理论性与应用性相互促进。就“当代非洲法律发展”，需要对非洲法律开展系统化的翻译与研究，因此以理论研究为主；就“新时期中非合作法律问题”，需要在翻译与研究非洲法律的基础上，具体对中非关系中的法律问题进行调研与分析，因此以应用研究为主。

四是专业性与交叉性相协调原则。开展非洲法研究，既要重视对非洲法自身的研究，也不能脱离非洲特殊的政治、经济、文化、传统和历史等因素以及中非之间独特的政治、外交、经济等各领域合作关系，因此开展跨学科研究实属必要。

（二）研究机构和团队建设

目前，我国从事非洲法研究的机构和团队还很少，这既对我国非洲法研究成果的数量与质量造成了严重制约，又不利于在国内外开展非洲法的协同研究。鉴于此，中国法学会、最高人民法院等我国法学法律界的权威机构可根据中非合作战略需要,选择有条件的法科院校或涉非科研院所,合作设立非洲法研究机构,组建非洲法研究团队。我国有条件的法科院校或涉非科研院所也可根据实际需要,自行设立非洲法研究机构,打造非洲法研究团队。设立非洲法研究机构可以采用两种形式:一是设立非洲法学术研究机构;二是设立非洲法查明研究机构。这两种机构在功能上有所侧重,前者偏向对非洲法的学术研究,后者偏向对非洲法的社会服务。但总体上,任何一个非洲法研究机构,无论其名称如何,都应兼具科学研究和社会服务等功能。

鉴于我国没有专门的非洲法人才培养机制,所以非洲法研究团队的建设,首先,可以吸纳国内从事法学研究尤其是国际法研究的人员参加。这是因为,非洲法研究,特别是中非关系中的法律问题研究,大量涉及国际法问题。但是,非洲法研究也必须吸纳国内法研究人员,因为非洲法研究涉及对非洲各国各领域国内法的研究。其次,由于非洲法研究既不能脱离非洲特殊的政治、经济、文化、传统和历史等因素,又需要结合中非之间独特的政治、外交、经济等合作关系,所以非洲法研究还可以吸收上述领域的中外研究人员,这不仅有助于在中外开展非洲法的协同研究,也有利于形成跨学科研究的特色与优势。最后,非洲法研究团队建设,不能没有来自我国涉非实务部门人员的参与。涉非实务部门,如我国驻非使领馆、涉非企业、法院、律所等,是开展非洲法研究的我国自己的“一流人脉”资源,可以为我国非洲法研究提供必要的课题、案例或资料,从而使我国的非洲法研究更“接地气”、更具实用性。

特别值得一提的是,非洲法研究机构和团队的建设,离不开和非洲机构与人员的合作。在首届中非法学院院长论坛上,尼日利亚大学法学院院长伊费奥马·埃纳莫(Ifeoma Enemo)教授发言指出,中非法学院校间的交流尚未开展,中非在经济、政治、贸易、金融、文化等领域的合作都需要有法律的支持,中非法学院校间的合作有利于促进这些领域的进一步合作。[⑧] 鉴于此,当前亟须加强中非法学院校间的交流合作,特别是建立中非法学院校间的师生交流学习机制,不仅支持非洲国家法学院校师生来华访学交流,而且更重要的是,中国法学院校应积极引导和支持师生到非洲开展访学、交换、攻读学位等活动。[⑨] 在此交流合作基础上,将非洲法学院校及其人员吸收进我国的非洲法研究机构和团队,从而搭建我国非洲法研究在非洲的"一流人脉"资源,进而形成更紧密和有效的合作关系。为加强中非间协同研究,还可与非洲知名高校法学院校合作,在非洲设立非洲法研究机构。[⑩]

总之,我国的非洲法研究首先应加强机构建设,在此基础上形成一支以我国法学研究人员为主体,各涉非领域的中非研究人员为重要补充,我国各涉非实务部门人员为基本依托的研究队伍。

(三)研究内容

"当代非洲法律发展"与"新时期中非合作法律问题"是开展非洲法研究的两大主题。前一主题,主要涉及如何提升当代非洲法律在治国理政中的效能问题。亦即法律作为"治国理政最大最重要的规矩",在非洲国家半个多世纪的治国理政中究竟发挥了怎样的作用?影响和制约非洲国家法律的治国理政效能的历史与现实、国内与国际、主观与客观等方面的因素是什么?中国如何与非洲国家开展法治经验交流互鉴以共同提高治国理政能力和水平?因此,"当代非洲法律发展"这个主题要解决的是,在非洲这样一个发展中国家最集中的大陆,法律如何才能成为推进非洲各国主

---

⑧ 参见《中国法学院院长代表团赴南非开普敦参加"首届中非法学院院长论坛"》,载中国法学创新网 2013 年 4 月 7 日,http://www.fxcxw.org.cn/dyna/content.php?id=3129。

⑨ 参见吴卡、田峰:《中非产能合作国际法律保障机制研究》,社会科学文献出版社 2019 年版,第 73~74 页。

⑩ 例如,2019 年 5 月,浙江师范大学法政学院与达累斯萨拉姆大学法学院合作共建的"中非法律研究中心"在达累斯萨拉姆大学孔子学院进行了揭牌仪式,这是目前为止,国内高校与非洲知名大学共建的为数不多的几个法律研究中心之一。

权安全、政局稳定、政府有效、经济发展、社会进步、民族融合和民生改善的基本工具。后一主题，涉及法律如何为中非合作保驾护航问题。亦即既然"国际合作，法律先行"，那么如何让中非各领域合作运行在法治轨道上？第三方介入中非关系，会产生哪些法律问题？应如何解决？因此，这个重要命题要解决的是，中国这个最大的发展中国家和非洲这个发展中国家最集中的大陆，法律如何成为助推双方互利合作关系行稳致远的利器。

这两个主题中，前一个更多的是基础理论研究，后一个则以应用对策研究为主。中国非洲研究的前途在于深耕基础理论研究，如果基础理论研究"立不住"，那么应用对策研究难能"用得上"。[11] 据此，中国的非洲法研究，首先应更多重视和开展对前一个主题的研究，才能为后一个主题的研究提供坚实的理论支撑。但从现有非洲法研究实践来看，对前一个主题的研究显然不够。

围绕这两大主题，中国的非洲法研究可具体开展以下工作。

1. 非洲国家法律文本的翻译

这是最基础的工作。根据中非共建"一带一路"和产能合作布局需要，可以首先在非洲各区域选取几个重点国家，就这些国家的贸易、投资、金融、税收、劳工、环保等领域的法律文本开展区域性、国别性与专题性翻译，在此基础上，翻译这些国家的其他相关法律文本，并逐步将范围扩大到所有非洲国家。须注意的是，这里所指的翻译，并非目前常见的对非洲法律的"走马观花"式的零散粗浅的翻译，而应是旨在产出翻译精准且成体系法律文本的"下马观花"式的翻译。

2. 非洲法律发展与中非法律比较研究

在对非洲法律进行精准和成体系翻译的基础上，可重点开展三方面研究：一是对非洲法律进行历时性研究，考察其产生、发展与规律。二是对非洲法律进行共时性研究，比较研究非洲各国不同的法律制度，分析它们的

---

⑪ 参见张宏明：《中国的非洲研究70年述评》，载《中国非洲学刊》2020年第1期。

性质、特点以及相互关系。[12] 三是中非法律的比较研究，通过比较研究中非法律，可发现其差异，对此提出协调方案，从而构建中非法律协调机制。通过这三个方面的研究，可为中非间开展治国理政法治经验交流和非洲国家法治建设提供建议。目前，我国对非洲法律文本的翻译成果已有一些，但对非洲法律发展和中非法律比较研究的成果还不多，而且这方面的研究属于基础理论研究，因此这方面的研究亟待加强，从而为应用对策研究提供更好的理论支撑。

3. 中非合作法律问题研究

这主要属于应用对策研究。这方面的研究内容也主要有三：一是研究中非经贸关系法律问题，这是当前研究的重点。对此，可与我国涉非实务部门尤其是在非中资企业合作，深入非洲，"驻马种花"，开展实地调研，获取一手资料，并结合非洲国家的法律文本，就非洲国家的经贸投资法律环境进行全面深入的解读与分析，为在非中资企业预防和解决经贸投资的法律风险与争议提供建议。二是研究中非其他合作领域中的法律问题，如政治、外交、军事、科技、人文等领域。三是对第三方介入中非合作关系时所涉法律问题的研究。

4. 非洲国际组织法律文本的翻译与研究

这也属于基础理论研究。鉴于非洲国际组织在非洲各领域的作用日益凸显，也需要对其相关法律开展研究。首先可选取非洲联盟、非洲经济共同体、非洲商法协调组织等非洲区域性国际组织，其次选取东非共同体、西非国家经济共同体、南部非洲发展共同体等非洲次区域性国际组织，就其相关法律文本进行翻译研究。在此基础上，逐步将范围扩大至非洲所有国际组织。在对非洲国际组织法律文本翻译研究的基础上，可进一步开展应用对策研究，为我国深化与这些组织的合作提供针对性的建议。

---

[12] 参见张文显主编：《法理学》（第5版），高等教育出版社2018年版，第5页。

5. 非洲国家与地区法律文本的数据库建设

就上述非洲国家与地区的法律文本,可以逐步分地区、分国家、分领域、分主题地开展数据库建设,该数据库不仅储存并及时更新法律文本及其译文,而且附以相应介绍或解释。鉴于非洲国家和法律的数量众多,且数据库建设需要长期、持续、大量的投入,这将是一项长期的工作。

(四)研究方式方法

根据非洲法研究的上述原则和内容,我国开展非洲法研究应采用国际化、协同化、应用性和交叉性等方式方法。一方面,开展非洲法研究,宜采用国际化和协同化的方式,即在中外尤其是中非间开展协同研究。对此,可将翻译“一带一路”重点非洲国家的重要法律文本作为起点,由我国涉非机构尤其是驻非使馆和在非中资企业委托我国法科院校组成中非联合课题组开展协同翻译。另一方面,非洲法研究在方法上应把理论研究与应用研究结合起来,既要“下马观花”,对非洲国家和国际组织的法律文本进行精准且成体系的翻译与研究;又要“驻马种花”,深入非洲一线进行调研,拿到一手资料,拿出一流成果。为此,可由驻非使馆或在非中资企业提供必要的协助,并与中非法科院校开展协同研究。为形成我国的非洲法研究特色与优势,在方法上还可融合领域学、区域学、国别学和专题学,并结合非洲独特的政治、经济、文化、传统和历史等开展跨学科研究。

(五)研究目标

非洲法研究的目标有四个方面:一是从“小船出海”到“集群共生”,这是研究队伍方面的目标;二是从“个小体弱”到“量多质优”,这是研究成果方面的目标;三是从“低端集成”到“智能制造”,这是研究创新方面的目标;四是从“本土品牌”到“国际品牌”,这是研究影响方面的目标。

具体而言,这四个方面的目标可以投射到学术和实践两个维度上。一方面，在学术上，通过对非洲国家和国际组织的法律文本协同开展分领域、分区域、分国家、分主题的系统化的翻译研究和相应数据库建设，我国的非洲法研究机构与团队得以发展壮大，中外协同研究能力得以提升，我国非洲法研究成果的数量和质量得以提高，我国非洲法研究的理论基础得以夯实，我国法学界对非洲法律的认知得以拓展。在此基础上，我国的非洲法学术体系得以构建，我国的非洲法学术话语得以提升，我国的非洲法学术影响得以扩大。另一方面，在实践上，我国对相关非洲国家和地区法律文本的翻译成果与研究成果真实可靠、切合实需，我国对非合作法律信息获得途径基本通畅，对非法治化营商环境得以优化，我国企业预防和解决对非经贸投资法律风险与争议的能力得到提升，中非官方与民间尤其是法学院校间的法律交流合作实现常态化，中非间以法治为核心的治国理政经验的交流互鉴得以广泛深入开展。

四、结语

我国的非洲法研究，历经 20 余年的发展，随着中非共建“一带一路”以构筑更紧密命运共同体的日益推进，已进入提质增效的新阶段。如今，“非洲学”作为交叉学科已被教育部正式确认，这也将为我国的非洲法研究注入新动力、激发新活力。我国法学界尤其是非洲法学界，理应顺势而为，奋发有为，扎实推进非洲法研究，为中非合作和非洲发展提供中国法律智慧与法律方案。

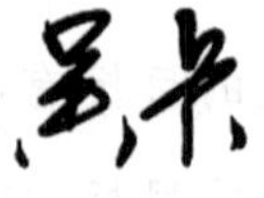

2023 年 7 月修订于金华芙蓉峰下

作者简介

福拉·阿德莱克(Fola Adeleke)系威特沃特斯兰德(Witwatersrand)大学资深访问学者、伦敦经济学院专事社会与经济不平等现象研究的研究员。在本书创作过程中他同时担任哥伦比亚大学和哈佛大学法学院富布莱特学者。他拥有国际投资法博士学位。本书的部分章节摘自其博士论文。

这本书献给我的父亲,奥卢菲米(Olufemi),

从小他就鼓励我做一个文学家。还有我的母亲,莫约德(Moyoade),她给了我一辈子的关爱和无尽的祝福。

鸣　谢

本书能得以成书,是因为有太多的朋友和组织在支持我、指导我,在这里,我一并表示感谢。我要特别感谢威特沃特斯兰德(Witwatersrand)大学乔南德·卡拉伦(Jonathan Klaaren)教授、哈佛大学法学院泰勒·吉安尼(Tyler Giannini)教授、哥伦比亚大学可持续发展中心、富布莱特学术项目、奥本海默纪念基金以及威特沃特斯兰德大学利萨·萨奇(Lisa Sachs)和利兹·约翰逊(Lise Johnson)教授。

我还要感谢我项目组的研究人员罗兰德·南祖(Roland Nzanzu),约翰·撒贝特(John Sabet)及阿曼德·马克红瓦纳(Amandla Makhongwana)等。我还要感谢参加2016年秋季哈佛大学国际人权诊所研讨的四位学生:凯特·吉夫(Katelyn Cioffi)、阿达姆·撒韦特(Adam Savitt)、朱丽安·考特·科鲁兹(Julia Cortez da Cunha Cruz)和马洛·盖尔·古万(Malo Gall Gurvan),他们的研究成果是本书第四章的原型。

我也要特别感谢我的太太吉扎·卡洛琳(Chiedza Caroline),感谢她的鼓励;我还要感谢我的兄弟姐妹,你们是我的灵感之源。

致谢

[illegible]

[illegible]

[illegible]

目录

第一章 引 论

引 言

国际投资协定(International Investment Agreements,IIAs)发端于新自由主义,倾向于保护投资者及其投资,看似不太可能同时保障人权和促进内生性和可持续性的发展,因为后者的重心是要解决南北方国家之间乃至一个国家之内所面临的社会和经济发展不平衡的问题。双边投资条约受人诟病的地方就在于它优先保护外国公司投资者的利益,限制国家实施保护公共利益的措施,采取秘密的争端解决程序,破坏法治精神。然而,国际投资协定很有潜力,极有可能帮助国家要求"非国家行为人"履行人权义务,在实现经济政策过程中应对全球性的挑战。目前非洲国家对外签订了近 3304 项国际投资协定,截至 2016 年 5 月底,尚有 150 个经济体在谈判 57 项新的国际投资协定。① 到 2016 年 5 月底,非洲所有国家投资协定中已有 2946 份双边投资条约,占据的比例很高。多边协定如今遭遇挫折,国家之间以后可能更多地选择缔结双边投资条约。② 另外,现行有效且期限较长的双边投资条约必将长期给全球金融注入活力。

国家投资协定对于实施可持续发展战略和促进人权保障的重要意义

① United Nations Conference on Trade and Development (UNCTAD), 2016, *World Investment Report 2016*, viewed (20 March 2016), from http://unctad.org/en/PublicationsLibrary/wir2016_en.pdf, p. 101.

② 上述情况包括了美国决定退出跨太平洋伙伴关系的谈判、英国宣布脱欧。

至今尚未引起足够多的关注。若希望国际投资协定以后成为促进内生性的一体化经济发展目标的工具,各个国家必须设法将更强势的人权保障措施和可持续发展目标载入国际投资协定文本。

国际投资协定,特别是其中的双边投资条约,在过去数年有了飞速的发展,业已成为外国直接投资的重要框架性工具。双边投资条约在20世纪90年代如雨后春笋般涌现是因为各国接受了新自由主义,而新自由主义的始作俑者正是美国以及当年的国际金融机构。[③] 不过,近期新自由主义热度降低了,每一年度国家缔结双边国际投资条约的积极性远低于20世纪90年代的井喷期时的积极性。[④] 除此之外,近年来国际投资制度的新趋势显示,越来越多的国家更加重视国家投资管理权和对国家利益的保护。[⑤]

双边投资条约的起源可以追溯到殖民主义的终结之时。20世纪60年代非殖民化运动期间,取得民族独立的国家纷纷与之前的殖民国家签订了双边投资条约,无非是要保护殖民国家在新独立的国家境内的利益。[⑥] 随着非洲新独立国家签署了大量的跨越大陆的双边投资条约,非洲国家也开始相互签订双边的投资条约,承认投资管理所能获得的共同利益,将之作为吸引更多更大外资的手段,进一步加深非洲地区的区域一体化进程。[⑦] 这种现象催生了20世纪90年代全球化浪潮。当然,全球化的因素

---

③ Sornarajah, M., 2010, *The International Law on Foreign Investment*, 3rd edn., Cambridge University Press, New York, p. 174.

④ Id.

⑤ 例如,2012年美国双边投资条约示范文本显示基于多起错误的《北美自由贸易协定》仲裁案件总结出来的经验,美国不再奉行主权核心论(a sovereignty-centered approach),(Sornarajah, *supra* note 3, at p. 175)。

⑥ Id.

⑦ United Nations Economic Commission for Africa(UNECA), 2016, *Investment Policies and Bilateral Investment Treaties in Africa: Implications for Regional Integration*, viewed (15 March 2017) from www. uneca. org/sites/default/files/PublicationFiles/eng _ investment _ landscaping _ study. pdf, p. 21.

包括但不限于苏联解体、对外资开放市场的发展中国家增多、发达经济体寻求出路的投资者群体增大、投资者希望降低成本、更多投资者谋求准入海外市场的机会。[⑧] 双边投资条约被视为国家走向自由化的信号,于是,自 1990 年至 2000 年,绝大多数国家或多或少地签署过此类条约。[⑨] 有人提出非洲国家持续地签署双边投资条约,遇到违约事件必定冲击其金融秩序,由于缺乏相关认知和意识,这些条约会对其国家利益带来负面的影响。[⑩]

再者,政府政权的更迭或任何其他外部因素的变化都可能导致双边投资条约难以履行,对条约语言不能深入理解也增加了国家对投资者提供保护的责任,对所有这些不可控因素的认知不深,都会持续影响非洲国家的利益。[⑪] 尽管双边投资条约为国家制造了这样或那样的问题,但是,双边投资条约在多边投资条约保护尚未到位的条件下会持续起到填补投资管理空白的作用。[⑫] 之所以双边投资条约在国家之间流行,是因为各国都错误地假定双边投资条约有助于促进外国直接投资且外国资本有益于东道国经济发展。[⑬] 然而,有越来越多的新证据证明并非所有的外国投资对东道国经济发展或公共政策都有所贡献。[⑭] 其结果是,近期签订的双边投资条约引入了过滤检测方法:一开始就排除那些不能对国家经济目标起到作用的投资。[⑮] 在双边投资条约的确可以起到引进外国直接投资作用的情

---

⑧ United Nations Conference on Trade and Development (UNCTAD), 2015, *World Investment Report 2015*, viewed (15 March 2016), from http://unctad.org/en/PublicationsLibrary/wir2015_en.pdf, p. 123.

⑨ Id.

⑩ UNECA, *supra* note 7 at p. 24.

⑪ Id, p. 26.

⑫ Sornarajah, *supra* note 3 at p. 183.

⑬ Id, p. 190.

⑭ Wei, D., 2012, '*Bilateral investment treaties: An empirical analysis of the practices of Brazil and China*', European Journal of Law and Economics, 33(3), p. 10.

⑮ Sornarajah, *supra* note 3 at p. 195.

形下，有人提出，这种效益并不能够抵偿外资政策空间被压缩以及投资者与东道国诉讼风险提升带来的成本。[16] 若在投资条约与外国直接投资之间找不到直接的证据，那么，我们就有必要反思国际投资协定，例如双边条约，对引进外资的作用了。

非洲外国直接投资趋势

虽然非洲主要以双边投资条约为核心进行外资管理，但是在过去10年里，次区域性的投资管理机制逐步建立起来了。例如，“东南非洲共同市场”（Common Market for Eastern and Southern Africa，COMESA）、“南部非洲发展共同体”（Southern African Development Community，SADC），意图使内陆非洲和东部非洲地区变成对投资者友好的地区，最终构建和谐统一的区域性外国直接投资管理制度。[17]

近期非洲贸易数据显示，非洲国家之间的国际货物和服务贸易仅占17.9%。[18] 上述统计数据并不包括非洲国家之间进行的非正式贸易，这一部分占据非洲国民生产总值（Gross Domestic Product，GDP）的55%。[19] 这一类非正式贸易没有被发觉，国家管理措施也没有考虑这些贸易活动，因此，非洲经济一体化还有很长的路要走。[20]

虽然外国直接投资是西方投资者独有的游乐场，但是在非洲，多国公

---

⑯ UNECA, *supra* note 7 at p. 12.

⑰ 详情见本书第六章。

⑱ United Nations Conference on Trade and Development (UNCTAD), *Key Statistics and Trends in International Trade in Goods 2015*, viewed (15 March 2017), from http://unctad.org/en/PublicationsLibrary/ditctab2015dl_en.pdf; World Trade Organisation, *International Trade Statistics 2015*, viewed (15 March 2017), from www.wto.org/english/res_e/statis_e/its2015_e/its2015_e.pdf.

⑲ African Development Bank (AfDB), *Recognising Africa's Informal Sector*, viewed (15 March 2017), from www.afdb.org/en/blogs/afdb-championing-inclusive-growth-across-africa/post/recognizing-africas-informal-sector-11645/.

⑳ 尽管外国直接投资流动增长到540亿美元，但其仅占全球份额的4.4%。

司的角色也日益增多。非洲的公司促进了电业、采矿业、零售业及金融服务业的发展。[21] 例如,南非在非洲是最大的外向型投资经济体。[22]

有迹象表明非洲服务业走向多元化,据 2015 年统计,除了采矿业,服务业已经成为发展最快的产业。[23] 多种因素推动外国直接投资进入非洲。根据联合国贸易和发展会议(United Nations Conference on Trade and Development,UNCTAD,以下简称联合国贸发会议)的统计,这些因素包括非洲内部外国直接投资的增长、新兴市场的公司企业的增加、诸如私人实体之类的非传统行为人的增加以及消费者市场的扩张。[24] 尽管非洲经济在增长,各国纷纷采取自由经济政策,但是,增长并不大。根据 2007 年和 2013 年的数据,在全球外国直接投资总额中非洲直接投资总额仅占 6%,其原因包括基础设施不健全,管理政策缺乏确定性,朝令夕改,这降低了投资者的商业信心。[25]

过去外国直接投资主要来自发达经济体,其结果是,非洲国家采纳的双边投资条约主要是以发达经济体的双边投资条约为模板。加拿大版双边投资条约和美国版双边投资条约被视为西半球宽松模板的代表作,而欧洲国家的双边投资条约代表的是狭隘的欧洲模板。[26] 虽然两种模板保护外国直接投资流动,但是西方模板也覆盖了投资市场自由化。西半球模板的一个重要特征是它禁止"履行要求"。所谓履行要求是指东道国要求外国公司出口一定比例的商品,购买东道国本地的产品和服务,雇用本地劳

---

[21] UNCTAD, *supra* note 8 at p. 6.

[22] Id, pp. 8 – 9;南非与邻国斯威士兰(Swaziland),津巴布韦(Zimbabwe),莫桑比克(Mozambique),莱索托(Lesotho),马拉维(Malawi),博茨瓦纳(Botswana),纳米比亚(Namibia),加纳(Ghana)及肯尼亚(Kenya)相互之间外国直接投资密切流动。

[23] Id, pp. 32 and 35. 2001 年到 2012 年间这个部门增长了 4 倍,占外国直接投资总比 48%。

[24] UNCTAD, *supra* note 8 at p. 34.

[25] UNECA, *supra* note 7 at p. 8.

[26] UNCTAD, 2005, *South-South cooperation in international investment agreements*, viewed (31 March 2017) from http://unctad.org/en/docs/iteiit20053_en.pdf, p. 31.

动者及其他要求,以此提高外国投资在发展中国家境内的价值。[27] 履行要求的价值问题尚未有定论,而履行要求却被发达经济体指责扭曲了国际贸易,反对东道国的履行要求。然而,“履行要求”有助于东道国实现其发展目标,发达国家正是在这些政策方法的基础上建立了自己的经济。

国际投资协定往往是在不平等的伙伴之间,特别是发达国家和发展中国家之间缔结的。发展中国家期待引入外国资本,[28]因此,不惜让渡部分的国家主权,在投资者与国家间争端解决机制(Investor-State Dispute Settlement,ISDS)中提供保护,这种争端往往排除适用国内法。[29]

不过,发展中国家之间缔结的双边投资条约日渐增多。[30] 之所以南—南国家相互之间的外资流动越来越多,是因为发展中市场的扩大、原材料采购的增多、采矿业需要较低的劳动力成本以及就近用工。[31] 南—南经济体(South-South economies),如中国,是对非直接投资的积极参与者,这是因为中国急需矿产资源支持其快速发展的经济。[32]

基于上述考虑,非洲商业领域出现了新的利益。考察一下非洲投资管理制度的渊源以及国际投资协定的谈判过程及其内容对我们来说很有必要。

非洲国际投资法的渊源和发展

非洲是民族国家诞生的摇篮,又是和平之舟,还是条约缔造之地,更是

---

[27] Sornarajah, *supra* note 3 at p. 205.

[28] Id, p. 177.

[29] Id, p. 178.

[30] Ismail M., 2016, *International Investment Arbitration: Lessons from Developments in the MENA Region*, Routledge, p. 95.

[31] UNCTAD, *supra* note 26 at p. 13.

[32] Id, p. 9; China's strongest bilateral FDI flows in Africa are with Burundi, Zimbabwe, Angola, Guinea-Bissau and the Democratic Republic of Congo.

国际法的创新之源。[33] 有研究表明,保护外国人在东道国境内的财产这种国际法规则,是欧洲人的发明。也就是说,当初欧洲国家相互给予互惠待遇以利于其公民在其他欧洲国家享受相同的待遇。[34] 随着殖民主义的到来,这些标准被应用于保护商业利益而"外国投资保护法"从互惠的基础转变为强制的基础。[35] 因此,前殖民主义者和资本输出国确保了国际投资法的发展只是为了保护投资者。[36]

可以说,彼时的国际法被用来促进殖民主义的发展。[37] 对索纳拉贾(Sornarajah)来说,欧洲投资规则向国际法原则的转变根植于殖民主义,法律规范被操纵以保护既得的商业利益。随着剥削制度和帝国主义的发展,资本输出国的利益得到了保护。[38] 结果,东道国无法依靠国际投资法来解决由于外国投资者的行为所造成的损失问题。

为了调整国际投资法不平衡的本质,拉丁美洲国家率先推行国民待遇规则,这条规则后来被称为"卡尔沃主义"(Calvo doctrine)。[39] 这一学说主张国家主权原则,禁止国家干涉别国的事务。它还试图确保其他国家的国民在内国得到与本国公民同样的待遇并且只能通过国家司法系统寻求补救。[40] 这一原则受到了发达国家的抵制,因为它为当前投资规则的国际化开辟了一条道路,这些规则适用于大多数双边投资条约。

索纳拉贾认为,正是由于殖民时期帝国的解体,过去的帝国力量开始感受到保护外国投资制度的必要性,而现在的帝国变成了向前殖民地和其

㉝ Levitt, Jeremy I., 2015, '*African origins of international law: Myth or reality?*', UCLA Journal of International Law and Foreign Affairs, 19, p. 159.

㉞ Miles, K., 2010, '*International investment law: Origins, imperialism and conceptualizing the environment*', Colorado Journal of International Environmental Law & Policy, 21(1), p. 3.

㉟ Id.

㊱ Id, p. 4.

㊲ Sornarajah, *supra* note 3 at p. 51.

㊳ Id, pp. 54 – 57.

㊴ Id, p. 102.

㊵ Id.

他地方输出资本的国家。[41] 他将后殖民时期分为四个阶段,在此期间逐步形成了外商投资法。他认为,在第一阶段对外国投资的敌意是由“民族主义狂热”驱动的。[42] 新独立的国家希望掌握本国经济命脉,因此出现了一股将外国财产国有化的浪潮。[43] 在第二阶段,他认为是合理和实用主义的时期,各国重新布局其经济、重新设定其国际和国内地位,采取了符合国家利益的措施。[44] 在此期间,双边投资条约逐渐增多。第三阶段是自由化时期,与之同时,世界银行(World Bank)和国际货币基金组织(IMF)等机构推动制定了今天所知的传统投资保护标准,自由化趋势得到进一步加强。[45] 在第四阶段,新自由主义收缩,不平等加剧,资本主义不受控制,发展中国家的经济停滞不前。[46]

这种停滞的经济状态促使发展中国家采取各种经济政策和计划,目的是促进经济增长。这些政策和计划设法保护国内工业,要求外国投资者履行业绩要求,以促进当地工业的发展,并在某些情况下推动土地改革或影响货币政策的变化。尽管在双边投资条约中存在投资者保护标准,但各国仍在为改革开辟监管空间,从而出台了此类经济政策。这些发展导致投资者与国家之间的争端激增,投资者希望通过双边投资条约保护自己的利益。因此,仲裁员在解释条约和限制各国国内监管对外国投资者投资的范围和影响方面发挥了核心作用。目前,ISDS 正因若干缺陷而面临审查,这些缺陷使 ISDS 失去了其作为遵守国际投资法下法治的问责机制的合法性。

虽然非洲国家一直被视为国际法领域的规则接受者,但潮流正在改变,国际投资法现在正日益“非洲化”。其目的是加强非洲区域经济一体

---

[41] Id, p. 21.

[42] Id, p. 22.

[43] Id.

[44] Id, p. 23.

[45] Id, p. 24.

[46] Id, p. 454.

化,促进投资流动,并为非洲内部投资提供便利,非洲部长们在 2008 年通过了一项决议,要为非洲制定一部“泛非投资法”。[47] 要通过一部适用于所有非洲国家的法律的决定,这在一定程度上是对碎片化投资监管方式的认可,也即通过双边投资条约以及区域经济共同体(Regional Economic Communities,RECs)制定的各种区域投资协定在非洲进行投资监管。覆盖非洲大陆的有 14 个区域经济共同体,尽管只有 8 个被认为是“非洲联盟的基石”。[48] 因此,有 28 个非洲国家拥有多个经济共同体的双重成员资格,有 20 个国家拥有三个经济共同体的三重成员资格。刚果民主共和国是四个区域经济共同体的成员。[49] 这些区域委员会大多通过了有关管理外国投资的法律文件。[50] 因此,每个非洲经济共同体都有投资监管的区域性工具。[51] 本书第六章讨论了自 21 世纪以来制定的区域投资监管法规。

由于外国投资分散流入非洲,区域规则有时不适合某个成员的需要,对国家和一些地区的法规没有约束力,包括双边投资条约。非洲内部双边投资条约已得到重视。正如本书第六章所展示的那样,这种情况对非洲国家的发展没有太大影响。因此,非洲国家决定修改适用于非洲大陆的投资政策框架,使之符合 2005 年贸易和发展会议可持续发展投资政策框架。

---

[47] Mbengue M., 2016 ‘The quest for a Pan-African Investment Code to promote sustainable development’, *Bridges Africa*, 5(5), viewed (30 March 2017), from www.ictsd.org/bridges-news/bridges-africa/news/the-quest-for-a-pan-african-investment-code-to-promote-sustainable.

[48] www.uneca.org/oria/pages/regional-economic-communities viewed (30 March 2017). 八个优先考虑的非洲经济共同体是西非国家经济共同体(ECOWAS)、萨赫勒 – 撒哈拉国家共同体(CEN-SAD)、中非国家经济共同体(ECCAS)、东部和南部非洲共同市场(COMESA)、东非共同体(EAC)、政府间发展管理局(IGAD)、南部非洲发展共同体(SADC)和阿拉伯马格里布联盟(UMA)。其他六个 RECs 是大湖国家经济共同体(ECGLC)、西非经济和货币联盟(UEMOA)、马诺河联盟(MRU)、印度洋委员会(IOC)、南部非洲关税联盟(SACU)和中非经济和货币共同体(CEMAC)。

[49] Mbengue, *supra* note 47.

[50] Id.

[51] Id.

非洲不像拉丁美洲国家那样反对当前的国际投资协定体系。[52] 泛非投资法是非洲"根据自己的优先事项制定国际投资条约"的尝试。[53] 这一发展表明,资本输出国也开始反对以前适用的投资管制模式,现在这种模式被认为对非洲的发展有害。

虽然《泛非投资法》仍处于草案阶段,但它要成为一项有约束力的条约,需经 15 个成员方批准。[54] 然而,考虑到采用一项旨在在现有双边投资条约期满或终止时替换现有双边投资条约的法律,后果是巨大的,东道国若违背它们的国际法承诺,将使国家面临被索赔的风险。例如,本书第六章讨论了仲裁法庭如何在 Swissborough v. Lesotho 一案中要求莱索托对投资者负责,因为其在南部非洲发展共同体的会议中投票要求解散南部非洲发展共同体法庭。[55] 鉴于一些法庭采用完全侵蚀主权的解释,国家有权在地区和国际上作出政策选择,《泛非投资法》草案的约束性尚不确定而且该法典仍然有可能仅充当一份示范条约。[56]

不过,从国际投资协定的未来来看,《泛非投资法》的前景是乐观的,这是需要支持的。以南部非洲发展共同体模式为基础的《泛非投资法》采用了基于人权的方法进行投资监管。本书将在第六章中讨论法典的细节。

法典的制定彰显了国际投资法和投资框架非洲化的显著发展。这一

---

[52] 事实上,南非最近决定不再续签一些双边投资条约,并不是为了完全脱离双边投资条约框架,而是为了让国家在决定未来谈判哪些双边投资条约时具有战略意义; Schlemmer, E. C., 2016 'An overview of South Africa's bilateral investment treaties and investment policy', ICSID Review, 31(1), pp. 167 – 193。

[53] Mbengue, *supra* note 47.

[54] Art 51, E/ECA/COE/35/18AU/STC/FMEPI/EXP/18 (Ⅱ) Economic Commission for Afica, Committee of Experts, Thirty-fifth meeting, Ninth Joint Annual Meetings of the Afican Union Specialized Technical Committee on Finance, Monetary Afiairs, Economic Planning and Integration and the Economic Commission for Africa Conference of Afican Ministers of Finance, Planning and Economic Development.

[55] PCA Case No. 2013 – 29.

[56] Mbengue, *supra* note 47.

发展与全球南方领导的其他国际倡议是一致的,这些倡议旨在抵制以欧洲和北美为中心的企业责任和尊重、保护人权的义务。

在全球范围内,由于政治上的权宜之计,框架正在扩大。企业保护人权的义务还没有得到落实,尚未超出自愿机制。最新的框架是“联合国工商业与人权指导原则”,在其发展过程中,错失了澄清国际法以确认将保护人权的约束性义务扩展到私人行为者的机会。因此,毫无疑问,在2014年,人类人权理事会通过了一项由厄瓜多尔和南非提出的决议,各国同意通过建立一个政府间工作组,来形成一份对处理跨国公司工商企业与人权的关系等具有法律约束力的文书。[57]

该决议由南方集团多数票通过,特别是非洲国家对该决议表示热烈支持,认为有必要就商业和人权问题达成一项国际条约。美国和欧盟都投了反对票,这并不奇怪。因为这样一项条约要求跨国公司履行义务,并将限制这些公司在缺乏强有力监管的情况下剥削软弱的非洲政府的能力。[58] 联合国特别报告员约翰·鲁吉(John Ruggie)在报告中阐述了企业在保护人权方面的作用。制定“联合国工商业与人权指导原则”暗示了公司应该尊重人权。公司这样做是符合公司利益的,但不一定是因为他们承担了任何的约束义务——尽管公司有很强的侵犯人权的能力。[59]

企业如果缺乏问责制度,确实令人担忧。然而,由于多种因素的阻挠,缔结一项国际商业和人权条约的可行性不容乐观,其中的原因包括号召各国缔结相关条约的政治授权不够强大,也就无法达成强制性条约规范,转而暂且只能实施“联合国工商业与人权指导原则”。这些原则目前不具有

---

[57] Human Rights Council, 2014, ‘*Elaboration of an internationally legally binding instrument on transnational corporations and other business enterprises with respect to human rights*’, A/HRC/26/L. 22/Rev.

[58] 该决议有20票赞成,14票反对,13票弃权。

[59] Biltchitz D., 2014, ‘The Necessity for a Business and Human Rights Treaty’, viewed (21 December 2016) from https://papers. ssrn. com/sol3/papers. cfm? abstract_id = 2562760, p. 5.

强制约束力。[60] 然而,目前没有一套要求公司承担人权责任的国际框架来支撑,这甚至会淡化公司尊重人权的义务,所以,一旦公司违反了人权义务,当事人适用联合国指导原则寻求获得补救,那么能否获得补救将取决于公司的仁慈。[61]

扩大企业的人权义务是人权改革征程的第一步。此类义务的范围和规模以及因违反人权行为获得的补救,将更难实现。因此,在目前缺乏一套国际框架的前提下,要通过《泛非投资法》制定商业与人权条约,还有很长的路要走。我们很有必要利用现有的框架来追究公司的人权责任,以此作为解决方案。

正如托马斯·瓦尔德(Thomas Walde)所指出的那样,投资仲裁员不能适用投资条约管辖范围以外的框架——特别是在只有自愿规则而没有相关国际法规则的情况下,因为这相当于超出了他们的管辖范围。[62]

鉴于这一现实并认识到迄今没有类似于国际刑事法院(the International Criminal Court,ICC)这样的全球性的裁决机构,在公司有人权义务但违反了该义务的情况下来要求公司承担人权义务,有必要引入替代机制,使公司立即受到人权义务的约束,同时,要建立一套争端解决机制,责令公司履行其人权义务。国际投资协定提供了这个机会。这本书提出了如何从人权的角度来解释现有双边投资条约的若干建议。本书还提出了投资者与国家间投资争端解决机制的替代方案,对人权考量、人权保护以及投资者承担投资义务提供保障。

---

[60] John Ruggie articulates some of these reasons in 'Quo Vadis? Unsolicited Advice to Business and Human Rights Treaty Sponsors', viewed (30 March 2017) from www.ihrb.org/other/treaty-on-business-human-rights/quo-vadis-unsolicited-advice-to-business-and-human-rights-treaty-sponsors/.

[61] Biltchitz, *supra* note 59 at p. 15.

[62] Ruggie G. J., 2013, *Just Business: Multinational Corporations and Human Rights*, W. W. Norton & Company, p. 184.

非洲投资监管的新趋势

一直有人建议,为了非洲的经济发展,区域一体化必须在私营部门和政府共同且一致的努力下发挥关键作用。[63] 自1963年非洲统一组织(the defunct Organisation of African Unity,OAU)成立以来,非洲一直在逐步调整其一体化议程。从那时起,非统组织被非洲联盟取代,几个分区域经济共同体如雨后春笋般出现了。[64] 然而,区域经济共同体被认为未能实现促进贸易和一体化目标——尽管这些共同体在非洲遍地开花。[65] 经济一体化是这样的,但是,一体化也发生在其他层面,特别是关于和平与安全的一体化,这使研究经济一体化显得有点特别了。[66]

非洲经济一体化特别重要,是因为非洲国家之间的非正式贸易的程度太高了,从而影响了对非洲大陆整体贸易和投资流动的系统跟踪。[67] 此外,估计非洲有500亿美元的基础设施资金缺口,这必定影响公司产品制造、进入市场的生产力,也增加了生产成本,因此,非洲国家经济体需要联合起来,筹集资金,并投入基础设施建设。[68] 这里还涉及提供融资的渠道。

---

[63] Brenton P. and Hoffman, B. (eds), 2015, 'Political Economy of Regional Integration in Sub-Saharan Africa', World Bank Group, 3, viewed (20 March 2017) from http://documents.worldbank.org/curated/en/601711468010204270/pdf/103324 - REVISED-WP-P146857 - PUBLIC.pdf.

[64] 非盟成立于2001年。虽然有几个区域经济中心,但有八个被认为是非洲经济共同体的基石。它们是非洲货币联盟、西非共同体、东南非共同市场、东非经共体、中非经共体、西非经共体、伊加特和南部非洲发展共同体。

[65] See in-depth discussion in Brenton P. and Isik G. (eds), 2011, 'De-Fragmenting Africa: Deepening Regional Trade Integration in Goods Services', World Bank, viewed (20 March 2017) from http://siteresources.worldbank.org/INTAFRICA/Resources/Defrag_Afr_English_web_version.pdf.

[66] 非盟越来越多地采取镇压军事政变和积极干预该地区内部冲突的方式。

[67] Informal trade is said to be the source of income for 43 per cent of Africa's population; Africa J.-G. and Ajumbo G., 2012, '*Informal cross border trade in Africa: Implications and policy recommendations*' Africa Economic Brief, 3(10).

[68] Brenton & Hoffman, *supra* note 63 at p. 10.

缺乏可用的融资渠道也是一个问题,这阻碍了一体化进程。据报道,只有23%的非洲企业可以获得贷款或信贷额度,而在非洲以外的发展中国家中,这个比例可以达到46%。[69] 缺乏融资渠道特别影响非洲本地公司跨越非洲大陆向外开拓市场的能力。在通过基础设施建设实现非洲一体化、推进非洲工业化的过程中,投资监管发挥了重要作用,非盟也认可这一点。

当非洲联盟贸易部长会议决定要对国际投资协定对非洲工业化和经济建设的作用进行审查后,联合国非洲经济委员会(the United Nations Economic Commission for Africa,UNECA)进行了广泛的研究,并就如何利用投资促进非洲的经济和社会转型发表了一份报告。[70] 在联合国非洲经济委员会的报告中,列举了非洲投资面临的一些挑战,包括"基础设施差、关税和非关税壁垒、人员和资本流动有限、交易成本高、风险认知高、获得信贷的机会有限和权力寻租"。[71]

非洲的发展中国家试图通过各种贸易和投资法规来应对这些挑战。2012年年初,非盟同意在2017年之前建立一个大陆自由贸易区。[72] 这将打开非洲的市场空间,显著促进非洲国家的经济增长。[73] 然而,尽管《非洲大陆自由贸易协定》并未全面涵盖投资者和投资关系的管理问题,但新的东共体—非洲共同体—南共体三方协定在涉及45个双边投资条约的投资监管方面创造了高度的连通性。[74] 本书第六章讨论了这些区域协定的应用和相关性。

---

[69] UNCTAD, 2015, *Strengthening The Private Sector to Boost Continental Trade and Interrogation in Africa*, 2, viewed (21 March 2017) from http://unctad.org/en/PublicationsLibrary/presspb2015d5_en.pdf.

[70] UNECA, *supra* note 7 at p. viii.

[71] Id, p. xi.

[72] Id, p. 5.

[73] Id.

[74] Id, p. 20.

制定《泛非投资法》[75]背后的理念之一是“营造一种商业环境,以刺激国家、地区和大陆层面的投资,并制定非洲国家如何根据自身情况采用这一投资法的路线图和战略”。[76] 然而,非洲投资协定整体不够协调,从而为双边投资条约的蓬勃发展以及各国之间签订投资条约铺平了道路,这些条约更多的是为了追求国家利益而不是为了追求融合。在1982年埃及和索马里缔结双边投资条约时(这是两个非洲国家第一次缔结双边投资条约),非洲国家已经同非洲以外的国家签订了110份双边投资条约。[77] 迄今为止,非洲共有854份双边投资条约,其中只有157份是非洲内部的双边投资条约。[78] 非洲国家签订的双边投资条约大多数是非洲国家与非洲以外的国家签订的。[79]

这一趋势与早先关于双边投资条约对外国直接投资具有吸引力的看法是一致的。虽然双边投资条约的价值有目共睹,[80]但批准双边投资条约也伴随着巨大的风险。1972年以来有记录的涉及非洲国家的投资纠纷案件有111起。[81] 其中68起案件最终获得了赔偿、终止受理或和解结案,另有44起案件仍在审理中,有的案件已经被持续审理10多年。[82] 国际投资争端解决中心(ICSID)受案总数为111起,承担了其中107起案件的审理,而联合国国际贸易法委员会法庭正在处理3起案件。[83] 埃及目前是涉及投资争端数量最多的非洲国家,涉及的投资争端有25起;其次是刚果民

---

[75] 这是2012年1月25日在埃塞俄比亚首都亚的斯亚贝巴举行的AU-RECs-ECA-AfDB协调委员会第九次会议上提出的。

[76] UNECA, *supra* note 7 at p. 36.

[77] Id, p. 21.

[78] Id, p. 16.

[79] 布基纳法索、科摩罗、几内亚、马里和尼日尔是例外,这些国家与非洲国家签署的双边投资条约多于非非洲国家。

[80] See UNECA, *supra* note 7 at pp. 10 – 11,研究的是双边投资条约对外国直接投资的影响,两者无关联性。

[81] Id, p. 24.

[82] Id.

[83] Id.

主共和国，涉及的投资争端有 8 起，远远落后于埃及。[84] 毫无疑问，埃及也是签订非洲双边投资条约数量最多的国家。[85]

双边投资条约中的争端解决机制越来越引起一些非洲国家的关注，这些国家在投资争端中处于过错方，需要对外支付巨额的损害赔偿金。有的投资纠纷持续数年，对被告国家而言，要赔偿损失、支付损害赔偿金和应计利息等，成本可能很大。ISDS 法庭滥用自由裁量权和可疑的法律判决的最新例子之一是在 Al-Kharafi v. Libyacase 一案中——在本书后面将讨论该案件，法庭就一个从未建造的度假胜地判了 90 年的预期收入作为损害赔偿金。[86]

虽然 ISDS 一直是双边投资条约中解决争端的默认办法，但在区域一级，继续维持现状一直受到抵制。因此，出现了新的趋势，呼吁改革 ISDS，并提出了各种方法，包括国内争端解决、常设国际投资法院、国与国之间的争端解决，这种趋势更加强调政治风险保险以及对当前 ISDS 进行透明度和无争议方参与等程序的改革。这些改革方案将在本书第三章和第四章中进行讨论。

2016 年 1 月，已知的基于条约的争端总数为 696 起，虽然资本输出国越来越多地成为投资者索赔的目标，但资本输入国仍然“首当其冲”，大多数索赔人来自发达经济体。[87] 联合国贸易和发展会议的数据显示，在 2015 年发生的 70 起已知新案例中，大多数是来自发达经济体的投资者。这也

---

[84] 阿尔及利亚有 6 起，几内亚有 5 起，刚果民主共和国、冈比亚、津巴布韦、塞内加尔、突尼斯和坦桑尼亚各有 4 起，喀麦隆、摩洛哥、利比里亚、加纳、布隆迪和尼日利亚各有 3 起，中非共和国、科特迪瓦、加蓬、马里、塞舌尔和乌干达各有 2 起，赤道几内亚、肯尼亚、马达加斯加、尼日尔、南非、莫桑比克、南苏丹、苏丹和多哥各有 1 起。

[85] 毛里求斯和南非分别与非洲国家签订了 21 项和 18 项双边投资条约；摩洛哥和突尼斯分别与不同的非洲国家签订了 15 项双边投资条约。阿尔及利亚有 11 项与非洲国家签订的双边投资条约。

[86] www. italaw. com/sites/default/files/case-documents/italaw1554. pdf (viewed 30 March 2017).

[87] UNCTAD, *supra* note 1 at p. 104.

符合资本输出国的历史发展趋势。[88] 在所有索赔中,80%以上的案件是投资者作为申诉方。受到质疑的措施包括涉嫌违反合同、撤销冲突、立法改革、歧视外国投资者、直接征用投资、管制出口、破产程序和水费管制的措施。[89]

随着投资实践的不断发展以及投资争端的变化,有些非洲国家看到了过去签署的双边投资条约的诸多弊端,认为需要重新协商,修订条约:一方面要澄清投资义务的适用范围和界限,另一方面要在投资争端仲裁程序中引进保障机制,要求确保投资保护措施不得以牺牲东道国的政策空间为代价。[90] 其结果是,2013年南非宣布不再与欧洲国家更新部分双边投资条约,单方面颁行国内投资管理法律。[91] 这一动向的理由之一是投资者与国家间争端解决机制的法理与实践。对于非洲政府来说,其关注的是投资者及其投资被过度保护,从而加重了东道国的责任但回报甚微。[92] 新的投资趋势显示,进入非洲国家的资本是新经济体的资本,并不是所有的这些国家都与非洲国家签署了条约。[93] 结果是,投资条约在新的经济环境下所起的作用需要重新确定。12个经济增长最快的经济体有5个来自非洲国家,直接投资是过去10年的5倍。因此,非洲政府占据了支配地位,可以决定投资的条件和门槛。[94] 非洲政府提出了若干改善国际投资规则制定程序的建议。各种建议包括但不限于缩小投资的外延、强制用尽当地救济措施、设立区域性投资争端解决机制、对投资进行预先批准审查。[95] 以促

---

[88] Id, p. 105.

[89] UNCTAD, *supra* note at 8 at pp. 112 – 113.

[90] Id, p. 124.

[91] Vidal-Leon C., '*A new approach to the law of foreign investments: The South African case*', in Bjorklund A. (2015) Yearbook on International Investment Law and Policy 2014 – 2015, Oxford University Press. p. 295.

[92] 详见本书第三章。

[93] UNCTAD, *supra* note 1 at p. 41.

[94] UNECA, *supra* note 7 at p. 42.

[95] Id, p. 45.

进可持续发展为目标的国际投资政策框架被视为好的模式。[96] 这些办法也包括建设区域性的投资协定,统一区域内国家之间的投资政策。[97] 区域性投资制度的初衷是允许国家保护其政策空间,避免使投资者承担过重的义务,也不得因为投资者与国家间争端解决机制而划定国内政策范围。[98] 与此同时,任何替代或完善双边投资条约的政策方法,都应该充分地保护外国投资者但不得导致外国投资者享受特惠待遇。[99] 有一些挑战会影响到在非洲的投资。本书的目标之一是澄清投资管理在应对这些挑战中的作用。对于投资者准入市场和吸引外国资本而言,东道国实施正确的投资管理措施是十分必要的。东道国实施的投资管理措施必须不仅仅是保护投资者及其投资,而且要对投资者设定一些应尽的义务,使之顾及和保障东道国的利益。目前非洲国家绝大多数投资条约,如本书所述,并没有对投资者设定义务,以至于投资不受管理,甚至违反东道国的法律要求。与此相关的问题是缺乏透明度和责任追究机制,这是由于东道国根本没有要求外国资本承担透明度等责任。本书将对此做深入探讨。非洲国家目前签署的典型的投资协定涵盖了双边投资条约下的若干保护标准,包括但不限于国民待遇、公平和公正待遇、充分保护和安全保障、最惠国待遇和反对歧视待遇和征收。国民待遇标准是附条件的,要求平等对待本国国民和外国投资者,特别是,经济上的考虑不得作为实施歧视的正当依据。[100] 这种保护措施赋予外国投资者市场准入的权利及新建投资项目的机会,由此也

---

[96] Id.

[97] Some of the suggestions being mooted include the use of the African Court of Justice and the CFTA.

[98] UNECA, *supra* note 7 at p. 46.

[99] Id.

[100] Id, p. 203.

会成为投资争端的一个诉因。[101]

"公平和公正待遇标准"(FET 待遇标准)是向投资者提供的最具争议的保护措施之一,也是争议的根源,它还增加了对国际投资法进行改革的呼声。从广义上讲,它意味着保护投资者的合法期望。[102]

最惠国待遇标准是另一个附条件的待遇标准,它允许一国的投资者从东道国可能给予另一国投资者的任何优惠待遇中受益。[103] 虽然关于充分保护和安全的标准可以被视为国家的一种回避义务,但它也被解释为国家维护外国投资稳定的一种肯定义务。[104]

防止征收的目的是保护投资资产,确保投资者的财产不被国家非法征用且无法获得适当补偿。大多数双边投资条约要求对征用进行"及时、充分和有效"的补偿。[105]

所有这些保护都是通过投资者与国家间争端解决机制强制执行的。关于投资者与国家间争端解决机制,有人指出,"非洲国家在讨论 ISDS 制度及其改革方面一直保持沉默,这导致人们普遍认为,与拉丁美洲和亚洲及太平洋相比,该制度在非洲处于休眠状态"。[106]

考虑到促进国与国之间争端解决的泛非投资法的发展,以及东南非共

---

[101] Id, p. 202. *S D Myers v. Canada*, UNCITRAL, First Partial Award, 13 November 2000, paras 252 – 253,列举了两个要素对该义务进行了解读:投资措施的实际效果是不是使本国国民相对于外国投资者获得了不对称的好处;投资措施是不是对本国国民的优惠高于那些受到相关条约保护的外国投资者。

[102] Id, p. 204, In *Tecmed v. Mexico*, ICSID Case No. ARB (AF)/00/2, para. 154, 法院认为,"外国投资者希望东道国在其与外国投资者的关系中以一贯的方式行事,不模棱两可,完全透明,以便它可以事先知道将支配其投资的所有规则和条例,以及有关政策和行政做法或指示的目标,并能够计划其投资并遵守这些规定……外国投资者还希望东道国一贯行事,即不武断地撤销投资者所依赖的任何已有的决定或签发的许可证……投资者还希望国家……不得在不给予补偿的情况下剥夺投资者的投资。事实上,东道国能否遵守这种行为模式影响了投资者对东道国给予的待遇和保护以及东道国的行动是否符合公平和公平待遇原则的衡量。"

[103] Id.

[104] Sornarajah, *supra* note 3 at p. 205.

[105] Id, p. 210.

[106] Id, p. 23.

同市场和《南部非洲发展共同体示范双边投资条约》为成员方提出了投资者与国家间争端解决机制的替代方案,情况就不是这样了。几乎所有的非洲双边投资条约都有争端解决条款,其中大多数是基于投资者与国家间争端解决机制而形成的。投资者与国家间争端解决机制通常以限制国家的公共利益监管空间而闻名,本书所述系统合法性的问题就是围绕着对整个系统的担忧而展开的。[107]

本书的目的

一些国家正在审查其投资监管框架,这些框架分布在各个区域,包括至少 12 个非洲国家。[108]

本书旨在评估监管框架,帮助非洲发展中国家建立适当的治理机制,以吸引来自非洲内外的外国投资。虽然外国直接投资对可持续发展很重要,但它不能完全取代国内投资,因此,推动投资的主要办法应包括监管机构和体制改革的发展。[109] 本书发展并提供了这些改革的替代方案。

本书考察了投资法制度,重点关注非洲的经验和正在塑造的非洲发展的全球趋势。目前非洲有几项双边投资条约是与资本输出国缔结的。对非洲双边投资条约的研究表明,它们中的大多数可以被描述为反映了资本输出国的利益和议价能力,而不是反映了资本输入国的利益。本书试图在回顾非洲国家缔结的双边投资条约的基础上,对非洲地区目前的监管实践进行全面分析,包括它们的国内法,以及它们与全球外国投资规则趋势的比较。本书还将调查涉及非洲国家的大量国际投资争端中出现的趋势,以及它们如何影响非洲的投资监管。本书研究了争端解决的备选方案是什么以及它们将如何影响投资者与国家的关系。这将有助于了解非洲双边

---

[107] Id, p. 24.

[108] UNCTAD, *supra* note 8 at p. 108.

[109] Id, p. 83.

投资条约的主要特点,并将重点关注非洲双边投资条约在多大程度上开放市场准入、促进区域一体化、可能保护人权和促进包容性和可持续发展。

本书概述

本书第二章通过考察非洲双边投资条约中提供的各种保护标准,以及考虑公共利益因素的相关性,探讨了投资监管在发展中的作用,这将促进可持续发展。

第三章研究了当前的 ISDS 模式如何使非洲失败,以及新出现的公共政策问题。本章还将研究与非洲国家有关的一些不同类型的投资争端,强调这些类别的争端在一些非洲国家的政治和经济背景下反复出现的可能性。

第四章着重分析了 ISDS 当前的目标和特点、存在的不足及其与法治的交集。本章将确定建议替代国际争端解决机制的各种争端解决办法,以及这些办法在多大程度上实现了吸引投资、使投资争端非政治化、促进法治和提供补救等目标。

第五章探讨了解释投资条约的合适范例,以确保保护人权,实现包容性和可持续发展,同时有效保护投资者。

第六章考虑了东南非共同市场和南部非洲发展共同体等次区域机构的监管发展及其在促进投资流动、投资治理中的法治以及投资争端的非政治化方面的作用。存在的问题是关于非洲区域一体化的政治经济学的问题,即它作为促进经济发展的一种方式,对非洲主要区域贸易协定的理解,对区域经济共同体的作用以及这些协定的经济利益是怎样的。此外,本章还研究了对大区域的影响以及对各国国内政策空间的限制。本章还探讨了国内监管的当前发展,并探讨了国内投资监管方法的案例研究。

本书最后提出了利用国际投资协定作为工具促进包容性和可持续发展以及保护人权和法治的政策选择。它为政策制定者在审查国际投资政策和法规时提供了经过充分研究的建议。它还确定了从业者和政策制定者采取明智立场的策略,并提供了可以推动进一步研究的丰富知识。

结　论

最后,本书的重点是考虑到平衡经济发展和解决非洲政府面临的历史和文化因素,应该如何适当保护在非洲的外国投资。本书的研究结果将有利于关注包容性和可持续发展、法治和理解非洲国家在国际投资法政策转变的影响下的政策倡议。

第二章　公共利益在外资管理中的作用

导　论

发达国家想要保护其在发展中国家的投资而发展中国家也想增加私人资本流入,吸引更多的外资,于是,以国际机制为基础的条约应运而生,成为法律工具和桥梁。① 随着国际条约的生效,后殖民时代随之出现了投资者与国家间争端解决机制常设化和机构化的发展特点,进而取代了民族国家独立运动浪潮之前盛行的国家与国家间传统的争端解决机制。②"国际投资争端解决中心"(International Centre for Settlement of Investment Disputes,ICSID)就是此类基于条约的国际机构。该中心设立于非殖民化时代高峰期,寄希望于以条约为基础的国际机制,将之作为解决新兴独立国家与外国投资者之间投资争端的常设机构。③ 其结果是,投资者与国家间的投资争端解决被机构化了,成为一种去政治化的争端解决机制。④ 通过这种以条约为基础的国际机制的介入,外国投资制度目前依靠临时性仲裁机构运作,在涉及国家与投资者争端解决程序中发挥着重要的作用,在双方之间适用的是事前协商一致的规范。

---

① Odumosu, I., 2008, '*The law and politics of engaging resistance in investment dispute settlement*', Penn State International Law Review 26, p. 255.

② Id.

③ Id.

④ Id, p. 257.

此前流行的以投资条约为基础的规则体系将新自由主义机构化、制度化了。新自由主义提倡国家对市场活动少加干预,削弱国家的经济功能。[⑤] 新自由主义催生了若干经济制度和规范,其中就包括国际投资协定。

尽管新自由主义反感国家干预经济事务的职能,但是,国家要对公共利益负起责任,也是最高的权威。[⑥] 虽然国家仍然是法律的重要裁判者,但是它们现在也是多边机构的代理人,在跨国事务的层面,国家也会影响国际和国内两个层次的法律。在国际投资法领域,这将有利于私人利益。也如桑斯坦(Sunstein)教授所言,某些政府的控制现象被视为不正当的家长制,但是,这也可以被理解为促进了私人欲望的满足。[⑦] 国家这种非正统的角色影响法治的作用以及管控塑造社会秩序的功能,还影响人们对社会以及对规范的合法性的认知。随着"非国家"机构和多层次治理机制的出现,需要对国家与其他行为体(如投资者与国家间争端解决机构)及其适用规则的关系有新的认识。虽然国际法学界更多研究的是对投资规范的合法性解释,但我运用这种解释来研究依据不同社会语境下法律的运行得出的不同的结论。[⑧] 政府的外资管理一般是为了弥补包括国际投资法在内的不完美。就"公共利益管理理论"(public interest regulation theory)而言,如本书所述,其旨在起到促进作用,创造和监督国际投资法所涉及的管理空间,在公共参与度高的地方,将国家的社会语境考虑进去。[⑨]

---

⑤ See Schneiderman, D., 2008, *Constitutionalizing Economic Globalization: Investment Rules and Democracy's Promise*, Cambridge Studies in Law and Society.

⑥ Hood in Morgan, B. and Yeung, K., 2007, *An Introduction to Law and Regulation*, Cambridge University Press, p. 4.

⑦ Sunstein, C., 1993, *After the Rights Revolution: Reconceiving the Regulatory State*, Harvard University Press, p. 51.

⑧ The work of Morgan & Yeung, *supra* note 6. 这部著作很有启发意义。

⑨ Id, pp. 5 – 6, 42 and Chapters 5 – 6.

"公共利益"一词在本书的运用,广泛地涵盖了各种利害关系人的普遍利益,包括非投资义务和人权规范。本书作者也认为公共利益和人权问题在概念上属于不同的主题,可以分开探讨。对公共利益进行宽泛的解释使之包括人权考量,其合理性已经被应用于解读投资者与国家间争端解决机制问题。在一国之内,要抽象地指出何为公共利益确实不容易,但是就个案投资活动而言,确定和查明公共利益的具体所指,并不困难。尽管争端解决制度的使命是要解决当下双方当事人的投资争端,投资者与国家间争端解决机制仍然对主要问题的附带问题拥有解释的职权。[10] 正是这一解释权导致投资者与国家间争端解决机制不得不考虑公共利益问题。我们对"管理"一词进行重新界定,对国家和投资者与国家间争端解决机制、仲裁庭之类的超国家机构之间的关系进行重新解读,就可以实现这一目标。

"公共利益管理理论"适用于如下语境:东道国因为其他有竞争关系的义务而被指控违反了应尽的投资义务,且这种义务之间的冲突对公共利益产生了重要的影响。这种理论试图努力解决投资者与国家间争端解决机制中出现的程序和实体问题。运用这种理论的时候,重要的是要理解其含义。

公共利益管理理论之界定

一方面,东道国根据国内法或国际法要承担一些义务;另一方面,东道国依据国际投资法,特别是"双边投资条约"要承担一些义务。不同法律渊源所要求东道国承担的义务之间往往是冲突的,互有竞争关系,而公共利益管理理论就是要化解这样的冲突。之所以义务之间有冲突,是因为东道国根据其管理权而实施的行动本来无可厚非,但这样的国家行动与东道国对外资投资者承担的保护义务相抵触;于是,矛盾就产生了。

---

[10] Odumosu, *supra* note 1 at p. 277.

在适用公共利益管理理论的时候,有必要同时设置保障措施,这是因为要防止国家将所有形式的管理措施升级为公共利益管理行动,进而将之作为抗辩理由,为东道国自己违反投资义务进行辩护。如何判断国家出台的管理措施是为公共利益而实施的措施呢?这需要考虑多种因素:(1)国家措施的性质和目的;(2)国家采取和执行该措施的方式;(3)政府措施所要保护的公共利益的重要程度;(4)该措施适用的范围及违反国际投资协定所设义务的程度;(5)东道国为保护公共利益所实施的措施的适当性和必要性,以及为避免义务之冲突而备选的替代性措施;(6)措施的可预见性有多高;(7)该措施的诚信程度和合法性。

国家措施的性质和目的

事实上,所有投资仲裁案件无不涉及国家违反条约义务,都是由于国家措施影响到投资者及其投资根据条约所应享受到的保护。涉案的国家措施包括终止合同、违约或者违反关税减让义务、涉税措施、令企业承担额外的行政负担等。[11] 东道国若出于对诸如公共健康、不可预见的突如其来的金融危机等的公共关切而出台国家措施,那么,东道国可以采取公共利益管理行动,即使违反了其外资保护义务也可将之作为抗辩理由。

国家措施实施的方式

这涉及国家引进该措施的方式,因为它会影响国家对投资者承担的义务。重要的是,东道国应当避免采取那些可能违反其根据国际投资协定应当承担的义务的措施。其结果是,受影响的投资者事先应当得到通知,被征求意见,这样,可以缓解对投资的冲击,万一东道国因公共利益管理行动

---

⑪ UNCTAD, 2016, *World Investment Report 2016*, viewed (31 March 2017) from http://unctad.org/en/PublicationsLibrary/wir2016_en.pdf, p.106.

而被指控的时候,其也可以据理力争。

公共利益的重要地位

为保护公共利益而采取的措施(公共利益措施)的重要性将决定其他诸如国家措施之范围、适当性、可预见性、诚信等因素对投资者诉请赔偿的救济措施范围的影响,以及国家以公共利益为由进行抗辩的有效性。

国家措施适用的范围及其违反国际投资协定义务的程度

只有在采取措施是为了解决特定问题,且没有采取其他措施来避免侵犯国家对投资者的义务的情况下,国家措施才被视为符合公共利益。国家措施若以公共利益管理为依据必定要具备合法性,再基于"合理限制标准"来实施国家措施。当国家措施对投资的实体冲击力有限,并不会彻底侵蚀投资的价值时,东道国就具备合理的根据援引公共利益进行抗辩。

国家采取这样的措施也要考虑其冲击力和后果。若无充分明显的证据证明该措施能够解决问题但同时限制对投资者的保护,那么,这样的以公共利益管理为依据的措施就必须受到更严格的审查判断。

国家为保护公共利益所实施的措施之适当性和必要性

仅当东道国实在想不出限制性更小的措施来取代公共利益管理措施时,才可以付诸实施,这样才可以避免国际投资协定义务不被违反。东道国被期望尽到适度勤勉的义务,遵守其自愿加入的国际投资协定。为了确保国家实施的措施确实是为了公共利益,我们有必要分析和评估一下拟采取的措施将要适用的范围以及国家所要解决的问题。再者,国家措施对于要解决的问题来说,当属最有效的措施或唯一措施。

国家措施的可预见性

这个因素要求投资者对风险进行评估。当外国投资者在政治和经济上都遇到不稳定的环境时,东道国又不能通过"稳定条款"对投资者作出担保,保证管理行动的稳定性,因此,管理措施发生变化的可预见性必定弱化,东道国违反条约也就成为不可避免的结局。例如,出现公共健康问题,那么,东道国足以据此出台管理措施。此时此境,国家措施的必要性审查也就变得特别重要了,东道国不得因为此类非国家之力所能掌控的问题出台不可预见的紧急应对措施而受指责和惩罚。

国家措施的诚信性质和合理性分析

当然,东道国采取的措施并非都能够符合东道国法律的精神,并非每一措施都是合法有效的。这一点尤其适用于转型期国家。利比亚和埃及就是最好的实例。在阿拉伯危机之后,这些国家在法治陷入暂停期间实施了紧急措施。[12] 在津巴布韦,经济危机期间,国家对土地采取非法的没收措施是被允许的。[13] 本书第三章也将谈及这类措施是不符合公共利益管理理论范式的。即使东道国以追求所谓的经济转型为目标也是不合法的。其结果是,国家措施的诚信性质总是要被考虑进去的。

为了确定诚信的外延,要考虑的因素包括政府对投资者有多高的透明度、出台国家措施的过程中公众参与的程度,以及这样的措施是否要接受审查。

判断国家措施是不是合法有效,是否以公共利益为目的,这里可以举一个最典型的例子来说明,也即南太平洋财产(中东)有限公司与阿拉伯

---

⑫ See ongoing case of *Ampal-American Israel Corporation and Others v. Arab Republic of Egypt*(ICSID Case No. ARB/12/11).

⑬ *Border Timbers Ltd and others v. Zimbabwe*(ICSID Case No. ARB/10/25).

埃及共和国一案,争议的焦点是旅游开发项目。[14] 1974 年埃及通过其旅游局与南太平洋财产有限公司签订了一份合同,以开发旅游项目为目的,[15] 在一块转让给合资公司的土地上开发“埃及金字塔绿洲休闲项目”。1977 年年底,由于担心工程施工会影响发掘土地里的文物,这个项目成为一个政治争议,最终在 1978 年变成了一个政治问题,最后在 1978 年中期被迫叫停。[16] 为此埃及颁布了总统令宣告该项目在法律上无效。[17]

政府的决定是为了保护国家文物古迹而作出的,符合诚信原则。截至取消项目的当年,南太平洋财产有限公司已经投入了巨资,对此决定不服,于是申请仲裁诉请政府予以补偿。1983 年南太平洋财产有限公司胜诉,埃及政府连本带利应赔付 1250 万美元。[18] 这一仲裁裁决被法国法院撤销了,对该法院的判决,南太平洋财产有限公司不服,于 1992 年诉至国际投资争端解决中心予以仲裁;国际投资争端解决中心仲裁裁决其获赔 2760 万美元,至此,南太平洋财产有限公司胜诉。[19] 但是,裁决下来之后,埃及政府并不服从,并通过国际投资争端解决中心启动撤销裁决的程序。然而,双方最后达成了和解协议,裁决撤销程序也因此不了了之。申请人的诉请是基于《埃及投资法》,这也是国际投资争端解决中心受理的首起依据国内法提起的仲裁。

埃及认为其政府官员授权批准引入投资的行为违反了埃及本国文物保护法。[20] 然而,仲裁庭否认了这样的抗辩,认为即使政府官员的行为属于越权而无效的行为,埃及政府也要对之承担责任,法理就是“政府公职

---

[14] ICSID Case No. ARB/84/3.
[15] Id, para. 42.
[16] Id, para. 62.
[17] Id, para. 65.
[18] Id, para. 68.
[19] Id, para. 257.
[20] Id, para. 81.

人员的行为就是在政府权力面纱笼罩之下的行为”。[21] 该公司在国际商会仲裁院第一次仲裁中所提出的仲裁请求,经仲裁庭评定后裁决该投资必须结合项目内部风险进行评估,而所涉风险分两种类型:一是位置风险,项目所在地与文物发掘有关。[22] 投资不可忽视这样的风险,必须合理地预见国家不可能完全保障项目实施到位。仲裁庭于是认定取消项目的情况是可以预见到的。二是政治和经济风险,在项目取消之时,埃及政治经济动荡不安,项目被取消的风险比通常情况下要高很多。这样一来,国家措施由于涉及文化古迹的保护,其性质和目的必定为政府的公共需求所驱动。项目所在的土地蕴藏着丰富的文化遗产本该是为政府所意识到的客观情况,而政府最后选择取消该项目,这一点必定降低了政府措施是公共利益措施的可能性。保护文化古迹无可厚非也似乎显得政府别无选择只得终止特定土地地面工程项目,而这样的终止行为不可逆转地会严重影响到投资者的投资。诚如仲裁庭所注意到的那样,政府的行动是可以预见到的,必定影响投资者的诉求。鉴于问题的紧急性质,东道国必定要求实施终止开发的措施,那么埃及政府的行动也就令人质疑政府的诚信以及措施的合法性。虽然埃及政府试图辩解其官员准许项目开发系其依据职权范围实施的行为,但这一步是不合法的,国家依法予以否决。其结果是,国家为了保护文物古迹而实施的措施是诚实信用之所为,而要减轻国家的责任只有对投资者予以补偿。若干年后,双方庭外和解,最终埃及政府支付了巨额财政成本。

公共利益管理理论的意义

公共利益管理理论由透明度、公众参与度和解释国际投资协定三层结构组成。就透明度而言,为了化解条约和国内法各自设定的义务之间的冲突,考虑到投资争端的公共利益视角,争端解决程序必须是公开的和开放

---

[21] Id, para. 82.

[22] Id, para. 251.

的。程序需要公开与透明,那么,非当事人的参与问题是需要被予以考虑的。这样的参与权利包括提交口头的和书面的材料,以及陈述其观点的权利,争端案件的非当事人和中间人也应该享有。东道国和投资者也享有递交意见书的权利。公共利益管理理论的第三个含义可能是最重要的,该含义与解决这种义务冲突时应采用的解释方法有关。当然,其也包括抵制其他适用的法律体系,尤其是一国的国内法。

公共利益管理理论与人权

公共利益管理理论与严格保障人权的方法的区别在于尽管人权方法涉及适用人权规范,人权优先于任何法律制度,但公共利益管理理论形成了折中方案,在处理国际投资法律和人权的冲突关系的时候,可以实现较为公平的结果。这一理论并不寻求取得优先于其他法律制度的地位,而是要在国际投资法领域集中开辟一块空间,容纳这些有竞争关系的利益。这一理论目标不是要求投资仲裁庭从法律上对人权义务作出肯定性的裁决,而是要在一个更加公平的结果中包容这些义务。仲裁庭通常采取的通过解释条约义务以得出裁决结论的方式,往往引发合法性的争论,为此,公共利益管理理论可以做到中立而公正。

公共利益管理理论既注重实体结果又强调实现这一结果的程序性方法。公众参与和透明度对于确保其他可适用的法律制度得以适用,极其重要。

安德鲁斯 · 古丽克(Andreas Kulick),主攻国际投资法中的全球公共利益法则,[23]曾经指出:“没有其他国际裁判制度能够创造出一种如此接近国内行政机制诸特征的审查和救济制度”。[24] 古丽克教授追溯了国际投资

[23] Kulick, A., 2012, *Global Public Interest in International Investment Law*, Cambridge University Press.

[24] Id, p. 83.

法的渊源,中肯地指出了国内法被视为法律的主要渊源,国际法仅仅起到的是补充作用和矫正功能。[25] 随着双边投资条约的出现,国际投资争端解决中心在第一个案件里将双边投资条约识别为法律的主要渊源,而国际法和国内法被定性为辅助性的渊源。[26] 这一立场后来被仲裁庭在个案里不断强化,这些法庭根据《解决投资争端国际中心公约》第42(1)条寻找适用于投资争端的国际法。[27] 在以阿根廷为被申请人的案件里,仲裁庭认定国际法优先于国内法得以适用,这种观点是古丽克教授极力赞成的。[28] 然而,在维纳(Wena)一案中,仲裁庭认定国际法和国内法秩序都要受到重视,这一点在安然公司(Enron)诉阿根廷一案获得认可。[29] 这一立场也与近期双边投资条约的发展趋势相吻合。本书在后面的章节里要讨论到国内法也越来越多地被列为准据法的选择项目。这种观点要求考虑1969年《维也纳条约法公约》第27条的适用,也即"一国不得援引国内法作为其不履行条约义务的正当理由"。

宪法主义与全球行政法的相关性分析

在分析投资规范体系的时候,超国家宪法主义(supra-constitutionalism)被认为可以超越国内宪法规范。[30] 这种学术观点是以投资规范对政府权

---

[25] Id, p.25.

[26] *Asian Agricultural Products Limited v. Sri Lanka* ICSID Case No. ARB/87/3. Award, June 27, 1990; Kulick, *supra* note 23 at p.31.

[27] See *SPP v. Egypt* ICSID Case No. ARB/84/3; *Tradex Hellas v. Albania* ICSID Case No. ARB/94/2; *Wena v. Arab Republic of Egypt*, Decision on Annulment, Feb. 28, 2002.

[28] Id, p.11, 39 and 44; LG&E *International v. Argentine Republic* ICSID Case No. ARB/02/1; *Siemens v. Argentine Republic* ICSID Case No. ARB/02/8; *Enron v. Argentine Republic* ICSID Case No. /01/3.

[29] *Enron v. Argentine Republic* ICSID Case No. /01/3, para 207.

[30] Schneiderman D., 2008, *Constitutionalizing Economic Globalization*, Cambridge Univers ity Press, p.3. See also Petersmann, E. U., 2012, *International Economic Law in the 21st Century*, Hart Publishing. 在介绍这本书的时候, 彼特斯曼(Petersmann)援引阿洛特(Allot, P.)的观点,指出,国际宪法主义问题是国际法学家在21世纪不得不面对的重要挑战。Adeleke, F., 2016, 'Human rights and international investment arbitration', *South African Journal of Human Rights* 32(1) p.55.

威施加了法律限制为前提条件的,其把经济利益与政治权力孤立起来进行分析,给投资利益以最强势的保护。[31] 按照斯基尔(Schill)教授的观点:

> 与宪法一样,双边投资条约约束和限制了国家行动自主权,作为国际公共秩序的一部分,双边投资条约创建和保障了国际共同体的利益,维持了全球经济系统的运作。[32] 投资条约通过构建起一系列的法律规范,衡量国家对待外国投资者的行为准则,包括若干宪法特征。

虽然"宪法主义"一词显得强势,也将投资规则置于很高的位阶,但是,通过这个视角考量投资规则也就表明东道国需要保全其主权性权力,为了实现其国民的福祉,努力追求可持续发展目标。[33]

发达国家处理发展中国家经济事务的角色引起发展中国家的不满和不信任感,于是,现行外国投资规范不断出现,这是一种观点。[34] 更有可能的情形是,投资规则之所以被引入,是为了化解发达国家对发展中国家对外资实行国有化权力的不信任。[35] 再者,对可能影响投资的各种现实风险或政治风险的感知,乃至对国内救济制度缺乏信心,都助燃了国际投资协定和投资者与国家间争端解决机制的诞生。[36] 本书第三章讨论了投资者对东道国国内法制度的各种担忧和关注以及这些关注在多大程度上是属于合理的。国际投资争端解决中心仲裁庭承担了国内法庭的角色,有权审

---

[31] Id, Schneiderman, pp. 4 – 5.

[32] Schill, S. W., 2009, *The Multilaterilazation of International Investment Law*, Cambridge University Press.

[33] Schneiderman, *supra* note 30 at p. 5.

[34] Id, p. 27.

[35] Meyer, G. and Coleman, M., 2009, 'Arbitration in Africa', *Without Prejudice*, p. 46.

[36] Id.

查国家行为，使之与国际投资法的要求相符合。[37] 在投资争端解决程序中，为了使国际投资争端解决中心仲裁庭取代国内法庭，发展中国家纷纷签署了双边投资条约。[38]

然而，鉴于对双边投资条约的批评声日渐多起来，部分国家尽管签署了相关条约，但是出于权宜之计或政策考虑，尚未使之生效；其他拉丁美洲和南非国家已经开始退出超国家的投资规范体系。尽管有越来越多的声音批评双边投资条约，但是，生效的双边投资条约数目一直保持高位，且成为投资者寻求救济优先选择的法律。虽然双边投资条约看起来是千篇一律的，但是，它们往往设定了各不相同的保护标准，这样一来，投资规则体系就具有了动态变化的活力，可以根据情况的变化而作出调整和进步。

长期以来，人们一直期待描绘出多边投资条约的宽广图景，但是至今尚未实现。这在很大程度上是因为对外资相关的关键问题达不成一致意见。[39] 其结果是，外国资本是由碎片化的双边投资条约管理的。多边条约若能作为投资法的渊源固然具备若干优势，包括建立单一的框架，就投资相关争端而言，可以实现适用法律的一致性和统一性，降低法律的模糊性；但是，目前双边投资条约制度框架持续成为外国投资者寻求保护时优先选择的规则。[40] 双边投资条约因其灵活性而备受欢迎，允许国家根据国情与其他国家协商确定条约内容。[41]

㊲ Bronckers, M. , 2015, 'Is investor-state dispute settlement (ISDS) superior to litigation before domestic courts?: An EU view onbilateral trade agreements', *J Int Economic Law* 18(3), pp. 655 – 677.

㊳ 据估计，目前750多份非洲双边投资条约，近100宗国际投资争端解决中心案件是以非洲国家为对象的。See Gibson, D. , 2014, 'Will Africa be lit by "BITS"?', viewed (13 May 2014) from www. gibsondunn. com/publications/Documents/Will-Africa-Be-Lit-By-BITs. pdf, p. 4.

㊴ See generally Gazzini, T. and De Brabandere E. , 2012, 'Bilateral investment treaties', in Gazzini, T. and De Brabandere, E. (eds), *International Investment Law: The Sources of Rights and Obligations*, Martinus Nijhoff Publishers.

㊵ Id, p. 4.

㊶ Id, p. 8.

双边投资条约典型的目的和目标就是为投资者在东道国建立规则框架和提供优惠条件。投资的定义十分宽泛,有时候甚至涵盖了对经济发展有贡献的任何资产。[42] 双边投资条约提供的一般性保护标准是保护投资者及其投资免于被歧视,直接或间接被征收,保证公平和公正待遇,给予补偿,在双边投资条约条款被违反时于选定的法庭或仲裁机构解决投资争端。日益常见的是,东道国开始引入"例外条款",免除东道国适用双边投资条约保护措施时引起的国家责任,这是由于双边投资条约总是倾向于限制国家主权。例如,为了处理健康、安全或环境问题而实施的征收,属于"诚信的征收",目前新的投资协定对此予以认可。[43]

斯琪内德曼(Schneiderman)教授指出,由于宪法主义要化解的是多数人民主与少数派的利益之间的紧张关系,投资规则体系将外国投资者作为少数派群体对待,在法律上约束政府,使之不得采取对投资利益构成负面冲击的措施。[44] 按照彼得斯曼(Petersmann)教授的观点,21 世纪的挑战要求国际经济法进行范式转换,采取全天候的管理模式,使之更加有效地保护人权,在多样化的国际国内法律秩序中构建起一套由公民支持的,具备宪法一致性的民主型国际经济法。[45] 这是强势的主张。考虑到投资协定的结构与性质,修订条约的难度及其实施机制,也有一点类似于宪法体制,这种观点支持这样的设想:投资规则要放到宪法框架之内予以分析。[46] 除此之外,斯琪内德曼指出,在投资规则中禁止直接和间接的征收,诉求公平

---

[42] 这样的例子,包括加拿大和南非之间缔结的双边投资条约,其规定:"投资是指第三国投资者在缔约一方领土上特别是依据缔约另一方国家的法律,直接或间接——尽管并非排他性地,拥有和控制任何资产,含动产和不动产,但是,并不指不动产或其他仅有期待权或者无经济用途的财产。"捷克共和国与南非之间的双边投资条约规定,"投资是指一方投资者在另一方领土内为经济活动而投入的各种资产"。See Schneiderman, *supra* note 30 at p. 31.

[43] See also Schneiderman, *supra* note 30 at p. 35, for general discussion including the 2005 Germany-China BIT.

[44] Schneiderman, *supra* note 30 at p. 38.

[45] Petersmann, *supra* note 30.

[46] Schneiderman, *supra* note 30 at p. 39.

和公正待遇,这种方式类似于民事诉讼,也以类似于宪法的模式对政府权力予以限制。[47] 以南非为例,为了在各种互有竞争关系的利益之间求得平衡,南非宪法承认出于公共目的或公共利益可以对财产实行征收措施。从南非宪法的语境中理解财产权上的公共利益概念,可以将其概括为"国家对土地制度的改革,公平获取所有南非自然资源的改革行动"。[48] 南非宪法规定的补偿规则可以说是正当的和公平的,反映了公共利益之间的平衡。这一点不同于双边投资条约通常所规定的"立即、充分、有效的补偿标准"。

突出了南非宪法的上述特征之后,双边投资条约对国有化和征收的约束和限制条款相对于宪法文本上的相关规定,其法律义务就显得更加重大了。[49] 其结果是,外国投资者所获待遇要优惠于南非本国的投资者。双边投资条约通常并不对剥夺与征收两个概念区别对待,南非宪法将征收的外延扩大到"出于公共目的之征收",因此,双边投资条约极有可能阻碍南非公共政策目标的实现。[50]

投资规范体系同时具有公法和私法两个层面的意义。按照彼得斯曼的观点,从积极的一面看,双边协商确定的标准被多边化,以此为基础,建立起国际正义;从消极的一面看,为了不闹到国内法庭或国际公法法庭,从而不惜使用强权压制和化解那些有利益冲突的关系。[51] 投资规范体系意在避开国际公法法庭这种直观印象目前在不断强化。有学者指出,投资规范体系希望保护"既有的投资",借助法治手段对国家市场管理措施进行约束和规范,确保国内法律规范具备确定性,进而推动实现经济自由、平等、非歧视、公平和公正待遇,同时禁止直接征收和间接征收。[52] 然而,要

---

[47] Schneiderman, *supra* note 30 at p. 69.

[48] 1996 年《南非宪法》第 25 条。

[49] Schneiderman, *supra* note 30 at pp. 143 – 144.

[50] Schneiderman, *supra* note 30 at p. 147; Adeleke, F., 2016, 'Human rights and international investment arbitration', *South African Journal of Human Rights* 32(1), p. 58.

[51] Id.

[52] Schneiderman, *supra* note 30 at p. 206.

反对适用纯粹以市场为优先于一切的基于规则的机制,因为这样的制度极有可能是为极少数有特权的人的利益服务的,而拥有一套有极大缺陷的跨国制度,也是极度危险的。[53] 所以,重要的是,国家要掌握市场管理权和经济政策制定权,使投资者保护和其他公共利益保护能够同步实现。在宪法主义框架内宽泛地分析投资规则,特别强调行政法原则的适用。

作为主权的实体国家有权管理和保护公共利益。国际投资规范体系限制了政府依据宪法方式管理其本国经济事务的能力。鉴于全球协定和国内法之间偶尔出现不一致的情况,我们有必要建立一套机制,确保投资规则与国内法保持一致。我们可以将行政法作为投资规则机制的责任追究工具。然而,通过行政法的适用建立公共利益管理理论的前提并不会用于这样的推理:主权可以被用于抗辩条约义务之违反。此前,投资规范体系都是置于国际公法范畴的,不过,是时候从公共裁判法律的视角来看待投资法律了,这样可以保护更多的公共利益。[54]

仅在出于追求区域经济一体化的目标而签订条约限制主权以赋予超国家和区域性的组织一定的管控权限的情形下,国家才会通过适用国际法而自愿限制国家主权。另有一类行为者日益活跃,对国家主权予以限制,那就是私营性质的国际公司,它们行使了国家依据双边投资条约所获得的权利。该类条约当然不可能在私人主体之间缔结。通过双边投资条约这个渠道,私人投资者获得了实体权利,且是可以执行到位的权利,不过,国家才是条约当事人。[55] 获得了这些可执行的实体权利后,私人公司根据双边投资条约主张特定的权利若与国家为了保护其他非投资利益而实施的

---

[53] Schneiderman, *supra* note 30 at p. 222.

[54] Yackee, J., 2012, ' Controlling the International Investment Law Agency', *Harvard International Law Journal 53*, pp. 399 – 400.

[55] 参见《布莱克法律词典》(Black Law's Dictionary),给"公共利益"下的定义,"公共的普遍福利,需要予以认可和保护的福利","公众作为一个整体享有的某种东西,特别值得政府予以管理的东西"。See also Roberts, A., 2010, ' Power and persuasion in investment treaty interpretation: The dual role of states', *American Journal of International Law* 104, p. 184.

政府措施发生冲突,就会对国家主权予以限制。诸如此类的限制措施可以通过双边投资条约中的“稳定条款”对投资期间既有的国家管理机制进行约束,也可以通过对与征收相关的国家管理权力和警察权力的限制来实现。政府为保护公共利益而采取的正当的管理措施与私人投资者享有的实体权利之间进行恰当的平衡,业已成为广泛辩论的主题,也成为投资者与国家间争端解决机制破解这些分歧的核心之处。

投资者与国家间争端解决机制的公共性质

要化解投资保护和人权之间的紧张关系,在很大程度上与外国投资者保护其在东道国的投资能力密切相关,也与东道国在外资存续期间为保护公共利益而依法行政的能力不无关系。2003 年联合国人权委员会在其报告中指出,人权关乎人之基本尊严,而投资权利是为了实现一定的政策目标而使用的手段,与实现人之尊严不可分割。[56] 要善于把握这两套制度之间的紧张关系,使两种利益获得同等待遇。戴斯特(Desierto)教授指出,“公共利益”由此一般关涉效率问题——社会的整体禀赋,以及公平问题——按照公平和公正的程序对个人进行禀赋的相对分配。在这个意义上,人权与投资保护都是关涉公共利益的事项。投资关涉公共利益的效率层面,影响人类尊严实现之物质条件,而人权保护要求注重公共利益的公平的一面,确保人人可以公平和无歧视地获得社会和经济公共物品。人权保障显然突出了公共利益的重要性,也可以说,通过改善福利和负责任的投资行为来促进经济发展,也是公共利益的另一个维度。[57]

投资和人权保障相互之间并不排斥,两者共同致力于改善普罗大众的

---

[56] Simma, B. , 2011, ' Foreign investment arbitration: A place for human rights?" , *International Comparative Law Quarterly* 60, p. 591 quoting the *Report of the High Commisioner for Human Rigbts, Human Rights, Trade and Investment* (July 2003), para. 2.

[57] Desierto, D. A., 2012, ' Calibrating human rights and investment in economic emergencies: Prospects of treaties and valuation decisions', *Manchester Journal of International Economic Law* 9(2), pp. 162 – 183.

福利待遇。正是基于这个理由，当我们不得不面对投资保护相关争议的时候，投资者与国家间争端解决机制若能被视为一套公法裁判制度，人权保障的考虑就可以发挥极其重要的作用。

世界上第一份双边投资条约是1959年巴基斯坦与德国签订的，要求以仲裁方式解决由此引起的任何争议。然而，第一次双边投资条约仲裁指导于27年之后才发生，当年是1987年，直到20世纪90年代末仲裁的数量才呈指数增长。联合国贸易和发展会议2007年的报告中将这种增长归因于谈判中的双边投资条约数目的增多。资本流动增加，投资者因为仲裁索赔成功而受到鼓舞，外国投资者诉诸仲裁的也就多起来了。[58] 随着双边投资条约仲裁裁决增多，有必要确保仲裁庭在解释双边投资条约类似条款的时候保持结论的一致性。近3000份双边投资条约生效了。双边投资条约措辞大同小异，但是，若双边投资条约争议的事实语境截然不同，那么，法律效力也就各有不同。另外，每一个争端的仲裁庭各有不同，那么，法理解释也是难以做到完全一致的。

解决双边投资条约引起的争端，优先选择仲裁的方法，但是，仲裁的选择要取决于某一特定的条约。投资者可以诉诸临时性仲裁庭，例如，根据联合国贸易和发展会议规则设立的仲裁庭、世界银行下设的国际投资争端解决中心、斯德哥尔摩商会、国际仲裁院、伦敦国际仲裁院。典型的情况就是三名仲裁员组成仲裁庭，每一当事人各选一名，而该中心的首席仲裁员是由双方当事人共同挑选的。一旦意见不一致，就由中心指定首席仲裁员。[59] 然而，于联合国贸易和发展会议仲裁程序而言，由当事人选择的仲裁员一起指定首席仲裁员。[60]

---

[58] UNCTAD, 2007, 'Investor-State Dispute Settlement and Impact on Investment Rule Making', viewed (21 March 2017) from unctad. org > docs > iteiia20073_en. pdf.

[59] See Fry, J. D., 2008, 'International human rights law in investment arbitration: Evidence of international law's unity', *Duke Journal of Comparative & International Law* 18, p. 77.

[60] See Id.

双边投资条约适用于一国投资者在另一个国家领土上的投资。其结果是,要运用仲裁程序,该中心规则适用于投资争端,[61]也适用于外国自然人和法人,但不能适用于在东道国接受资本的法人。尽管如此,根据这套规则认定投资的概念时往往会发生争议;在判断投资者的国籍或某法人是否为外国人控股的时候,颇有争议。[62]

由于双边投资条约是主权国家为了行使其主权权力而缔结的协定,旨在吸引外国直接投资,最终是为了公众的福利,如此看待双边投资条约就意味着双边投资条约应该被识别为“公法”。然而,因为双边投资条约赋予投资者实质性权利,在东道国与投资者之间建立起合同关系,如此,其也要适用到合同法。公法裁判与私法裁判的分野在于主权豁免原则的适用——任何主权国家不得接受另一个国家的法院的审判。[63] 有一些国家承认主权豁免的例外——也就是国家的商业行为不被豁免。[64] 至于如何区别主权行为与商业行为,各种判断标准都用上了。其中的方法之一乃是考察国家相关行为的性质和特征,而不看其目的。[65]

凡·哈丁(Van Harten)提出了两类国家行为,是仲裁时经常要考察的。这两类行为是国家接受强制性的国际仲裁,作为国际法院管辖权的替

---

[61] 参见《解决投资争端国际中心公约》第25(1)条规定:中心的管辖权应当适用于缔约国(或缔约国指定的任何实体分支机构、代理机构)与另一个缔约国的国民之间直接因为投资引起的任何法律争端,当事人双方同意向中心递交争端解决书面申请。当事人双方书面同意之后,任何一方不得单方撤回其同意。该公约第25(2)条还规定:“另一缔约国的国民”是指:(1)在双方同意申请协商或仲裁之日,具有争端当事国之外的缔约国国籍的自然人,或根据第28条第3段或第36条第3段注册登记之日具备上述国籍的任何自然人,但是,不包括在上述日期同时具有争端当事国国籍的自然人;(2)在缔约国同意申请协商或仲裁之日具有缔约国国籍的法人。

[62] See *Soufraki v. United Arab Emirates.* ICSID Case No. ARB/02/7 Award, 7 July 2004; *Klöckner v. Cameroon* ICSID Case No. ARB/81/Award, 21 October 1983; *FEDAX N. V. v. Venezuela* ICSID Case No. ARB/96/3(1),Decision on Jurisdiction, 11 July 1997.

[63] See Van Harten, G., 2007, 'The public-private distinction in the international arbitration of individual claims against the state', *International & Comparative Law Quarterly* 56, p. 373.

[64] Id.

[65] This distinction was drawn by Lord Wilberforce in an English case in *1 Congreso del Partido*[1983]1 AC 244,267(HL); Van Harten, *supra* note 30 at p. 374.

代形式，以及国家实施的引起投资者索赔争端的行为。[66] 他指出，这两类行为无一不是主权行为，仲裁程序是作为公法上的仲裁。[67]

国家对外缔结投资条约的时候，是以主权职能采取行动的，当然，包括投资争端仲裁活动。尽管投资仲裁是属于私法性质的，但是，凡·哈丁教授得出的结论是：不可争辩的是投资争端是公法裁判性质的，仲裁制度的重要性体现为将公法裁判功能委托给私法仲裁员来实现。[68] 这就意味着私法性质的仲裁隐藏了这样的事实——它所获得的是公权力。所以，公共利益与这种委托授权的相关性不得过度强调。

在外国私人投资者之外，也有一部分为东道国所控股的投资者。这些投资者被视为主权性质的投资者。[69] 这里提出的问题是"主权性投资者"作为国际投资法上的投资者受到保护。有些学者认为国际投资争端解决中心并不能够受理国家与国家间的投资争端，而主权性投资者恰恰就属于这样的争端，所以，管辖权应当被否决。[70] 有人指出，若遇到主权性投资者的争端，应当通过外交途径解决或者仅在当事国家同意之后才能解决，例如，澳大利亚与美国自由贸易协定规定了缔约国必须达成一致允许投资者诉诸仲裁程序。[71]

对于主权性投资者的关注涉及其公司治理结构问题。国家机关在海外投资很有可能并不附带任何的商业动机，与许多其他外国投资者相比

---

[66] Van Harten, *supra* note 63 at p. 374.

[67] Id.

[68] Id, p. 381.

[69] See Poulsen, L., 2012, 'Investment treaties and the globalisation of state capitalism: opportunities and constraints for host states', in Echandi, R. and Sauve, P. (eds), *Prospects in International Investment Law and Policy*, Cambridge, pp. 73 – 90.

[70] See Hirsch, M., 1993, *The Arbitration Mechanism of the International Centre for the Settlement of Disputes*, The Hague, Kluwer-Nijhoff Publishers, pp. 64 – 66.

[71] See US-Australia Free Trade Agreement (FTA), 2004, Article 11. 6, viewed (20 June 2016) from www. ustr. gov/trade-agreements/free-trade-agreements/australian-fta.

而言,其结构和投资战略趋向于不公开、不透明。[72] 为了解决这些关切问题,东道国不得不要求外国投资者遵守其透明度原则。为了避免东道国受到另一个国家通过其主权性投资者施加的不正当干扰,管理者可以要求披露其治理结构和投资计划,以之作为评价主权性投资者动机的依据。[73] 这样的要求可能会与投资条约义务相互冲突。虽然部分仲裁庭已经发现投资者有义务合作并向管理者提供信息,但其他的仲裁庭则认为不得要求投资者承担诚信义务,不得强制其披露长期项目投资计划。[74]

双边投资条约仲裁与公共利益

保护外国人财产的思想起源于20世纪早期,当时世界人权宣言还没有发布,只是扩大解释了国家责任规则,使之适用于外国人损害赔偿。[75] 由于私人投资者目前可以直接诉求国际救济而无须本国外交干预,传统国际法理论与学说发生了改变。因为只有国家才享有国际权利,私人主体诉诸救济程序的国际化日渐模糊了外国投资者权利与人权之间的界限。[76]

一般而言,仲裁庭并不拥有对人权争端的管辖权。在比劳内(Biloune)诉加纳(Ghana)一案[77]中,仲裁庭确认了作为独立诉因的人权

---

[72] Poulsen, *supra* note 69 at p. 13.

[73] Id.

[74] See Id, p. 15. The tribunal in *Saluka v. Czech Republic* (UNCITRAL Arbitration Partial Award), 17 March 2006, para. 232. 其指出:要求外国投资者披露其特定投资的最终目标,这是不合理、不现实的——不论是以收购股份还是其他方式。最后的目标往往是高度投机的,也是不太可能精确表达的,极有可能随着时间流逝而改变。

[75] Dupuy, P., 2010, 'Unification rather than fragmentation of international law? The case of international investment law and human rights law', in Dupuy, P. (ed.) *Human Rights in International Investment Law and Arbitration*, Oxford University Press, p. 47.

[76] See Francioni, F., 2010, 'Access to Justice, Denial of Justice, and International Investment Law' in Dupuy, P. (ed.) *Human Rights in International Investment Law and Arbitration*, Oxford University Press, p. 63.

[77] See UNCITRAL Award on jurisdiction and liability, 27 October 1989. 本案中一名叙利亚投资者被驱逐出境,财产被没收,法庭竟然说对侵犯人权的主张——这种可以作为独立诉讼的事由,它并不拥有管辖权。

违反索赔之诉根本不属于其管辖的事项。同意接受仲裁庭的管辖权是要以双方当事人的同意为基础的。然而,尽管人权违反之诉可能不得被作为独立的诉求来处理,但是,就人权违反的后果影响到投资而言,有人提出,此类人权违反行为将成为“有关投资的”争端,从而成为仲裁的对象。[78]

人权条款应当适用于当事人选择法律之时将它们包括进去了的情形。[79] 国际法一般是纳入法律选择条款之内的,人权可以被视为国际法的要素。[80] 考虑到目前投资争端的发展趋势,投资者之所以尚未以人权违反为由对东道国政府提起指控,也许部分原因是绝大多数投资者属于“法人”,于东道国而言,它们是以人权为抗辩理由的,而不是投资者的违反事项。仲裁庭本身也表现出不太愿意审理争端当事人提起的人权事项,其更喜欢以各种理由予以拒绝受理,例如,程序瑕疵、法律依据不足、无管辖权和分属不同的国际法部门。[81] 仲裁庭也可能担心其卷入备受争议的人权争端而使其正统性和合法性遭受破坏。仲裁庭发现临时性的措施和重新谈判可以保住合法获得的既得权利,但是,例外的情形是当事人尚未启动

---

[78] Reiner, C. and Schreuer, C. ,2010, ‘Human rights and international investment arbitration’, in Dupuy, P. (ed.) *Human Rights in International Investment Law and Arbitration*, Oxford University Press, p. 84.

[79] Id.

[80] See Reiner and Schreuer, *supra* note 78 at p. 85. ICSID 公约第 42 条规定了国际法之适用。对于这个词汇的解释,有人认为应该参照国际法院规约第 38 条进行。

[81] See Hirsch, M., 2010, ‘Investment tribunals and human rights: Divergent paths’, in Dupuy P. (ed.) *Human Rights in International Investment Law and Arbitration*, Oxford University Press, p. 97; *Siemens v. Argentina*(ICSID Case No. ARB/02/08, 6 February 2007). 根据人权义务与投资义务之间的区别,仲裁庭对其予以分别对待。仲裁庭指出,对征收(expropriation)与对补偿(compensation)所要考虑的因素各有不同。仲裁庭还注意了“估值的边际利润”(margin of appreciation)这个为欧洲公约开发的概念; Sempra v. Argentina(ICSID Case No. ARB 02/16, 28 September 2007)一案中仲裁庭也考虑过阿根廷宪法秩序上所使用的“必要性”(necessity)这个词汇,仲裁庭指出,临时措施和重新谈判可以保护合法权利。

人权指控而仲裁庭依职权考虑人权因素者。[82]

一方面,人权法在公法领域不断演进,扩大适用于个人与国家之间的关系,被赋予不同性质的自由权、权利和义务。另一方面,投资法集中在私法领域,以义务为基础设定互惠互利的承诺。[83] 这些义务和责任是受到"降落伞条款"保护的—— 将这些承诺转换为国际法上的责任和义务,同时受到稳定条款的保护——使投资者不会因为管理者的改变而受到损害,当然,公平和公正待遇原则,也是予以适用的。[84]

按照德万内(Devaney)教授的说法,[85]当国家承担的义务与改善人类福利有至关重要的人权意义的时候,且与投资者享有的权利会发生间接冲突的时候,那么在救济阶段,就需要对东道国与投资者的利益进行平衡考量。[86]

德万内指出:东道国承担的非投资相关的义务与对投资者承担的义务之间若发生冲突和摩擦,也是间接性质的,事实上,其往往也是东道国行政管理自主权范围之内的事。人权义务旨在平衡东道国要对投资者承担的义务,因为东道国采取的措施未必一定就是要促进或保护某一项特定的人权,但是在东道国看来,就是有可能逐步履行其人权义务,也可能成为有助于实现公共利益的措施。看起来似乎只有在这些"有间接关系"的案件中

---

[82] See *Tecmed v. Mexico* ICSID Case No. ARB (AF)/00/2, 29 May 2003. 仲裁庭需要对"环境权"(environmental rights)进行解读,也即国家行动的合理程度和比例关系是否等同于"征收"。仲裁庭不得不依赖欧洲人权法院的判例精神;Mondev v. USA which 一案仲裁庭也适用了欧洲人权法院的判例法——尽管没有任何一方当事人属于欧洲公约的当事人。仲裁庭根据欧洲人权法院判例法精神作出了裁判:若将国际侵权的管辖豁免权扩大适用于法人机构,就违反了《北美自由贸易协定》的条文。

[83] Hirsch, *supra* note 81.

[84] Id.

[85] See Devaney, M., 2012, 'Leave it to the Valuation Experts? The Remedies Stage of Investment Treaty Arbitration and the Balancing of Public and Private Interests', Society of International Economic Law, 3rd Biennial Conference, WP No. 2012 - 06, viewed (31 March 2017) from https://papers. ssrn. com/sol3/papers. cfm? abstract_id = 2087777&rec = 1&srcabs = 2088315&alg = 1&pos = 4, p. 4.

[86] Id.

才适合在救济阶段做一些调整,以反映公共利益的考量。[87]

德万内教授进一步指出,在对公共利益与投资者利益做出平衡考虑的时候,在考虑东道国发展状况的同时能够促进东道国的治理水平;在救济阶段若要平衡上述利益也允许具备一定的灵活性,因为只在实体审理阶段才考虑这个问题会失之偏颇,很容易忽视投资者和公众的正当权益。[88] 它还考虑到东道国家的经济发展阶段、行政管理能力以及东道国违反人权义务的有责性等诸多因素。[89] 这一点已经体现在以下判例当中。

在西门子诉阿根廷一案中[90],西门子主张存在违反阿根廷与德国双边投资条约规定的征收义务及公平和公正待遇条款的情况,因为西门子公司在阿根廷的子公司获准特许经营权后,当地政府单边改变了合同。合同变更是由于阿根廷发生了经济危机,阿根廷政府由此颁布了紧急状态法,特别授权总统可以对所有公共部门的合同要求进行重新谈判。阿根廷辩驳说,"人权是如此深入宪法,若承认申请人所诉请的财产权,考虑到目前阿根廷的社会经济条件,那么,宪法所保障的人权也就会被抛弃"[91]。仲裁庭认为,阿根廷的辩护毫无根据,因为与本案无关。[92]

在安祖里克斯(Azurix)公司诉阿根廷一案[93]中,一家美国公司中了一个30年的特许经营权牌照,主营布宜诺斯艾利斯省的下水道工程。正当阿根廷经济危机最严重的时候,该公司指控阿根廷政府没有兑现当初约定的关税减让安排,特别是阿根廷政府单方终止特许经营权合同,致使公司

---

[87] See Devaney, *supra* note 85 at p. 10.

[88] Id, pp. 6 – 7.

[89] Id, p. 7.

[90] ICSID Case No. ARB/O2/8, Award February 6, 2007; see also Vadi, V., 2012, 'Culture Clash: Investor's Rights vs. Cultural Heritage in International Investment Law and Arbitration', Society of International Economic Law (SIEL), 3rd Biennial Global Conference, unpublished paper.

[91] *Siemens v. Argentina*(ICSID Case No. ARB/02/08, 6 February 2007), para. 75.

[92] Id, para. 79.

[93] ICSID Case No. ARB/01/12.

破产倒闭,由此违反了双边投资条约中规定的公平和公正待遇义务条款,等同于征收,也就违反了非歧视待遇条款、充分保护和安全条款。[94] 阿根廷辩驳说,该公司未能遵守特许经营权协议,其遭遇的困境是其公司自身造成的。[95] 仲裁庭认为政府虽然有义务积极保护公共卫生和健康,但是,政府忙于政治干预关税安排,最后,仲裁庭按照市场价格裁决给予该公司公平的补偿金额。[96] 按照仲裁庭的分析方法,理当适用比例原则,仲裁庭并未考虑取水权以及它是否构成该公司获得补偿的重要因素。这些案例在投资义务与国家管理权力之间建立了一定的联系,也表达了多种观察视角,以之作为考察双边投资条约仲裁所形成的法理的主要方法,特别是当公共利益与国家根据双边投资条约承担的投资义务发生冲突的时候,更需要从双边投资条约仲裁法理学中找到思路。当然,仲裁员可以行使其自由裁量权,以自主决定以何种方式化解这些难题。仲裁庭往往以双边投资条约隐含的政策利益为优先,再考虑其他被认为属于次一等的利益。各种相互之间有竞争关系的政策利益归类于公法裁判范畴,由此要遵守公法原理。政策利益应该出于公众参与原则,同时仲裁庭要认可更加宽泛的公共利益的概念,这样才能使之与投资者的利益进行平衡考量。

双边投资条约背后的政策和利益

投资条约要求国家承担保护和促进外国投资的国家义务。投资条约的目的是保护外国投资者及其投资不被国家不当干预和不良管理。

绝大多数投资条约包含 4 条核心的国家义务,这些国家义务与各种政策利益捆绑在一起。这些政策利益包括国家向本地及外国投资者提供的保护的种类、国家用于促进投资的激励手段、指导国家和资本流动关系的

---

[94] Id, para. 43.

[95] Id, para. 43.

[96] Id, para. 376.

外交政策以及国家对产权的政策。

《解决投资争端国际中心公约》第42(1)条规定,“仲裁庭应当适用各方当事人一致同意适用的法律规范来裁决案件”。若缺失了这样的法律选择协议,仲裁庭应当适用公约缔约国也即争端当事国的国内法(包括冲突规范)以及可以适用的国际法规范。其他仲裁规范也允许仲裁庭自主选择可以适用于争端的法律——若当事人未进行法律选择,但是,该中心的规范与众不同,因为它明文提到要适用国际法作为准据法。[97] 当然,围绕该中心公约第42(1)条本身的含义有多种解释。有限制地适用国际法,使之成为弥补国内法漏洞的例外规范,这样,它就具有补充的作用或矫正意义的角色,还有就是当缔约国法律与国际法不一致的时候,予以适用;有一种解释就是仅在为了捍卫强行法的时候,才有必要适用国际法。[98] 只要《解决投资争端国际中心公约》中存在类似第42条之类的规则,在判断是否违反双边投资条约义务的时候,就有可能依赖国内法和国际人权法,使之成为准据法。

维纳旅馆有限公司诉阿拉伯埃及共和国一案曾经就该条款的意义进行过辩论和解释。[99] 围绕英国与埃及双边投资条约发生的这起争端中,英国公司与经营旅店业的埃及公共事业公司之间发生了争论。仲裁庭发现:双方当事人一致同意该双边投资条约理当成为本案基本的原始法律渊源但不能成为可以适用的唯一法律渊源。尽管司法先例在双边投资条约仲裁程序中并不适用,但是,仲裁庭也参考了国际投资争端解决中心之前的仲裁裁决,以此决定条约义务的具体内涵。仲裁庭发现东道国政府违反了

---

[97] 例如,《联合国贸易和发展会议规则》第35条规定:对于仲裁案件的实体问题,仲裁庭应当适用争端当事人指定的法律。若无指定,仲裁庭应当适用冲突法规范指定的准据法。无独有偶。《国际仲裁法院仲裁规则》第17条规定:当事人应当有可以一致决定仲裁庭应当适用的法律规范的自由,以裁定实体问题。若无此协议,仲裁庭应当适用其自认为适当的法律规范。

[98] See CMS Gas *Transmission Company v. The Argentine Republic* ICSID Case No. ARB/01/8, Award of May 12, 2005, para. 115.

[99] See 41 ILM 896 (2002).

公平和公正待遇条款所设定的义务,未能提供充分和有效的安全保障,所以,仲裁庭就国内法和国际法的可适用性展开了激烈的辩论。埃及政府向仲裁裁决撤销委员会申请撤销仲裁裁决,但是,该委员会是支持该裁决结果的。仲裁裁决撤销委员会援引该公约第42条进行说理,认为埃及法和国际法都是可以适用的法律渊源。[100] 该委员会论说道:显而易见的是,"谈判"二字引导出该公约第42(1)条第二句,其含义和意义明显允许国内法和国际法两种法律秩序都有用武之地。东道国的法律若被证明是正当的,的确可以与国际法同时适用。若遇到合适的规范,国际法也可以自动适用。[101]

有人期待,当条约正在谈判中,东道国总是极力鼓吹选择适用其国内法,但是资本输出国家总是极力推动选择适用国际投资法。这就必定制造出紧张的气氛。对于条约谈判者而言,采取实用主义态度,为东道国预留外资管理的政策空间;而在双边投资条约谈判过程中,若双边投资条约允许选择适用有利于保护公共利益的法律的话,倒不如交给仲裁庭自己去决定准据法。正如以下征收案例所示,这样做会产生破坏性极大的效果。

征收的各种规则的"囚徒困境"

除了"直接征收",征收也有间接形式的,也即国家剥夺投资者除财产所有权之外的使用权等所有利益,这样的国家干预行动相当于抽空了投资者对该投资的使用权和享有权。[102] 直接和间接征收都被视为可予以补偿的征收。根据国际习惯法,国家管理被视为第三种财产干预形式。国家干预被视为合法行使政府权力的方式,可能对外资产生影响。这些国家管理

---

[100] See *Wena Hotels Limited v. Arab Republic of Egypt*, ad hoc Committee Decision on Application for Annulment on February 5, 2002, 41 ILM 933 (2002), paras. 38 – 39.

[101] See Id, para. 40.

[102] See Choudhury, B., 2009, 'Democratic implications arising from the intersection of investment arbitration and human rights', *Alta L Rev* 46, p. 996.

行动不被视为等同于征收,所以,也就不能成为有补偿的征收。[103] 间接征收和国家管理,二者都会干预外资,但二者的分界线并不清晰。这个问题悬而未决的性质就有可能阻碍国家行政管理权力的行使。

仲裁庭总结的关于间接征收的法哲学派生出两种理论:一是“单一效果论”,二是“警察权力论”。[104] 根据单一效果论,“政府措施对财产所有者产生的后果,是考量是否构成间接征收的唯一要素,至于政府措施的意图,不再考虑”[105]。警察权力论并不局限于分析政府措施对投资者的效果,也

---

[103] Id, p. 57. 就第一个因素而言,仲裁庭对 S. D. Myers 一案的裁决,成为信赖之源。为了确定政府实施的出口禁令所产生的干预水平和力度,仲裁庭认为临时性的措施(a temporary measure)并不会导致财产所有权的转移,也不会直接对之生出利益,于是,政府措施并不构成“征收性”措施。See UNCITRAL, First Partial Award, 13 November 2000, pp. 287 – 288. 第二个因素涉及的是干预措施的重要性问题(substantiality),首先要求争议中的政府措施属于不合理的措施;其次,要求发生了财产损失——要么通过政府干预,要么被实质性剥夺权利。就合理程度来说,仲裁庭在 Feldman v. Mexico 一案中指出,政府可以通过保护环境,实施新的税法或改变税务安排,给予或撤销政府补贴,减少或增加关税税率,实施地区限制等手段来捍卫更加宽广的公共利益。这种类型的合理的政府管理行动也可能无法实现其目标,因为任何受到负面冲击的行业,都可以诉请补偿。可以肯定的是,国际习惯法对此是认可的。See ICSID Case No. ARB (AF)/99/1, Award on the Merits, 16 December 2002, p. 103. 就财产损失而言,仲裁庭在波普与塔尔博特公司诉加拿大政府一案中提及一种测试方法,为后来的仲裁员所用(See UNCTAD, p. 57),“对商业活动的某一种干预是否构成对投资的征收,有时候是不确定的,这种测试方法就是要考虑到这种干预是不是足以得出这样的结论——财产已经被剥夺,使之脱离所有权人的控制”。See UNCITRAL, Interim Award on the Merits, 26 June 2000, para. 102. 为了确定实质性征收的真实含义,Methanex 一案仲裁庭追溯考察了投资者面对政府被指控的征收措施所持的立场及此后的立场。See UNCITRAL, Final Award, 3 August 2005, paras. 16 – 18. 第三个因素涉及以投资为基础的期待权问题,仲裁庭从 Metalclad v. Mexico 一案中找到了依据:此前,政府批准投资者建造一座垃圾填埋场,但是,后来政府宣布该地块属于国家野生动物保护区域。仲裁庭指出,“《北美自由贸易协定》意义上的征收,包括但不限于公开、蓄意和事先有告知地取得财产,例如,公然地扣押财产,正式强制性地转移财产所有权以支持东道国利益,当然,暗中干预或附带性地干预投资者对财产的使用自由,具有剥夺所有者利益的效果者,部分或实际上全部使之丧失了财产的所有权或合理期待的可得经济利益——即使未必显然利于东道国”。ICSID Case No. ARB (AF)/97/1, Award on the Merits, 16 December 2002, para. 103.

[104] See Suda, R., 2005, *The Effect of Bilateral Investment Treaties on Human Rights Enforcement and Realization*, Global Law Working Paper 01/05 Symposium, Transnational Corporations and Human Rights, p. 28.

[105] Id.

要评估包括政府利益在内的更加宽广的语境。[106]

按照曼特(Montt)教授的观点,征收的概念属于宪法层面的问题,因为它重新界定了财产权利和行政权力之间所应有的恰当关系。[107] 他进一步指出,“无补偿不得征收的宪法特征”这样的观念必须从矫正正义与分配正义两个视角出发来审视。[108] 矫正正义适用的基础在于国家为了经济目标决定对投资实行征收,那么,国家就必须出于公共利益的要求而对被征收的投资付出代价。[109] 矫正正义以国家行为的合法性为依据,以合理性为准绳。[110] 分配正义适用的基础在于国家所要实现的公共利益大于投资的核心价值,由此可见,补偿并非必要的。[111] 分配正义原理注重机会平等、结果公平和被征收投资的比例关系。[112]

投资条约并没有充分地回答征收构成要件等如何区分和调配公共利益、国家行动的合理性和比例关系等一系列的理论问题。[113] 由此,需要回头诉诸条约当事国的国内法,以解决这些问题。虽然投资条约界定了投资的合格条件,但是需要根据国内法来决定投资者是否拥有对投资的权利及其利益。[114] 至于国家行为的合理性和合法性、机会平等、结果公平及比例关系等问题,若适用行政法上的法治原则,则更能够妥善地得到处理。如《南非宪法》第25章中允许的征收所引起的纠纷案件,鉴于南非历史上种族歧视法律的适用导致人们被剥夺财产,《南非宪法》第25章所定义的

---

[106] Id.

[107] See Montt, S., 2009, ‘Investments, indirect expropriations and the regulatory state’, in Montt, S., *State Liability in Investment Treaty Arbitration: Global Constitutional and Administrative Law in the BIT Generation*, Hart Publishing, p. 237.

[108] Id, p. 238.

[109] Id, p. 239.

[110] Id.

[111] Id, p. 241.

[112] Id, pp. 243 - 251.

[113] Id.

[114] Id.

“公正和公平的补偿标准”就极其接近曼特教授所描述的那种“分配正义原理”。在投资仲裁的过程中,补偿的金额是要根据所涉投资的市场价值来定的,若排他性地仅仅适用国际法方法,是不允许仲裁庭承认类似于《南非宪法》第 25 章那样的国内法规范的。它也不允许对该规则的理由进行询问,在某些情况下,如果在此基础上进行征用,并且向投资者提供的补偿低于市场价值,则该规则可以成为国家行为的合法理由。

监管与法律的去政治化

奥杜摩苏(Odumosu)教授提出其学者建议说,投资者与国家间争端解决机制仲裁庭作为中立的机构,不考虑社会政治、经济和文化背景及其外延的意义,由此产生的法律去政治化效应,使法律规范的适用丧失了对公平因素的考量。[115] 按照奥杜摩苏教授的理解,有一种潜在的力量在压制政府对公民的真实关切做出及时的反应,使政府因为担心被指控从事政治活动而不敢积极鼓吹公共利益。[116]

如此看来,投资法用来化解国家所承担的各种义务之间的冲突是借助某些双边投资条约中的稳定条款实现的,在整个投资期间,国家避免实施某些行为而支持履行其他的义务。[117] 这些稳定条款旨在保护投资者,使之免受那些可能会影响投资者利益的管理措施。赛尼可(Cernic)教授对三类稳定条款进行了区分和界定:冻结条款、经济均衡条款和混合条款。[118] 在整个投资存续期间,冻结条款要求东道国政府暂停颁布与投资相关的财政和非财政的立法。[119] 经济均衡条款是在立法发生改变的情况下,通过补

---

[115] Odumosu, *supra* note 1 at p. 283.

[116] Id, p. 285.

[117] See Cernic, J. L., 2010, '*Corporate human rights obligations under stabilization clauses*', German Law Journal 11, p. 212.

[118] Id.

[119] Id, p. 213, quoting Shemberg, A., 2008, Stabilization and Human Rights, 6 - UN Research Project.

偿或变更合同保护投资者利益。[120] 混合条款是在制定新的法律的情况下，通过补偿或变更投资合同来避免投资者损失。[121]

广义的稳定条款可能会影响东道国履行尊重、保护和实现国际人权法所设定的人权保护义务的能力，特别是调整公共利益的能力，因为这样的管理措施极有可能引发东道国的补偿义务。[122] 由于优先适用投资合同条款，所以，这就相当于"稳定条款"可以阻止东道国履行其根据国际法和国内法所承担的人权义务，也可以阻止东道国采取措施以解决特定问题引发的公共关切。

绝大多数投资争端中，对未予以补偿的征收提起指控的同时往往指控东道国违反了公平和公正待遇规则，这是由这一义务所提供的保护的性质决定的。投资争端仲裁庭将公平和公正待遇作为衡量东道国各级政府机关运用公共权力赋予外国投资者待遇的标准。[123] "公平和公正待遇规则"有能力侵入东道国对所有投资保护标准可能实施的"管理自治领域"——因为它可以覆盖国内法、政策及行政的所有部门。若干原则是从公平和公正待遇之义务中衍生出来的。这些原则包括稳定性原则，要求东道国维护管理环境的稳定度，避免对外国投资者冲击过大，以及一致性义务，要求东道国保持克制，不得要求投资者撤销之前向东道国所作的陈述和介绍；再者，合理期待原则在国际投资争端过程中作为公平和公正待遇原则逐步成形了，这也正好显示出超国家法律和国内法在国际投资法中的地位越来越高了。[124]

虽然东道国为了公共利益可以实施管理措施或其他措施，但是这些措

---

[120] Id.

[121] Id.

[122] Id.

[123] See Henckels, C., 2012, '*Proportionality and Standard of Review in Fair and Equitable treatment Claims: Balancing stability and consistency with the public interest*', Society of International Economic Law Conference, unpublished paper, p. 2.

[124] Id, pp. 2 – 3.

施被期待是合理的措施。然而,仅仅依赖国内法成了人们关注的问题。例如,国内法成为唯一的依靠这样的做法使投资环境充满了太多的不确定性,因为东道国极有可能单方改变其法律。另外,一国国内法也无法覆盖全部投资法领域,于是,有人提出适用综合性的方法——适用国内法、国际投资法,在一定的情况下还要考虑国际法和人权法。

为了塑造这种综合一体的方法,"比例原则"可以约束和限制东道国干涉外资的公共权力的程度。[125] 比例原则与合理性的概念是相关联的,因为比例和合理体现了一种利益的平衡关系,也反映出措施与目标之间的理性联系,合理性概念本身也可以被理解为在分歧之间寻求均衡点的一种方法。[126]

结　论

双边投资条约仲裁裁决的不断演进突出了政策制定者运用其智慧的重要性,在谈判双边投资条约时要尽量减少对宽泛的条文进行解释时所引起的混乱,增强投资争端最后裁决的可预见性和一致性。通过这一章的分析,我们看到越来越多的处于争端中的国家开始援引人权义务进行抗辩,免于承担投资条约所设定的责任。这一前所未有的领域引起了仲裁庭对公共利益考量所作的决定的混乱和随意。有两种办法可能奏效:一是在评估国内和国际投资机制相互冲突的过程中,确有必要同时考虑和适用国内法和国际法。二是在对投资法机制和国际人权法机制进行比较的时候,适用比例原则、合理性原则以及遵从国内和国际法制度,对国家和投资者利益进行平衡处理。

[125] Id, p. 6.
[126] Id, p. 13.

第三章　法律之治与投资争端的去政治化

导　论

投资者与国家间争端解决机制多年来成为学术热议的话题。有一部分研究的焦点在于投资条约中关系到投资者及其投资保护的实质性的政策选择、技能、经验以及仲裁员的专业水平、投资者与国家间争端解决机制仲裁庭对条约所作的扩张性解释以及整个机制的合法性问题。[①] 其结果是，人们纷纷呼吁进行系统性的改革，甚至提议要找到替代该机制的争端解决机制。

自20世纪90年代仲裁热潮以来，尽管目前的发展和全球政治在主导投资者与国家的关系，但是，投资者与国家间争端解决机制并没有取得长足的发展和改进。[②] 当出现该机制时，正是非殖民运动时期，资本输出国家和资本输入国家之间可谓泾渭分明。[③] 为了保障投资者及其投资，资本输出国家有了设立中立和独立机构的想法，以保护资本输出国家的投

---

① See Dezalay, Y. and Garth, B. G., 1996, *Dealing in Virtue*: *International commercial arbi-tration and the construction of a transnational legal order*, University of Chicago Press.

② 在投资者与国家间争端解决第一案即AAPL v. Sri Lanka一案中，仲裁庭宣称通过缔结双边投资条约就相当于国家发出了仲裁的要约，而投资者通过仲裁请求代表其国籍国接受了该仲裁要约。

③ See Petersmann, E., 2012, *International Economic Law in the 21st Century*: *Constitutional Pluralism and Multilevel Governance of Interdependent Public Goods*, Oxford, Hart publishing, p. 116.

资者利益。[4] 之所以如此发展，是因为投资者对东道国的独立性抱有怀疑，认为东道国不太可能对投资者及其投资提供公平和平等的司法待遇。[5] 该机制广受欢迎，成为投资条约中的传统争端解决机制，因为它被假定能够提供成本更低、速度更快、方式更加灵活的争端解决模式。[6] 争端的当事人可以共同选择首席仲裁员这样的程序性权利也使之能够对仲裁实施更大程度的控制和约束，也就增强了投资者与国家间争端解决机制。[7]

然而，该机制的原始优势随着机构规则和习惯做法的改变而逐渐消失了。成本的增加、仲裁结案期限的拖延、国家对条约解释的厌恶感、眼睛仅仅盯住损害赔偿金额、公法问题各有变化引起管理争端的难度增大，诸如此类的问题层出不穷，因此，该机制背负起沉重的压力，备受争议。本章要研究的是该机制的性质及其缺陷，为改善该机制现有的制度而贯彻透明度原则和"法庭之友"等程序性的方法。最后，本章还要考虑投资争端的类型及其对非洲国家的影响，以及对非洲国家管理外资权利的影响。

投资者与国家间争端解决机制：替代性争端解决方法还是司法的私人化？

投资争端仲裁往往涉及公共利益问题，但是，这种仲裁在一定意义上可以被视为司法的私人化，似乎在模仿开放司法的形态，但是，往往被金融利益所颠覆。然而，支持投资者与国家间争端解决机制的人将这一机制视为一种替代性争端解决方法，因为它强调的是中立的重要性，确保争端当

---

④ See Miles, K. , 2010, '*International investment law*: *Origins*, *imperialism and conceptualizing the environment*', Colombian Journal of International Environmental Law & Policy 21 (1), p. 11.

⑤ UNCTAD, 2010, 'Investor-State Disputes: Prevention and Alternatives to Arbitration', viewed (21 March 2017) from http://unctad.org/en/docs/diaeia200911_en.pdf, p. 14.

⑥ Id.

⑦ Id.

事人双方的利益不被损害。这些诉求中的每一项都会提出投资者及其母国对东道国法律制度的信任度问题。关注的重点包括国内法律制度的公正和效率,以及是否可以获得合格的判决书,决定作出者——法官是否具备必要的技能和经验、是否具备解决投资争端的能力。这些问题也许是对仲裁这种争端解决机制的一种解释。另一种解释是希望获得最大化的损害赔偿金额,若通过法院诉讼程序,即使一方胜诉,也难以实现这样的利益。历史上该机制被视为“保密、快速和省钱的”争端解决办法,其裁决在国际上是能够获得强制执行的。⑧ 然而,随着仲裁的普及,仲裁的优势也就不复存在了。这是因为对仲裁的担忧也是与日俱增的。这些趋势将在本书接下来的部分进行讨论。

保　密

首先,联合国国际贸易法委员会和国际投资争端解决中心制定的透明度规则——最频繁适用于投资者与国家间争端的规则,以及在新近谈判的双边投资条约以及示范性的双边投资条约中无不倡导的透明度原则,正在削弱投资者与国家间争端解决机制传统上具有的机密性质。⑨ 联合国贸易和发展会议在2013年的报告里承认了该机制需要实现更高的透明度,因为涉及公共服务部门,也可能涉及广泛的人权关注;若要求东道国给予金额巨大的损害赔偿,可能会涉及财政资金困局,投资者威胁申请仲裁就可能对政府政策产生“寒蝉”效应,人们在投资仲裁过程中越来越重视程序性事项。⑩ 这些发展趋势迫使该机制改变其保密规则——过去对投资

⑧ See Franck, S., 2005, '*The role of international arbitrators*', ILSA Journal of International & Comparative Law 12(1), p. 499.

⑨ 国际投资争端解决中心早在2006年就通过了修正案,要求增大透明度;联合国国际贸易法委员会规则经历了2013年的评估程序,要求改进透明度,上述规则自2014年4月起实施。

⑩ See UNCTAD, 2012, 'Series on Issues in International Investment Agreements Ⅱ Transparency', United Nations, viewed (31 March 2017) from http://unctad. org/en/PublicationsLibrary/unctaddiaeia2011d6_en. pdf, p. xi.

者极具吸引力的规则,成为协调公共利益与非争端方利益的一种机制。

时间与成本

投资者与国家间争端解决机制耗费的时间导致成本的增加。平均算来,国际仲裁从立案到审结需要3年半的时间。当然,该时间长度显然低于绝大多数争端解决方法所需要的时间。[11] 近期研究显示,申请仲裁者平均花费约4 437 000美元,而被申请人平均要花费4 559 000美元。[12] 仲裁庭的费用,包括仲裁员的工资和仲裁机构的开支,国际投资争端解决中心要花费约769 000美元,而联合国贸易和发展会议要花费约853 000美元。[13] 在44%的仲裁案件里,胜诉方只能够回收部分的成本。[14] 当然,这个数字显然高于国内法院诉讼。不过,国际仲裁仍然是投资者优先选择的争端解决办法。其之所以成为投资者的优先选择或许是因为仲裁的损害赔偿金额往往数目巨大。国际投资争端解决中心公开报道的裁决金额估计在45亿美元。[15] 在奥斯顿(Occidental)诉厄瓜多尔(Ecuador)一案[16]和茨斯欧布(CSOB)诉斯洛伐克共和国一案,[17]裁决的金额占了59%。[18] 最近的尤科斯环球诉俄罗斯一案[19]中裁决了500亿美元给予投资者作为赔偿金;另一个仲裁庭裁决了9亿美元的利润损失,其中包括0.3亿美元的精

---

⑪ See Sinclair, A., Fischer, L. and Macrory, S., 2009, 'ICSID arbitration: How long does it take?', Global Arbitration Review 4.

⑫ See Hodgson, M., 2014, '*Costs in investment treaty arbitration: The case for reform*', Transnational Dispute Management 11(1).

⑬ Id.

⑭ Id.

⑮ See Hodgson, M., 2014, 'Counting the costs of investment treaty arbitration', viewed (March 21, 2017) from www.allenovery.com/SiteCollectionDocuments/Counting_the_costs_of_investment_treaty.pdf.

⑯ ICSID Case No. ARB/06/11.

⑰ Case No. ARB/97/4.

⑱ Hodgson, *supra* note 15.

⑲ PCA Case No. AA 227.

神抚慰金,作为对投资者职业荣誉损害的补偿金,该投资者投资了 500 万美元开发一个旅游项目。[20]

中立地位

投资者与国家间争端解决机制是通过国际投资协定而合法设立的,允许当事人决定争端解决过程。当事人也会挑选特定的争端解决场所和特定的机构规则,据此,仲裁员必须运用其自由裁量权。这会引起人们对仲裁员独立性的关注。

弗兰克(Franck)之问:若仲裁实现了这样的范式转换,试问仲裁何以成为优于国内诉讼的争端解决办法呢?其优势何在?[21] 她提出了建议,或许优势在于仲裁的中立性。这种中立性包括仲裁机构的中立地位,不得不公平地使当事人双方获益,又包括决策程序的中立地位。[22] 如果这种中立性被投资者估价过高的话,那么,各种替代该机制的方案所具有的可行性——本书下一章会讨论到,将主要取决于它们是否也能够使投资者获得这种中立的感觉。然而,中立地位要结合仲裁员的独立性进行评估。

仲裁员的偏见与利益的冲突

法官和仲裁员据说具备一些共同的职业特性——决策义务所具有的裁判性质。[23] 所谓的共同特性包括自由裁量权之运用、争端解决过程之驾驭。[24] 然而,近期的仲裁案件中,仲裁员选任的独立性日益被质疑,原因在

---

⑳ *Al-Kharafi v. Libyarendered* in Cairo on 22/3/2013.

㉑ Franck, *supra* note 8.

㉒ Id.

㉓ Id, p. 3.

㉔ Id.

于人们感受到了部分仲裁员的偏见。[25] 近期有研究发现,仲裁员被当事人选择的理由一方面是仲裁员的经验和资历,另一方面是仲裁员本人与当事人的关系。[26] 其结果是,仲裁员圈子是封闭的,当事人挑选仲裁员就是一种控制手段,由此引发"司法私人化"的讨论。为了支持这样的假设——仲裁员是有偏见的,是为了自利而工作的,近期的经验研究显示,当事人选择的仲裁员在裁决书中所撰写的异议意见的出发点是倾向于其聘请者的。[27] 更加令人关注的是,仲裁员对裁决的评议程序一般仅限于程序性评审,并不触及仲裁员所作的实体性决定。[28]

德扎勒(Dezalay)和盖斯(Garth)的著作划分了两类仲裁员:一类被称为"元老",他们是男性,而且已经升到了本国法律行业的顶端,但并不专门从事仲裁领域的工作。[29] 另一类被称为技术官僚,他们是通过国际仲裁领域的活动获得资格证书的,而"元老"们则不一定具备仲裁方面的专门技术知识。[30] 在最近的一项研究中,确定了第三类仲裁员,他们属于管理者。[31] 除掌握仲裁的技术细节外,当事人现在更加重视潜在仲裁员的管理能力,这种能力适用于仲裁程序的管理、仲裁庭的审议、仲裁庭内部的工作

㉕ See *Burlington Resources v. Ecuador* ICSID Case No. ARB/08/5 (2013) - repeated appointments by the counsel of the claimant; *Blue Bank International v. Venezuela* (ICSID Case No. ARB 12/20 2013) - arbitrator is partner of firm that represented claimant in other case; *Caratube v. Kazakhstan* ICSID Case No. ARB/13/13 (2014) appointment as arbitrator in another case against the same host state.

㉖ See Puig, S., 2014, '*Social capital in the arbitration market*', The European Journal of International Law 25(2), p. 387-424.

㉗ Van den Berg, A., 2010, 'Dissenting opinions by party-appointed arbitrators in investment arbitration', in *Looking to the Future: Essays on international law in honor of M. Reisman*, cited in Rogers, C., 2013, '*The politics of international investment arbitrators*', Santa Clara Journal International Law 12 (223), p. 242.

㉘ Franck, *supra* note 8 at p. 4.

㉙ Dezalay and Garth, *supra* note 1.

㉚ Id.

㉛ Schultz, T. and Kovacs, R., 2012, '*The rise of a third generation of arbitrators? Fifteen years after Dezalay and Garth*', Arbitration International 28(2).

安排以及裁决的产生过程。[32]

这种在国际论坛上首选的管理者角色可能是另一种解释,说明为什么仲裁比其他的争端解决形式更受欢迎。因为它允许争议各方向主持仲裁员提供指导和就如何管理程序以实现裁决结果达成一致意见,而这种机会在法院系统中是不存在的。

有问题的体制结构和不一致性

投资者与国家间争端解决机制是国际投资协定的核心特征,是促进和保护外国投资的最重要机构。然而,各国越来越多地将此视为对其实施改革的监管能力的一种限制,并导致监管降温,以防止对外国投资者承担责任。

按照泰提(Titi)的观点:这些仲裁庭的激增和日益增长的重要性,以及诉诸争端解决机制的做法,促使投资保护和国家监管利益之间出现了令人不安的紧张关系,同样,它们揭示了仲裁作为一个问题的一部分——被视为对国家监管利益的威胁。[33]

有人进一步指出,具有特别重要意义的是"仲裁推理没有充分考虑到东道国监管机构的利益,而且裁决往往偏袒投资者而损害国家利益,这种疑虑日益加深",但他们承认,"这些疑虑可能有些夸大,因为东道国通常是投资者与国家争端的赢家"。[34] 在天然气输送公司诉阿根廷共和国一案和国际公司诉阿根廷共和国一案中仲裁庭指出,在这一点上,两个法庭都根据国际习惯法处理了必要性的辩护,而在这两个案件中,撤销委员会在事实相似的两个案件中得出了不同的结论。司法委员会认为,阿根廷的危

---

[32] Id, p. 162.

[33] Titi, A., 2013, *The Right to Regulate in International Investment Law*, Nomos, pp. 67 – 68.

[34] Id, p. 69.

机“没有导致经济和社会的全面崩溃”，不能解除不法性；[35]而国际公司诉阿根廷共和国一案认为，同样的危机达到了“灾难性的程度”，需要阿根廷提出必要性的辩护。[36]

迈尔斯(Miles)反对建立允许投资者对国家提出索赔的投资者与国家间争端解决机制，而没有相应的机制听取因投资者活动而受到影响的个人的投诉。[37] 迈尔斯主张遵守全球公法原则，在这些原则下，投资者与国家间争端解决机制考虑“东道国在投资方面的社会、环境和发展需求”是很自然的。[38] 迈尔斯还认为，“投资者与国家间纠纷的仲裁员构成了一个在国际投资法范围内负责知识创造的认知群体。如果该社区的基本文化要求保守地遵守私营部门的商业价值观，那么投资保护将仍然是仲裁员关注的首要问题”[39]。考虑到解决争端合法性和公平性的两难处境，人们提出了各种替代办法，并对国际投资法的未来提出了有趣的见解。本书下一章将讨论这些问题。

国际投资法和投资者与国家间争端解决机制有公法和私法两个方面。一方面，其是“双边协议标准的多边化”，同时规避了“国家和国际公法法庭”，从而引发了利益冲突。[40] 另一方面，投资仲裁被视为投资者与国家之间的一种协商一致的裁决形式，应被视为“公法上的一种裁决审查机制，因为投资仲裁是由国家主权行为建立的，主要用于解决因行使主权权力而产生的纠纷”。[41] 然而，尽管国家主权行为建立了独立自主机制，但这些机

---

[35] *CMS Gas Transmission Co. v. Argentine Republic*, ICSID Case No. ARB/01/8 para. 355.

[36] *LG&E Energy Corp v. Argentine Republic*, ICSID Case No. ARB/02/1, decision on Liability, para. 237.

[37] Miles, K., 2013, *The Origins of International Investment Law*, Cambridge University Press, p. 337.

[38] Id, p. 25.

[39] Id, p. 345.

[40] Petersmann, *supra* note 3 at p. 13.

[41] Van Harten, G., 2007, *Investment Treaty Arbitration and Public Law*, Oxford University Press, p. 45.

制严重颠覆了本书第二章所讨论的法治。

投资者与国家间争端解决机制仲裁庭的结构类似于商业仲裁,在商业仲裁中,由私人当事人提出索赔,并且在组成仲裁庭和执行裁决时使用类似的程序规则。然而,这种方法是有缺陷的,因为它涉及监管和公共政策的问题。从商事仲裁的角度看,投资仲裁是双方当事人之间的私人纠纷,因此,双方当事人只能就双方当事人提出的问题进行保密和隔离。[42]

解决争端有三种主要的基本方法。这些方法包括“炮舰”外交,通过法院裁决的权利方法和功能方法,后者涉及协调有关各方的利益。[43] 功能方法主要涉及替代性争端解决方法的技术,在当前的投资者与国家间争端解决机制下尚未被采纳。哪些地方涉及巨额损失索赔,哪些地方对各国的政策和监管选择提出了挑战,有争议的当事方可能更希望在解决争议方面少一些抗辩式诉讼制度。这也许是解决投资争议的未来所在——协调各方的利益。联合国贸易和发展会议在 2010 年发布了一份报告,该报告论述了该机制的替代方案,并侧重于两类替代方案。[44] 第一类涉及替代性争端解决方法的使用,而第二类则侧重于防止争端的发生。

非诉讼纠纷解决机制是一种非约束性的纠纷解决机制,通常侧重于通过调解解决纠纷。[45] 调停是一个更加非正式的过程,不同于调解人可以就实质性问题提出一系列建议,调停人是协调人,调停过程是通过争议各方的积极参与进行的。[46] 和仲裁一样,调解和调停都需要第三方的参与。这

---

[42] Kladermis, D., 'Investment treaty arbitration as global administrative law: What this might mean in practice', in Brown and Miles (eds), 2011, *Evolution in Investment Treaty Law and Arbitration*, Cambridge University Press, p. 149.

[43] Echandi, R., 2013, *Prospects in International Investment Law and Policy*, *Complementing Investor-State Dispute Resolution: A Conceptual Framework for Investor-State Conflict Management*, Cambridge University Press, p. 270.

[44] UNCTAD, 2010, 'Investor-State Disputes: Prevention and Alternatives to Arbitration', viewed (21 March 2017) from http://unctad.org/en/docs/diaeia200911_en.pdf.

[45] Id, p. xiii.

[46] Id, p. xix.

是一个灵活的过程，为各方在保持低成本的同时快速达成协议留下了空间。[47] 这也降低了各国在裁决中遭受巨大损失的风险。此外，替代性争端解决方法为改善良好的治理和监管实践提供了机会，因为它使各国能够在履行投资义务的同时保护各国的国内政策。

然而，其也有缺点。替代性争端解决方法的决定对当事人没有约束力。在这种情况下，如果当事方不真诚地承诺进行替代性纠纷解决程序，可能会导致时间和金钱的浪费。[48]

替代性争端解决方法也不适用于所有类型的投资纠纷。[49] 在涉及公共管理的情况下，国家不宜在政策制定上与私人投资者妥协。这暴露了政府面临的政治风险，以及私人权力决定政策制定的观念，从来都不是过程和政府合法性的好兆头。[50] 此外，由于国家被期望在法律的边界内运作，国家可能很难证明在该机制范围内作出的任何决定的合法性，特别是在这种决定不具有法律效力的情况下。[51]

替代性争端解决方法的程序也面临同样的批评，即缺乏透明度，以及第三方缺乏介入和代表非争议方利益的机会。[52] 为了解决这些问题，我们提出了三个主要程序上的改革建议。它们包括引入透明度规则、非争议方参与和引入投资法院。

新的透明度规则

传统上，官僚们在幕后谈判缔结国际法，而不受公众舆论或国家法律制定者意志的影响。其中的一个例子是关于“跨太平洋伙伴关系”（Trans-Pacific Partnership，TPP）的秘密谈判，这促使全球呼吁透明度，并最终导致

---

[47] Id, p. 32 and 34.

[48] Id, p. 36.

[49] Id.

[50] Id, p. 37.

[51] Id, p. 37.

[52] Id, p. 38.

协议草案的泄露。[53] 国际投资协定内透明度的下一个前沿涉及协定的谈判,国内法律制度在这方面可以发挥重要作用。作为对批评"跨大西洋贸易与投资伙伴关系"(Trans-Atlantic Trade and Investment Partnership, TTIP)投资部分谈判缺乏透明度的一种回应,欧盟发起了"关于投资保护和投资保护模式的公开磋商",从而为这一领域的民主投入开辟了新的视角。[54] 在投资者与国家间争端解决阶段,透明度可以有不同的形式。

透明度可以通过两种方式实现,既可以在仲裁所依据的国际法中作为一项补充规定引入,也可以在仲裁规则中引入。这两种机制都已被各国用于提高投资者与国家间争端解决过程的透明度。以前的立场是可取的,以避免和推翻许多问题,可能会遇到现有的仲裁规则。通过引入透明度规范,国际投资争端解决机制有更多的机会让公众参与。

新兴的示范双边投资条约还纳入了信息获取规则,承认投资法律体系向透明度规范的转变。在《南部非洲发展共同体示范双边投资条约》中,规定了三个层次的信息披露。第一,该条约第 12 条规定投资者向东道国披露有关投资的信息,并承认东道国有权获得及时和准确的信息。[55] 第二,该条款进一步承认东道国有权按照其国内法向公众披露此类信息。在

---

[53] Schill, S., 2014, 'Transparency as a Global Norm in International Investment Law', viewed (21 March 2017) from http://kluwerarbitrationblog.com/2014/09/15/transparency-as-a-global-norm-in-international-investment-law.

[54] Id.

[55] 12.1. 投资者应向实际或潜在的东道国提供缔约国可能要求的有关投资和投资者公司的历史和惯例信息,以便就该投资作出决策或仅供统计之用。

12.2. 实际或潜在的东道国有权及时获得这方面的准确信息。投资者不得欺诈或者依照本条规定提供虚假或者误导性信息。

12.3. 投资者或投资实质性违反第 12.2 款的行为被视为违反东道国关于投资的设立、收购、管理、经营和处置的国内法。

12.4. 实际或潜在的东道国缔约国可将这些资料提供给投资所在地的公众,但要受其他适用的法律和机密商业信息的修订的约束。国家当事方应保护任何机密商业信息不受任何可能的披露,不得损害投资者或投资的竞争地位。

12.5. 本条的任何内容均不得解释为阻止缔约国采取其他方式获取或披露与公平和善意有关的信息,以及与其国内法的适用或与投资者争议有关的信息。

该条约第18条的评注中[56]，该条规定，投资合同和付款也必须向公众开放，并提出：

> 许多发展中国家和国际组织正在对合同谈判的透明度日益关注。事实上，许多人现在认为这是反腐败斗争中最重要的组成部分之一。该条款阐述了透明度的原则，并期望投资者和政府都能按照这一期望行事。

第三，该条约第24条规定：缔约国应向投资者提供可能影响投资者投资的所有法律和法规，包括政策和行政指导方针。[57]

如果遵循本节建议的办法，将使国家当事方能够在这些争端中确立其内部信息获取法律的至高无上地位，并确保当一国有义务向公众公布信息并防止法庭发出保密命令时，不会产生利益冲突。

透明度提高了决策的质量，因为在公布裁决供公众审查的情况下，仲裁员面临着更大的压力，要求他们写出理由充分的裁决。[58] 公众对仲裁过程的监督也降低了当事人腐败的可能性。在皮耶罗·弗雷斯蒂(Piero Foresti)诉南非案里，有一个关于南非政府代表索求贿赂的报道，如果这个

---

[56] 18.2.投资者或者其投资应当及时公布向政府支付的与投资设立或者经营权有关的一切款项，包括一切税款、特许权使用费和类似款项。

18.3.在可行的情况下，这些合约及付款应放置在公众可自由浏览的互联网网站上。

18.4.接受付款的缔约国或与投资有关的合同的缔约国应(有权)向公众提供付款和合同，包括通过公众可以自由访问的互联网网站提供。

18.5.机密性商业信息应当从合同中获取，且根据本条款予以公开。

[57] 24.1.各缔约国应迅速公布或以其他方式公布其普遍适用的法律和规章以及可能影响另一缔约国投资者投资的国际协定。

24.2.各缔约国应努力迅速公布或以其他方式公布其可能影响本协定项下投资的政策和行政指导方针或程序。

[58] Magraw, D. and Amerasinghe, N., 2008, '*Transparency and public participation in investor-state arbitration*', ILSA J Int Comparative Law 15, p. 33

过程没有透明度，这个事实可能是不为人知的。[59] 在大多数民主国家，知情权是一个根深蒂固的原则，允许其他权利的实现，这也是经常被理论化的。[60] 因此，透明度允许其他权利的实现，例如获得司法公正。

诉诸司法的概念被概念化为每个人都有权要求国家提供一种解决争端的手段，这种手段应该是平等可及的，并且在社会上是公正的。[61] 这涉及实质和形式，特别是公众参与国际刑事诉讼程序的权利。这种参与应考虑到行政法律标准，例如公平和公开听证的原则，以及查阅争议各方的诉状。这与保护公众的利益密切相关，因为公众往往不知道他们在投资者与国家间争端中的利益，也不知道如何保护他们自己。通过开放投资者与国家间争端解决程序，有可能在类似案件中增强法律解释的一致性和连贯性。[62]

缺乏透明度可能会损害争端解决机构的合法性和可信度，例如，限制公众对政府决策的审查，以及掩盖投资者和政府官员的滥用职权和腐败行为。[63] 透明度有利于各方在决策过程中的问责制，因此，各方遵守和执行决策可能更为有效。[64]

2012 年，联合国贸易和发展会议发布了一份关于国际投资协定透明度的报告，力求从可持续发展的角度并通过审议各种投资协定中的一些现行良好做法来解决透明度的必要性问题。其对未来的投资工具也提出了

---

[59] Case No. ARB (AF)/07/1 para. 31.

[60] Adeleke, F., 2015, '*The Role of Law in Assessing the Value of Transparency and the Disconnect with the Lived Realities under Investor-State Dispute Settlement*', Working Paper No. 6, presented at the Law & Society Conference, Seattle May 2015, unpublished paper, p. 18.

[61] Cappelletti, M. and Garth, R., 1978, '*Access to justice: The worldwide movement to make rights effective: A general report*', in Cappelletti and Garth (eds), *Access to Justice: A World Surrey* Vol. 1 Milan, Dott. A Guiffre Editore at p. 6 quoted in Adeleke, F., 2012, '*Access to justice and freedom of information: The case of South Africa*', African Journal of Clinical Legal Education and Access to Justice 1, p. 108.

[62] Magraw, D. and Amerasinghe, N., *supra* note 58 at p. 9.

[63] Id.

[64] Id.

建议。[65]

如前所述,该报告承认透明度的出现是由于越来越强调涉及公共服务部门的投资者与国家争端中固有的公共利益,更广泛的人权关切可能的参与,确定由公款资助的东道国获得巨额赔偿金,国家作为当事方参与仲裁引发了良好的治理责任,投资者对政府政策产生"寒蝉"效应的威胁以及投资仲裁程序事项的影响日益明显。[66]

联合国贸易和发展会议报告从三个角度考虑透明度。第一个视角是它所谓的以国家为中心的透明度义务,其中包括公开某些信息的约束性义务、与另一缔约方合作和磋商的软义务、与另一缔约方主动交换信息的联合义务,以及对信息请求作出回应的约束性义务。[67] 第二个视角涉及投资者履行法律法规义务的责任,东道国向投资者收集信息的权力,以及投资者与国家合作的义务。[68] 第三个视角涉及投资仲裁本身在获取信息和"法庭之友"参与方面的透明度。[69]

联合国贸易和发展会议的报告还承认,仲裁庭在解释时使用投资协定序言的趋势越来越明显。报告指出,鉴于序言中提到了社会责任惯例,这表明各国期望外国投资者愿意参与更多的可持续性报告,这将有助于各国在整个项目实施过程中保持投资者的透明度。[70]

联合国贸易和发展会议采取的透明度方针是从一个角度发展起来的,即承认投资争议和所产生的问题影响到国家的发展,需要采取更为坚定的方针,在不公平损害当事各方特别是投资者的利益的情况下,兼顾其他相互竞争的利益。因此,2013 年联合国国际贸易法委员会透明度规则得以

---

[65] UNCTAD,2012,*Series on Issues in International Investment Agreements Ⅱ Trans-parency 2012*,viewed(21 March 2017)from unctad. org/en/PublicationsLibrary/diacia2013d2_en. pdf.

[66] Id, p. 36.

[67] Id, p. 25.

[68] Id, p. 30 – 35.

[69] Id, p. 37 – 42.

[70] Id, p. 55.

制定,并于2014年生效,适用于2014年4月1日之后缔结的国际投资协定。这意味着该规则将不追溯适用于此日期之前发生的联合国贸易和发展会议的争议或之前缔结的国际投资协定。国际投资法制度是流动的,由数以千计的国际投资协定和多个争端解决机构指导,它们根据实质上相当相似的各种法律原则制定了一套自己的指导争端解决的规则。因此,新的联合国国际贸易法委员会规则仍然将大量的投资制度排除在透明度的聚光灯之外。

尽管投资制度缺乏透明度,但投资制度的某些方面是可以公开查阅的,例如仲裁程序规则和可以公开查阅的国际投资协定的内容。然而,还有其他形式的信息,应该是可用的,却仍然保密。例如,并非所有的仲裁裁决都公开。[71] 信息寻求者需要从独立研究人员那里获得信息,这些独立研究人员收集有关该制度重要领域的信息,这些信息涉及的问题包括投资法原则的解释趋势与仲裁裁决的相似性或其他方面。还有其他一些涉及保密的领域,比如缺乏关于现存的国际投资协定或存在的争议的总数。[72] 如果争议是公开的,则并非所有与争议有关的信息都是公开披露的。[73] 联合国国际贸易法委员会的规则是解决某些信息缺陷的重要步骤,例如披露所有争议的存在。

为了推进透明度议程,各种利益相关者都有责任。民间社会可积极推动谈判新的国际投资协定或审查现有的国际投资协定,以促进公众积极参与。他们还可以通过国内信息公开法获取信息,以便获取与特定仲裁有关的信息。当事人本身可以从某些领域的透明度中获益,从而有助于他们的案件。在公布裁决和对实质性原则的解释受到审查的情况下,争议各方可

---

⑦1 See Maupin, J. A. ,2013, '*Transparency in international investment law: The good, the bad, and the murky*', in Bianchi, A. and Peters, A. (eds) Transparency in International Law, Cambridge University Press.

⑦2 Id.

⑦3 Id; Adeleke F. , 2016, '*Human rights and international investment arbitration*', South African Journal of Human Rights 32(1), p. 65.

以从如何处理他们的特定争议和预期争议结果的方式中获益。然而,更重要的是,各国应开始谈判制定包含强有力的透明度条款的法律,以维护公众参与和代表重要公共利益的法治标准。

"法庭之友"的参与

国际投资协定数量的增加相应地增加了对国际投资协定更广泛的社会影响的兴趣,特别是关于根据这些国际投资协定提起的仲裁方面。[74] 不同的仲裁规则有不同的程序,一直提出的问题是,在涉及公共利益问题的情况下,这些程序是否平衡了仲裁的保密性和当事人利益方面的私密性,以及促进透明度和公开性的要求。[75]

"法庭之友"参与的主要论据是赋予投资者与国家间争端解决机制的程序更多的合法性和可信性,该程序允许外国投资者通过私人和保密的程序对国家法律和监管质疑,并限制审查投资者与国家间争端解决机制法庭裁决的可能性。[76] 投资条约为外国投资者提供的广泛保护,但条约的范围和适用不清晰,以及投资保护对更广泛的社会关切可能产生的不利影响,这些都是主张"法庭之友"参与投资者与国家间争端解决进程的其他原因。

现代的"法庭之友"有四种可识别的功能。首先,"法庭之友"向法院或仲裁庭提供专业的法律专业知识,特别是关于仲裁员核心能力以外的事项。[77] 其次,"法庭之友"可以提供事实类信息,以支持公共利益主体在法

---

[74] Argentina's economic crisis has led to 43 ICSID arbitrations with a potential liability of $8 billion. James Harrison, 2009, 'Human rights arguments in amicus curiae submissions: Promoting social justice?', in Dupuy, P. M., et al. (eds), *Human Rights in International Investment Law and Arbitration*, Oxford University Press, p. 398.

[75] Id, p. 399.

[76] Van Duzer, A., 2007, '*Enhancing the procedural legitimacy of investor-state arbitration through transparency and amicus participation*', McGill Law Journal 52(681), p. 686.

[77] Bartholomeusz, L., 2005, '*The amicus curiae before international courts and tribunals*', Non-St Actors & International Law 5(209), p. 278.

庭上的诉讼。[78] 再次,“法庭之友”可以向不能成为仲裁程序当事方但其利益可能受到仲裁决定影响的利益相关方提供一定程度的正当程序。[79] 最后,一个“法庭之友”也有公共利益的考虑。[80]

虽然地方和社区组织不被期望向投资者与国家间争端解决机制仲裁庭提供法律专业知识,但对影响争端结果的相关公共利益事项进行审理的事实信息,往往是社区组织直接知道的。这方面的一个例子是泰科电子诉墨西哥案,当地社区的抗议影响了政府将一个垃圾填埋场迁移到其他地方。[81] 法庭关注墨西哥政府权力移交的合法性,没有发现任何将国家的法规或行政行为排除在外的规则。[82] 法庭淡化了抗议活动的重要性,认为这些抗议活动应该是大规模的,因此为社会危机提出了一个量化标准,在确定一个国家行动的正当性时应该给予足够的重视。[83]

奥杜摩苏认为很难量化人民的苦难、他们反对的力量和他们声音的影响力。[84] 虽然非政府精神组织在某些情况下可以代表当地社区的利益,但这些非政府组织并不总是充分代表当地的利益,因此,有必要为这些地方关注的问题提供一个额外的平台,并给予应有的考虑。[85] 例如,在科技案件中所采取的方法就是将法律与政治严格分离。奥杜摩苏认为,通过剥夺法律的社会经济、政治和文化背景而使其非政治化,部分原因在于法律无法有效地考虑到大众参与和决策中所遇到的阻力。[86] 她认为,当一国政府的行动与投资条约的规定相对照时,就涉及对采用国内法规以帮助根据准

[78] Id.

[79] Id, p. 279.

[80] Id.

[81] *Tenicas Medioambientales Tecmed S. A. v. United Mexican States*, 43 I. L. M. 133 (2004).

[82] Id, para. 121.

[83] Id, para. 144.

[84] Odumosu, I., 2008, '*The law and politics of engaging resistance in investment dispute settlement*', Penn St International Law Review 26(251), p. 282.

[85] Id.

[86] Id, p. 271.

据法解释一项行动的理由进行调查。[87] 这些都是政治调查，导致采取一些监管措施比其他措施更有价值。[88]

法庭对木材公司(Pezold/Border Timbers)诉津巴布韦一案的裁决说明了这一点。在一个总部设在德国的非政府组织，欧洲宪法和人权中心(European Center for Constitutional and Human Rights，ECCHR)和来自津巴布韦的四个土著社区，寻求"法庭之友"参与两起针对津巴布韦的合并诉讼之后，法庭对国际投资争端解决中心仲裁规则第37(2)条[89]作出了限制性解释。[90] 欧洲宪法和人权中心和来自津巴布韦的土著酋长试图提请法庭注意争议中的财产位于土著人祖先领地的说法。[91] 仲裁庭指出，根据该中心仲裁规则第37(2)条，"法庭之友"参与仲裁的第一要求是申请人的独立性。仲裁庭指出，在本案中，由于土著社区的要求与申请人的立场冲突，而且申请人得到了一个非政府组织的协助，该组织的主任赞成政府的政策，因此本案的"法庭之友"申请人没有得到这种协助。[92]

两位请愿人试图就投资条约与国际人权法之间的相互依存关系提出意见，并辩称人权法可直接适用于争端。[93] 根据请愿者的说法，外国投资者和津巴布韦对土著社区负有共同的责任，因为土著社区传统上居住在国际投资争端解决中心诉讼的争议土地上。[94]

---

[87] Id, p. 272.

[88] Id.

[89] According to the amended ICSID rule 37(2). 在与双方协商后，仲裁庭可允许非争议当事方的个人或实体就争议范围内的事项向仲裁庭提出书面意见。在决定是否允许提交此类文件时，仲裁庭除其他事项外，应考虑：(1)非争议方提交的材料将通过提出与争议方不同的观点、特别知识或见解，在多大程度上协助仲裁庭确定与该诉讼程序有关的事实或法律问题；(2)非争议方提交的材料将处理属于争议范围的事项；(3)非争议方在该程序中具有重大利益。仲裁庭应确保非争议方提交的材料不会干扰任何一方的工作进程，不会给任何一方造成不适当的负担或不公平的损害，并确保双方都有机会就非争议方提交的材料提出意见。

[90] ICSID ARB/10/15 and ARB/10/25, Procedural Order No. 2, 26 June 2012.

[91] Id, para. 21.

[92] Id, paras. 51 – 56.

[93] Id, para. 26.

[94] Id, para. 25.

特别是，请愿者试图强调2007年《联合国土著人民权利宣言》的重要性，根据该宣言，国家有一定的义务保护传统土地。[95] 请愿人还指出了经济合作与发展组织（Organisation for Economic Co-operation and Development, OECD）和世界银行（World Bank）制定的原则，据称这些原则适用于请愿人。[96] 然而，法庭注意到，由于土著社区试图占据争议中的部分财产，这表明这些社区不是独立的，而实际上是与原告对立的。[97] 法庭认为，在国际投资争端解决中心的程序中，双方都没有提出关于人权或土著人民权利在国际法上的相关性。[98] 法庭还指出，欧洲人权委员会对此案缺乏重大兴趣，因为该组织的任务涉及公司对侵犯人权行为的责任，而在本案中没有提出这种指控。[99] 法庭没有详细说明明显缺乏独立性的含义，没有排除"法庭之友"等的请愿者。[100] 它还自相矛盾地裁定，"法庭之友"的申请者必须是独立的，同时表现出对案件的重大兴趣。[101]

法庭的裁决是荒谬的，并进一步确认有必要建立一个法庭，承认在考虑各国必须处理的相互竞争的因素和历史不公正的情况下确定争端背景的重要性。虽然这些历史上的复杂情况不应被视为违反法治和国家不受惩罚的理由，但争端解决机构在高调的争端中极其需要在考虑到问题的全部方面的情况下作出决定。

法庭采取的方法令人费解。该裁决表明，即使在本案的申请人辩称争议双方都应承认其所主张的权利的情况下，"法庭之友"代表也不能偏袒某一特定立场。法庭的独立性是一个很难跨越的障碍，不能指望"法庭之

---

[95] Id, para. 27.

[96] Id, para. 28.

[97] Id, para. 51.

[98] Id, para. 57.

[99] Id, para. 61.

[100] Id, para. 56.

[101] See generally Bastin, L., 2013, '*Amici curiae in investor-state arbitrations: Two recent decisions*', Australian International Law Journal, viewed (31 March 2017) from www.austlii.edu.au/au/journals/AUIntLawJl/2013/7.pdf.

友”的意见可以完全中立而不采取偏袒一方的立场。严格的独立性要求也忽略了一个条件，即申请人必须在诉讼过程中有重大利益。这表明，只要存在“法庭之友”申请人寻求强制执行的权利，就足以损害“法庭之友”的独立性，并拒绝参与。法庭还认为，提及一般国际法并不包括人权法的适用；必须具体提及人权条约或当事方的诉状。[102] 法庭的裁决表明，如果没有具体提及人权法，或者当事方没有提出人权相关论点，“法庭之友”申请人不能提出这些论点。

如果当事方故意选择无视人权考虑，这是有问题的。这也减少了纠纷中的公共利益因素。法庭的解释限制了国际法对法律解释的选择，不包括国际人权法，并将一部分法律从国家法律中分离出来，这种解释在合理的法律解释下显得晦涩难懂。

仲裁庭还裁定不允许“法庭之友”参与，因为这会不公平地损害申索人的利益，并且不符合国际投资争端解决中心仲裁规则第 37 条的标准。[103] 仲裁庭建议，如果符合该规则第 37 条的标准，则无须征得当事各方按照第 44 条表示的同意。[104] 仲裁庭最初建议，如果“法庭之友”对任何争议当事方的利益产生不利影响，则不允许“法庭之友”参与；后来其又建议，不管争议当事方对“法庭之友”的申请是否会对其利益产生不利影响的意见如何，关于不利影响的决定完全取决于仲裁庭，仲裁庭可以放弃双方同意的要求。[105] 这显然与该中心的同意要求相矛盾。虽然仲裁庭在本案中对同意要求的具体解释有利于倡导对“法庭之友”的参与采取宽松的态度，但仲裁庭对法律的明显错误解释为“为什么投资者与国家间争端解决机制的替代方案对于合理决策是必要的”奠定了基础。

为确保“法庭之友”可以参与投资仲裁，以及减轻争议各方的担忧，应

---

[102] Id, para. 57.

[103] Id, para. 62.

[104] Id, para. 6.

[105] Id.

明确"法庭之友"的角色,承认"法庭之友"是一个实体,其职能是协助法庭达成一个不但保护争议各方的权利和利益,而且承认需要处理的公共利益的司法结果。仲裁员可以发挥关键作用,确保"法庭之友"被接受进入该程序,并且应该在非政府组织之外发展他们对"法庭之友"的理解,以包括其他利益相关者,如社区和区域机构。

非洲反复出现的投资争端以及对国家管理的影响

茱莉·莫班(Julie Maupin)指出了六类争端,这些争端总是反复出现,在政治上也有问题。[106] 运用这一标题,本节将考虑各类争端对非洲国家的影响程度。

普通的管理纠纷

第一类争端是普通的管理纠纷,东道国颁布了新的法律,在某种程度上降低了投资的实际价值或预期收益。[107] 这是非洲国家最普遍的争端类型,在这些国家,已实施的东道国措施因对投资者保护的影响而受到挑战。皮耶罗·弗雷斯蒂诉南非案就是这种情况,投资者争辩说,关于矿产和石油资源的新法律的颁布取消了他们的采矿权,还要求强制剥离资产,因为外国投资者被要求在10年期间内向南非出售26%的股份。[108] 投资者面临的挑战不仅限于监管方面的变化,还包括在缺乏监管的情况下实施的国家措施

---

[106] Maupin, J., 2015, '*Recurring Problems in Investor-State Disputes & How South Africa Might Respond to Them*', Max-Planck Institute, viewed (31 March 2017) from www. saiia. org. za/doc_download/699 - 2015 - 02 - 10 - investor-state-disputes-pres-by-julie-Maupin Ordinary regulatory disputes.

[107] Id.

[108] Case No. ARB (AF). 07/1 paras. 54 - 56.

和政策，这些措施和政策限制了投资者的利益。[109] 此外，这些挑战不再严格限制在双边投资条约的范围内，而是扩展到了投资者与国家之间的合同。[110]

非同寻常的危机争端

第二类争端是非同寻常的危机争端，在这类争端中，东道国发生重大事件，降低了大量投资的价值或预期利润，而且鉴于发展中国家有时处于动荡的局势，发生这类事件的可能性暴露了国家的责任。[111]

在伯恩哈德·冯·佩佐德（Bernhard von Pezold）等人诉津巴布韦共和国一案中，[112]这些索赔是在政府无偿征用索赔人拥有的三处地产的情况下提出的，其中包括在津巴布韦土地改革方案背景下的林业和农业生意。[113]

伯恩哈德本人及其家人拥有瑞士和德国双重国籍，从 1988 年开始在津巴布韦购买了三处大型地产。他们的庄园被大量侵占，定居者占领了农田，这是对包括缓慢的土地改革在内的政治事件的回应。[114] 入侵伴随着反白人的种族主义言论，发生在政府机构的后勤支持下。[115] 2005 年，当宪法

---

[109] 非洲石油冈比亚有限公司诉冈比亚国际投资争端解决中心案（Case No. ARB/14/6）中，根据政府颁布的禁止石油工业投机的总政策，一家英国公司被吊销了营业执照。尽管中国政府试图出台这一政策，旨在加快对其自然资源行业的投资，但在达成协议后，中国政府不得不撤销了这一政策，恢复了许可证，并延长了最初的勘探期。

[110] 在一起正在进行的案件中，万国石油有限公司起诉肯尼亚。万国石油有限公司是一家加拿大石油公司，在肯尼亚陆上石油勘探的两个产量分成合同未能获得延期后，首先对肯尼亚提起了仲裁。2007 年 10 月，该公司获得了肯尼亚安扎巴辛地区陆上区块的开采权，并根据特许协议对肯尼亚政府提起诉讼，要求赔偿 1.5 亿美元。See Mohamadich, K. and Uribe, D. ,2016, *The rise of investor-state dispute settlement in the extractive sectors: challenges and considerations for African countries*', Research paper 65, viewed (31 March 2017) from www. southcentre. int/wp-content/uploads/2016/02/RP65 _ Rise-of-investor-state-dispute-settlement-in-extrative-sectors _ EN. pdf, p. 6.

[111] Maupin, *supra* note 106.

[112] See ICSID Case No. ARB/10/15.

[113] 这是第二起国际投资争端解决中心案件，欧洲索赔人就津巴布韦的土地政策进行仲裁。早先的那个案子，冯·科特（Funne Kotter）等人诉津巴布韦案（ICSID Case No. ARB/05/6），导致了一项有利于荷兰索赔人的裁决，尽管索赔人一直在努力争取他们的赔偿金。

[114] Id, para. 112.

[115] Id.

被修订时,津巴布韦政府获得了大部分索赔人财产的所有权,并取消了他们对收购提出疑问的权利。[116] 原告继续占用土地,但他们辩称,他们已沦为“被告意愿下的单纯被许可人”。[117]

2013 年津巴布韦颁布的新宪法规定,对从津巴布韦土著人手中夺取的土地给予全额补偿,但重申外国公民的一部分农业土地被收购将受到双边投资条约的保护,并有权根据协议获得全额补偿。[118]

仲裁庭在其裁决中认定以下违反条约的行为:直接申诉、公正和公平待遇、最低待遇标准,包括拒绝司法申诉,充分保护和安全,转让财产,以及任意、不合理和/或歧视性措施。法庭认为,没收财产是没有补偿的,因此是非法的。[119] 此外,政府的行动也被认为是种族歧视,因为绝大多数被征用的农场为白人所有,少数受影响的黑人所有者因被占领的土地而得到补偿。[120] 最后,法庭认定征用行为没有合法的公共目的,因为财产实际上没有重新分配,而且虽然政府获得了所有权,但索赔人仍然占有财产。[121] 仲裁庭判定 6500 万美元予以投资者做赔偿。它还命令津巴布韦归还 2005 年没收的农场。[122]

依据欧洲人权法院(European Court of Human Rights, ECHR)的判例法,津巴布韦辩称,它的行为是和平平息严重抗议的适当反应,而不是采取可能致命的军事行动。[123] 根据政府的说法,其土地改革项目的实施是善意的,值得法庭给予广泛的裁量余地。[124] 与此同时,诉讼人对任何人权的适用性提出异议,这激发了投资仲裁中的判断余地或相称性的概念,而不是

---

[116] Id, para. 141.
[117] Id, para. 159.
[118] Id, para. 162
[119] Id, para. 503
[120] Id, paras. 648 – 657.
[121] Id, para. 502.
[122] Id, para. 453.
[123] Id, para. 591.
[124] Id, para. 451.

说法庭普遍不接受相称性的论点。这些国家还强调,种族歧视措施不能被认为是相称的,因为它们在国内是非法的,而且违反了国际法的强制性规范。[125]

该法庭裁定,在引进人权法的概念时,应当“适当谨慎”,并指出,升值幅度的概念在国际投资法中几乎得不到支持。[126] 无论如何,法庭认为,无论是相称性还是适用范围,都不能成为违反禁止种族歧视等普遍义务的理由。[127] 仲裁庭补充说,为了使政府的支持性辩护能够适用,政府的措施应该是对严重紧急情况以及投资者自身行为造成的社会或政治压力的一种回应,而这些行为并没有发生,也没有被仲裁庭驳回。[128]

津巴布韦援引了国际法委员会(International Law Commission, ILC)关于国家责任的条款中所表述的危急情况的国际习惯法辩护。[129] 根据政府的说法,在征收土地期间,它的经济陷入了危机,并且“对国家本身的存在,对它的政治和经济生存构成了严重的威胁,这构成了国际法下的必要条件,并且暗示国家的‘存在性’受到了2000年起义的威胁”。[130]

法庭对此不同意,认为津巴布韦的危机,更多的是关系到总统政府的政治生存,而不是津巴布韦的本质利益。[131] 其次,法庭没有发现津巴布韦有任何“严重和迫切的危险”可以作为征用的正当理由。[132] 最初对财产的入侵,并没有威胁到津巴布韦的生存,那个保民官,可能是被警察控制的。[133] 根据仲裁庭的说法,经济危机和所谓的危险是在土地政策实施之后

[125] Id, para. 622.
[126] Id, para. 465.
[127] Id, para. 467.
[128] Id, paras. 455 – 457.
[129] Id, para. 613.
[130] Id, para. 614.
[131] Id, para. 631.
[132] Id, para. 637.
[133] Id, para. 644.

才出现的,而在采取措施之前,危险并不是迫在眉睫的。[134]

尽管津巴布韦政府的行为是错误的,但法庭拒绝接受该国提出的欧洲人权法院判例法的权威,指出在将人权规范引入农业生产时需要谨慎,并拒绝让欧洲人权法院和津巴布韦社区参与农业生产,这是不合理的。然而,法庭依据国际法委员会制定的条款、国际法院(International Court of Justice, ICJ)就巴塞罗那电车公司一案的裁决规则,来支持不种族歧视是国家的一项普遍义务的裁决。[135]

法庭错过了一个逐步适用双边投资条约解释规则的机会,这需要考虑相关的国际法规则。至于如何做到这一点,以及过去已经这样做的情况,将在本书第五章中予以阐述。仲裁庭没有考虑裁量余地,这是错误的,因为它的渊源并非来自国家投资法。这种对适用法律的狭隘胸怀是短视的,法庭没有考虑到法律体系只是通过对其他法律框架的比较分析发展起来的。

过渡争端

第三类争端是过渡争端,这种争端经常发生在发展中国家,这些国家的政府形式发生了变化,使得"新政权在政治上难以履行对外国投资者的承诺,或者在道德上存在问题,尽管法律上要求新政权这样做"。[136] 影响利比亚和埃及的阿拉伯危机的后果就是这方面的例子,新政府在政治上难以兑现前几届政府的承诺。然而,在苏丹和南苏丹的特殊情况下,这种情况也发生了。

在苏丹国家石油公司(Sudapet)诉南苏丹共和国一案中,原告公司是苏丹共和国的一家国有石油公司。[137] 在南苏丹从苏丹割让出来后不久,该公司就被没收了在南苏丹油田的股份,从而卷入了一场与南苏丹的公开纠

---

[134] Id, para. 636.

[135] Id, para. 320.

[136] Maupin, *supra* note 106.

[137] ICSID Case No. ARB/12/26.

纷。南苏丹为其接管苏丹国家石油公司在南部油田所持股份的决定进行了辩护，称这是“合法的主权行为”。南苏丹石油部表示，苏丹和南苏丹政府在南苏丹独立前的谈判中，同意将这些股份连同所有权转让给南苏丹。[138] 2012 年 1 月，南苏丹政府决定停止向苏丹北部的运输，并开始修建一条通往肯尼亚海岸的备用管道。[139] 苏丹总统最初表示，苏丹在 2011 年获得独立后，不会就南苏丹接管石油资产一事寻求国际援助，然而，这一公开承诺没有得到遵守，仲裁于 2016 年最终敲定。[140]

尽管非洲联盟进行了调解，但南苏丹还是无法就接管苏丹石油设施向苏丹支付多少赔偿达成一致。[141] 该裁决的结果没有公布，但此案凸显出投资监管领域区域一体化的相互关联性，以及发展非洲本土争端解决系统以解决国家间争端的必要性。

税收争端

第四类争端与税收有关，即“一个东道国税收制度的改变改变了金融框架，从而降低了投资的盈利能力”。[142]

在正在进行的道达尔石油及天然气公司（以下简称道达尔公司）诉乌干达共和国案[143]中，争议的主题是石油的生产，而索赔产生于所谓的由政府征收的不合法税收。道达尔公司收购了阿尔伯特湖地区的四个油田区块，并质疑乌干达税收当局对该公司收购乌干达阿尔伯特湖裂谷盆地的权

---

[138] Id.

[139] Id; Reeves, E., 2012, ‘Oil revenues controversy-country’s obstructionism threatens war’, viewed (31 March 2017) from http://allafrica.com/stories/201201250523.html.

[140] Id; ‘Sudan Drops Demand for Compensation for Confiscated Oil Assets’, viewed (31 March 2017) from www.sudantribune.com/spip.php? article45301.

[141] Id.

[142] Maupin, *supra* note 106.

[143] Trevino C., 2015, ‘*Uganda faces investment treaty arbitration by Total oil company*’, IA Reporter, viewed (29 November 2016), from www.iareporter.com/articles/uganda-faces-investment-treaty-arbitration-by-total-oil-company.

益征收的印花税。道达尔公司没有透露多少税收是此次争端的核心,也没有透露它为何反对税收,但有广泛报道称,道达尔公司与政府达成的产量分成协议包括一项税收减免。[144]

该公司提出的索赔是外国投资者在乌干达石油部门提出的众多索赔之一,这些索赔通常是由税收相关问题引起的。道达尔公司从图洛石油公司购买了其在乌干达的权益,并且就销售交易的资本利得税向乌干达提起了仲裁。[145]

文化敏感性争端

此外,第五类争端被称为文化敏感性争端,它们可能迫使一个国家采取可能影响投资者利益的措施。[146] 南太平洋财产(中东)有限公司诉阿拉伯埃及共和国案[147]就是一个典型的例子。政府取消了一个旅游项目,因为其担心这个项目的建设会影响在这块土地上发现古董的可能性。[148] 一项总统令宣布该项目无效,[149]但政府的决定是出于对保护国家文物和古迹的真诚关注。在非洲国家,文化和习惯法经常与自然资源的开采发生冲突,在保障投资者权利和投资的同时,采取措施平衡资源开采的目标,对政府来说是一个挑战。因此,必须提出公司治理义务,例如制定咨询和公众参与的程序,提高透明度,事先征得受影响社区的同意,以保证社区受益,并确保公司获得经营的社会许可。

财务上不相称的争端

最后,还有一类财务上不相称的争端,即"相对于东道国可节约的资

[144] Mohamadieh, K. and Uribe, D. ,*supra* note 110.

[145] Id.

[146] Maupin, *supra* note 106.

[147] ICSID Case No. ARB/84/3.

[148] Id, para. 62.

[149] Id, para. 65.

源,索赔的财务影响如此之大,以至于政府在财务上或政治上不可能全额赔偿投资者,即使法律上有义务这样做”。[150] 非洲的一个典型案例就是阿尔 - 卡拉菲(Al Kharafi)诉利比亚案的裁决。

在阿尔 - 卡拉菲诉利比亚案中,申请人兼投资者阿尔 - 卡拉菲是一个科威特(Kuwaiti)的大集团。[151] 争议的主体是设立旅游项目的租赁协议。这些指控源于利比亚工业部部长宣布取消投资者之前在利比亚的黎波里(Tripoli)建立一个旅游投资项目所获得的执照。[152]

2006 年,利比亚旅游发展局与阿尔 - 卡拉菲签订合同,将黎波里郊区塔朱拉(Tajura)24 公顷土地改造成旅游胜地。[153] 该投资项目获授权营运超过 90 年,而头 7 年半时间则用于建造、开发该设施。[154] 然而,由于投资者无法控制土地,该设施的建设被推迟。在签署合同后的若干年里,投资者一再向当局抱怨说,它受到各种第三方的阻挠,这些第三方正在使用指定土地的一部分进行娱乐和商业活动,索赔人的代表在某些情况下受到了人身攻击。[155] 另一个地方实体,利比亚银行,也被授予了对同一土地的使用权。[156] 2009 年 1 月,旅游官员建议投资者接受另一块土地,但投资者以不切实际为由拒绝了。[157] 经过一段时间的不活跃后,工业部于 2010 年颁布了一项法令,取消了早先批准投资者项目的决定。[158] 投资者在 2011 年 3 月对利比亚政府提起仲裁,仲裁庭判给其 9.35 亿美元。这是以条约为基础的投资者与国家间争端史上第二大的货币裁决。法庭最初驳回了利比亚

---

[150] Maupin, *supra* note 106.

[151] Final award rendered under the Unified Agreement for the investment of Arab Capital in the Arab States March 22,2013,viewed(31 March 2017).

[152] Id, pp.4 – 6.

[153] Id, p.21.

[154] Id, p.4.

[155] Id.

[156] Id, p.27.

[157] Id, p.5.

[158] Id.

的管辖权异议,即投资者没有向利比亚转移任何资本,特别是该项目1.3亿美元预计成本的10%费用,因此没有进行任何根据《阿拉伯资本投资阿拉伯国家的统一协定》应享有的投资。[159] 仲裁庭认定,投资者将项目投资价值的0.1%(共计13万美元)转移到了利比亚旅游开发当局的账户上。[160] 法庭认为,利比亚的国内投资法禁止冻结项目,2010年废除合同是一个任意举动,相当于在原告未能履行合同义务的虚假借口下扣押或没收投资。[161] 在最终裁决中,仲裁庭裁定,投资者有权获得未来9亿美元的利润损失,原因是项目开发7年后预计运营83年。[162] 仲裁庭的裁决意味着投资者获得了"零风险"的投资回报。法庭忽视了利比亚政府向投资者提供的另一块土地。其他法庭过去曾拒绝赔偿未来损失的利润,利比亚案的法庭裁决令人困惑。[163]

仲裁庭还判给投资者3000万美元作为精神损害赔偿,这些损害是由其在世界各地的声誉、股票和商业市场受到损害而引起的。[164] 尽管利比亚政府对投资者的行为和待遇肯定是错误的,但仲裁庭决定给予投资者极不相称的赔偿,表明仔细权衡争议各方之间的利益具有重要意义,尤其是在争议一方是一个国家的情况下。法庭的裁决影响了这个案子的许多问题。200万美元的仲裁费用,随着申索人增加损害赔偿金额而逐渐增加,引起了一些人们担忧的问题,包括审裁处及其合法性。法庭提供的裁决忽视了利比亚政府面临的政治现实,这将影响其遵守裁决的能力。仲裁庭也没有对投资合同适用解释性的方法,这种方法会限制投资者对未来利润损失的索赔。就国家而言,国家废除投资合同的决定具有任意性,未能通过仲裁

---

[159] Id, p. 50 and 81.

[160] Id, p. 24 and 81.

[161] Id, p. 171.

[162] Id, p. 382.

[163] *PSEG v. Turkey* ICSID Case No. ARB/02/5, *Siag v. Egypt* ICSID Case No. ARB/05/15 and *Al-Bahloul v. Tajikistan* SCC Case No. V (064/2008).

[164] *Al Kharafi v. Libya*, *supra* note 151 at p. 385.

成功解决争端以减轻其赔偿责任,以及国家在订立合同时效率低下,造成无法控制的违约风险,这些都突出表明非洲国家需要重新考虑缔结国际投资协定的可能性。

国际投资协定有可能限制各国吸引能够支持可持续发展的投资的能力。与禁止履约要求有关的趋势令人担忧。联合国贸易和发展会议及其他研究指出,“履行要求”是从外国投资中获益不可或缺的条件。[165]“履行要求”通常包括外国市场和增加出口能力、国家一级的增值、技术转让、研究与开发、创造就业机会以及管理技能外溢。为了让东道国从中受益,它们的政策需要明确这种贡献的必要性。[166]

结　论

本章提出的论点的实质是,投资者与国家间争端解决机制所关注的问题更多地与程序性改变无法解决的实质性结果有关,重点应当是改变国际投资法本身。事实上,仲裁并不存在于法律真空中,因此,仲裁的可行性取决于投资保护协议,批评不应过多地针对仲裁解释,而应针对解释不足的某些规则的不确定性。[167] 改变投资仲裁的重点,支持更有利于国家的政策选择,只不过是用一种偏见取代另一种偏见,而不是创建一个中立的法庭。那么,什么才是现有投资者与国家间争端解决机制模式的适当替代品呢?

罗杰斯(Rogers)质疑古斯·范·哈滕(Gus Van Harten)关于建立国际投资法院的提议,该提议的依据是,国际投资仲裁机构不适合解决国际投资仲裁中日益出现的公法问题。[168] 范·哈滕认为,司法审判的永久性缺

---

[165] Mohamadieh, K. and Uribe, D., *supra* note 110 at p. 16.

[166] Id.

[167] Titi, *supra* note 33 at p. 71.

[168] Rogers, C., 2013, '*The politics of international investment arbitrators*', Santa Clara Journal. International Law 12 (223), p. 248.

失影响了司法审判的独立性和公正性。[169]

罗杰斯认为,范·哈滕的建议是以对国家行为进行有限范围审查的想法为前提的,这在法院结构中是可能的,而在现行制度中,仲裁员通常采取扩大条约的管辖权和解释范围的做法。[170] 为了支持范·哈滕关于设立投资法院的观点,加蒂(Gathi)和奥杜摩苏还提议设立一个国际法院,“以处理涉及宪法性质、超越纯粹商业问题的事项的投资者与国家之间的纠纷”。[171] 然而,投资法院提案的反对者认为,如果建立一个投资法院,法官们将来自同一批现任仲裁员,他们对投资者与国家间争端解决机制所采取的极端主义做法也不会得到改善。[172]

此外,有人建议,发展中国家对任命仲裁员缺乏控制,是国家利益在仲裁中得不到充分代表的原因,而这种不正常现象不大可能通过设立一个常设法院得到纠正。[173]

国际投资法庭的政治可行性很弱。已经有人强烈反对设立一项国际商业和人权条约,因此也有人反对设立一个全球裁决机构来执行这种条约。因此,下一章提出了目前存在并可用于替代投资者与国家间争端解决机制的四个主要备选方案。

---

[169] Van Harten, G. , 2007, *Investment Treaty Arbitration and Public Law*, Oxford University Press, p. 20.

[170] Rogers, *supra* note 168 at p. 269.

[171] See Gathi, J. T. and Odumosu, I. , 2009, '*International economic law in the third world*', International Commercinl Law Review 11, p. 349.

[172] Rogers, *supra* note 96 at p. 251.

[173] Id, p. 253.

第四章　投资者与国家间争端解决机制的替代办法

引　言

投资者与国家间争端解决机制有四个主要目标。第一个目标是为潜在投资者提供额外的安全和保护,从而增加投资流量。① 第二个目标是通过投资者与国家间争端解决机制使投资争端非政治化,因为国家在解决争端方面的作用较小。② 第三个目标是促进法治。第四个目标是提供补救措施。③ 然而,该机制的价值正日益受到挑战,因为它未能实现一些主要目标。④ 缺乏统计数据证明投资流量的增加是双边投资条约和该机制的结果,由于该机制的存在,国家持续施加外交压力要求解决投资争端以及国内体系的法治不足,这就是该机制的支持率正在下降的部分原因。正如本书第三章所解释的那样,在没有民主参与和透明度等特征的情况下,通过这种方式建立一个平行的法律体系一直是人们关注的问题。⑤

---

① See Johnson, L. and Sachs, L., 2010, '*The outsized costs of investor-state dispute settlement*', Academy of Business Insights 16(1), p. 10, viewed (25 March 2017) from http://ccsi. columbia. edu/files/2016/02/AIB-Insights-Vol. – 16 – Issue – 1 – The-outsized-costs-of-ISDS-Johnson-Sachs-Feb – 2016. pdf.

② Id.

③ Id.

④ Id, p. 11.

⑤ Id, pp. 10 – 11.

因此,人们提出了四种主要的替代方案。这些都是国内法律体系的强项,提供政治风险保险,解决投资争端仲裁的必要性,利用人权机制解决争端或通过国家间争端解决机制解决争端。[6] 对这些备选方案进行评估的目的是显示它们如何相互补充,以及采用组合备选方案作为投资者与国家间争端解决机制的备选方案的价值。

加强国内法律体系

一些国家新缔结的双边投资条约正在要求适用国内补救办法,并在适用任何形式的投资者与国家间争端解决机制之前用尽这些补救办法。[7] 根据索纳冉加(Sornarajah)的说法,投资的合法性与国内法无关,当地法院对此问题的意见应该得到重视。[8] 这与投资是根据东道国法律设立的观点是一致的,因此,投资应受国内企业法管辖。[9]

国内法律制度在实现投资者与国家间争端解决机制战略目标方面的作用

投资流动

联合国贸易和发展会议 15 年来的研究表明,外国投资流动取决于各种因素,包括一个国家的经济吸引力、政策框架和促进投资的努力。[10] 双

---

⑥ Id, pp. 12 – 13.

⑦ Miles, K. ,2013, *The Origins of International Investment Law: Empire, Environment and the Safeguarding of the Capital*, Cambridge University Press, p. 379.

⑧ Sornarajah, M. ,2015, *Resistance and Change in International Law on Foreign Investment*, Cambridge University Press, p. 164.

⑨ Id, p. 165.

⑩ UNCTAD, 2014, IA Issues Note: The Impact of International Investment Agreements on Foreign Direct Investment: An Overview of Empirical Studies 1998 – 2014. Working draft, viewed(25 March 2017), from http://investmentpolicyhub.unctad.org/Upload/Documents/unctad-web-diae-pcb – 2014 – Sep%2016.pdf.

边投资条约被描绘成东道国可以利用的许多政策工具之一，这些东道国寻求吸引外国投资者。人们通常认为，双边投资条约通过减轻政治风险、自由化投资流动，以及更普遍的对外国企业表示欢迎的商业环境来鼓励投资。然而，随着本章的阐述，这些假设正在受到越来越大的挑战。

外国投资的决定因素必须与其他因素结合起来才能发挥作用，任何个别因素本身都不能吸引投资流入。在这种情况下，很难确定某一特定因素的重要性。许多作者试图确定双边投资条约在吸引外资方面的相关性。[11]联合国贸易和发展会议1998年进行的首批研究中，有一项研究探讨了双边投资条约与投资流动之间的关系，结果显示，双边投资条约在吸引投资方面发挥了次要作用。[12] 同样，霍尔沃德－德利梅尔（Hallward-Driemeier）研究了1980年至2000年间20个发达国家对另外31个国家的投资流，发现双边投资条约与投资流之间的相关性不大。[13] 总的来说，这些研究得出的结论是，如果双边投资条约确实吸引了外国投资，那么它们的作用充其量只能起到促进作用，而事实证明，在作出投资决定时，市场规模和增长、技能、资源和成本等经济因素更加重要。[14]

使争端非政治化

国内法院可以提供一个有吸引力的替代投资者与国家间争端解决机

---

⑪ Sachs, L. and Sauvant, K., 2009, 'BITs, DTTs, and FDI flows'. In Sachs, L. and Sauvant, K., (eds.) *The Effect of Treaties on Foreign Direct Investment: Bilateral Investment Treaties Double Taxation Treaties and investment Flows*, Oxford, p. xxvii.

⑫ UNCTAD, *supra* note 10; Sachs, L. and Sauvant, K., 2009, The impact on foreign direct investments of BITs'. In Sachs, L. and Sauvant, K., (eds.) *The Effect of Treaties on Foreign Direct Investment: Bilateral Investment Treaties, Double Taxation Treaties and investment Flows*, Oxford University Press, p. 324.

⑬ Hallward-Driemeier, M., 2009, 'Do bilateral investment treaties attract FDI? Only a bit ... and they could bite', in Sachs, L. and Sauvant, K., (eds.) *The Effect of Treaties on Foreign Direct Investment: Bilateral Investment Treaties, Double Taxation Treaties and Investment Flows*, Oxford University Press, p. 350.

⑭ UNCTAD, *supra* note 10 at p. at liii.

制的方案。根据这个方案,诉讼不会由投资者与国家间争端解决机制审理,而是由地方法院处理,地方法院将作出明确和有约束力的裁决。在以良好治理和主管地方法院为基础的运作良好的法律制度已经到位的情况下,这一制度将特别有效。[15] 如果情况不是这样,投资纠纷有助于加强国内制度不完善的国家的法律规则。地方法官将能够发展他们在这一领域的专门知识,从而提高该制度的效率和长期稳定性。然而,对于那些能够依赖司法系统内强大的先前存在的能力的国家来说,脱离投资者与国家间争端解决机制确实会更容易,因为这些能力有可能构成可信的替代办法。通过国内司法改革,将努力引向国家机构的发展,各国可以解决目前国际投资制度的一些不足之处。[16]

特别是在体制较弱的国家,人们担心法院可能缺乏独立性和中立性,行政部门可能通过对法官施加压力来干预司法程序。在适用的程序方面,投资者也担心程序可能会延误,决定可能仍然得不到执行。然而,所有这些都是外国投资者在海外投资时所面临的固有风险,不应该被用作反对国内体制的理由,以蔑视对国内机构的尊重。为了维护国内法律制度的完整性,法律的实体规则和程序规则,如"诉讼地位规则、时效规则、用尽诉讼时效的要求、弃权原则、司法审查的限制、可利用救济的限制以及有关发现、特权和证据的规则"等,已经发展到相当的程度。[17]

法律之治

大多数国内法律制度建立在权力分离和制衡的原则之上。在先进的法律体系中,完善的程序构成了防止不一致和不可预测能力的保障。此

---

⑮ UNCTAD, 2015, *World Investment Report 2015 Reforming International Investment Governance*, viewed(21 March 2017) from http://unctad.org/en/Publications Library/wir2015_en.pdf.

⑯ Id, p. 154.

⑰ Johnson and Sachs, *supra* note 1.

外,行政或宪法法院被用来规范政府与私人当事方的互动。[18] 这导致在某些情况下建立专门法庭。因此,在国家管辖范围内建立一个完全致力于处理投资争端的国内法院是可行的。在贸易协定谈判的背景下,欧盟最近提出的建立"投资法院系统"的建议是朝这个方向发展的。[19] 此外,一些国家,比如南非,依靠宪法规定的政权来保护外国投资者。[20] 这些文书同样通过确保法规清晰、公开和可预测,支持法治的发展。

国内一级的仲裁往往只能由在支持仲裁的地方机构中具有特定利益的精英集团进行。[21] 因此,在试图赋予国内法律制度权力时,考虑到国内仲裁也将面临同样的挑战,并可能减慢法院的发展速度,应当限制对国内仲裁的依赖,这符合东道国的利益。

对投资者的补救措施

双边投资条约为外国投资者提供了各种法律补救措施,如征用的市场补偿。投资者有时担心,如果国家法院对投资纠纷进行裁决,这些补救措施将不复存在。这方面的一个例子是南非,征用补偿遵循宪法规定的公正补偿规则。国家通常有权管制外国投资,但有有限的例外情况,如适用双边投资条约之类的国际条约。[22] 然而,法院对这些协议的解读将导致对双

---

⑱ Hindelang, S., 2014, 'Part Ⅱ: Study on Investor-State Dispute Settlement ("ISDS") and Alternatives of Dispute Resolution in International Investment Law Study of Investor-State Dispute Settlement ("ISDS") and Alternatives of Dispute Resolution in International Investment Law', European Parliament, EXPO/B/INTA/2014/08 – 09 – 10, p. 76, viewed (21 March 2017) from www.europarl.europa.eu/RegData/etudes/ STUD/2014/534979/EXPO_STU(2014)534979(ANN01)_EN.pdf.

⑲ European Union, 2015, *Proposal of the European Union for Investment Protection and Resolution of Investment Disputes, Chapter Ⅱ-Investment*, European Union, viewed (21 March 2017) from http://trade.ec.curopa.eu/doclib/docs/2015/november/tradoc_153955.pdf.

⑳ 《南非宪法》第 25 条,1996 年.

㉑ Rogers, C. A., 2015, '*International arbitration, judicial education, and legal elites*', Journal of Dispute Resolution 2015, p. 72.

㉒ Sornarajah, M., 2010, *The International Law on Foreign Investment*, 3rd edn., Cambridge University Press, p. 88.

边投资条约针对包括适用补救措施在内的整个国内法体系的解读。

虽然根据东道国的法律传统,名称和分类可能有所不同,但外国投资者可获得的当地法律救济可以采取多种形式。㉓ 在大多数司法制度中,非金钱救济是投资者在与国家的纠纷中获得救济的主要来源。然而,对于除征用外的索赔,在国家法院面前可能更难获得金钱补救。㉔

国内法律制度的显著特点

透明度

国内法律制度往往采用公开司法原则,以确保公众可以查阅争议的听证会和争议当事方的文件。判决的公布也有助于系统的发展,并给予投资者梦寐以求的监管确定性。为了回应民间社会对公共和私营部门问责制的要求,政府正在采取越来越多的透明措施。例如,"开放政府合作伙伴关系"等举措吸引了70个成员方,它们制定了各种承诺,包括司法机构作为政府部门的开放性。㉕ 这一举措旨在使各国"更加透明、更加负责、更加顺应本国公民的需求,最终目标是改善治理质量,以及公民获得的服务质量"。㉖ 越来越多的国家,特别是发展中国家,也在通过信息自由法让公民能够查阅政府制作的文件。㉗ 这些法律通常对协议中的保密规定有一些

㉓ Gaukrodger, D. and Gordon, K., 2012, *Investor-State Dispute Settlement: A Scoping Paper for the Investment Policy Commnnity*, OECD Working Papers on International Investment, No. 2012/03, 79(2012) viewed(21 March 2017) from http://dx. doi. org/10. 1787/5k46blr85j6f-en.

㉔ Id, p. 80.

㉕ Marchessault, L. and Jarvis, M., 2013, '*The trend towards open contracting: Applicability and implications for international investment agreements*', in Bjorklund, A. (ed.) Yearbook on International Investment Law Policy, Oxford University Press, p. 553.

㉖ Open Government Partnership, *Mission and Strategy*, viewed (1 September 2016) from www. opengovpartnership. org/about/mission-and-strategy.

㉗ The website freedominfo. org lists 113 countries that had adopted freedom of information regimes as of 31 June 2016. See *Chronological and Alphabetical lists of countries with FOI regimes*, viewed(3 October 2016) from www. freedominfo. org/ ;p = 18223.

狭义的例外，这与传统协议中的保密规定有直接冲突。这些发展，伴随着其他举措，如实施开放合同原则，越来越允许国内法院要求披露双边投资条约裁决和详细的合同或国家授予外国投资者的特许权。这些不同的举措在表明一个国家尊重法治方面发挥了重要作用，并表明可以纠正传统投资者对可能损害投资的国家任意行为的担忧。[28]

非争议方参与

国内法律制度允许第三方提出口头和书面意见，允许司法人员考虑可能影响争议结果的更广泛的公众利益。然而，在大陆法系的司法管辖区，第三方意见书并不是传统的一部分，法院也没有接受它们，尽管这种趋势正在慢慢改变。[29] 这种趋势在投资纠纷中也是如此，因为越来越多的规则，包括联合国国际贸易法委员会的透明度规则[30]和国际投资争端解决中心的仲裁规则[31]，现在允许"法庭之友"申诉。

正确性

缺乏使裁决具有终局性和约束力的上诉程序，通常被认为是投资者与国家间争端解决机制的优点之一。然而，其结果之一是，政府只能针对程序问题来质疑裁决。例如，1958 年《纽约公约》第 5 条仅仅列举了国内法院可以拒绝承认或执行一项裁决的为数不多的几点理由，其中，并不包括

---

[28] Drabek, Z. and Payne, W., 2001, *The Impact of Transparency of Foreign Direct Investment*, *World Trade Organization*, ERAD - 99 - 02, 7 viewed (25 March 2017) from www. wto. org/english/res_e/reser_e/erad - 99 - 02. doc.

[29] Kochevar, S., 2013, '*Amici curiae in civil law jurisdictions*', Yale Law Journal 122, p. 1653.

[30] UNCITRAL Transparency Rules, Article 4.

[31] 国际投资争端解决中心仲裁规则第 37(2)条的规定。

投资者与国家间争端解决机制仲裁庭作出的法律或事实错误。[32] 由于缺乏审查机制,在解释公平和公正待遇或最惠国待遇条款等关键标准时出现了不一致的情况。[33]

相比之下,国内法律制度往往涉及多层次的上诉。因此,下级法院的错误判决将有机会得到上级法院的纠正,达成正确结果的可能性得到增加。[34] 在普通法司法管辖区,判例约束由高等法院裁决的低等法院的事实,也支持一个更稳定和可预测的制度。

成　本

诉讼费用可能因国家和法律制度的不同而有很大差异,但一般比仲裁费用低。[35] 此外,索赔仅构成仲裁最终费用的一部分,因为当事各方还需要支付与国际投资争端解决中心等仲裁机构处理争端有关的费用、仲裁员及其各自律师的费用和开支。在商业谈判中,一些投资者也将成本视为对国家的威胁。[36]

这在结构上不同于国内制度,争议当事人不必支付法官的工资。大多数国家遵循败诉方支付诉讼费用和法律费用的规则,但很少有国家采取各方承担自己费用的办法。[37] 在大多数情况下,如果申请在国内被驳回,申

㉜ See Bernasconi-Osterwalder, N. and Rossert, D., 2014, *Investment Treaty Arbitration: Opportunities to Reform Arbitral Rules and Processes*, IISD, viewed (25 March 2017) from www.iisd.org/pdf/2014/investment_treaty_arbitration.pdf, p. 15.

㉝ Id, p. 32.

㉞ Johnson and Sachs, *supra* note 1 at p. 76.

㉟ Rossert, D., 2014, *The Stakes Are High: A Reriew of the Financial Costs of Investment Treaty Arbitration*, IISD, viewed (25 March 2017), from www.iisd.org/sites/default/files/publications/stakes-are-high-review-financial-costs-investment-treaty-arbitration.pdf.

㊱ Gallagher, K. and Shrestha, E., 2011, 'Investment treaty arbitration and developing countries: A re-appraisal', *Global Development and Environmental Institute*, Working Paper No. 11 - 01.5 viewed (25 March 2017) from http://ase.tufts.edu/gdae/Pubs/ wp/11 - 01TreatyArbitrationReappraisal.pdf.

㊲ Schill, S., 2006, '*Arbitration risk and effective compliance: Cost shifting in investment treaty arbitration*', Journal of World Investment Trade 7, pp. 654 - 655.

请人不必支付政府的法律费用。[38]

公　正

经过几十年的实践,国内法律制度已经发生了变化,以保护投资者的权利和利益免受不当待遇和政府不当干预的影响。[39] 公司可以在合同法、侵权法、行政法和宪法法律中获得各种法律救济。任命司法官员的民主程序减少了在某些案件中仲裁员面临偏见的可能性。尽管有人建议,所有国家都实行某种形式的歧视或优惠待遇,而且这往往是外国投资者的主要担心之一,[40]但在600起已知的案件中,只有8起成功地提出了违反国民待遇义务的指控,而这些案件中的法庭都没有认定违反行为是故意的。[41] 此外,在外国投资本质上是一种风险事业,萨利尼的仲裁庭认为,投资本身就包含"风险因素"。[42] 因此,东道国的作用不是防止任何形式的经济损失,而是要公平地对待它们。投资者可以选择通过政治风险保险来降低风险,这是本章讨论的其中一个选择。[43]

效　率

并非所有国内法律制度都能及时解决争端,但时效法和司法审查限制

---

[38] Id.

[39] Johnson, L., Sachs, L. and Sachs, J., 2015, 'Investor-State Dispute Settlement, Public Interest and US Domestic Law', viewed (31 March 2017) from http://ccsi.columbia.edu/files/2015/05/Investor-State-Dispute-Settlement-Public-Interest-and-U.S.-Domestic-Law-FINAL-May-19-8.pdf, p. 4.

[40] Stiglitz, J. E., 2008, '*Regulating multinational corporations: Towards principles of cross-border legal frameworks in a globalized world balancing rights with responsibilities*', American University International Law Reviсw 23, p. 451 and 548.

[41] Johnson, Sachs and Sachs, *supra* note 39 at p. 12.

[42] *Salini et al v. Morocco*, ICSID Case No. ARB/00/4, Decision on Jurisdiction, 152 (Jul. 23, 2001), 42 I. L. M. 609 (2003).

[43] Gordon, K., 2008, '*Investment guarantees and political risk insurance: Institutions, incentives and development*', OECD Investment Policy Perspectives, pp. 92-122, viewed (31 March 2017) from www.oecd.org/finance/insurance/44230805.pdf.

等程序规则确保争端解决的平均时间低于投资者与国家间争端解决机制所需的 3 年半平均时间。[44] 为支持地方法院审理程序的效率,另一个要考虑的因素是法官的经验。许多国内法院在考虑国内法律制度中的所有适用法律时,不得不参考国际公法。[45] 此外,国内法院对当地法律环境的了解、理解和专门知识增加了法院作出与相关法律制度一致的裁决的可能性,而不是孤立于当地制度重新作出判决。[46]

可接近性

关于诉诸司法的国内规则给予国内外投资者平等待遇,使他们能够诉诸法院解决争端。不同国家的法律已经发展到适应不同形式的争端,包括调解、调停、仲裁和诉讼,这些都是投资者可以利用的。此外,与投资者与国家间争端解决机制相关的当前成本可能会阻止中小型公司使用这个系统。[47] 诉诸成本较低的国内法律制度可能因此增加对投资争端进行公正裁决的机会。

国内法律制度的缺陷

国内法院提供了许多优势,以应对一些针对投资者与国家间争端解决机制的常见批评。然而,国内法院只有在运作良好、法律制度先进的情况下,才会有可行的替代办法。实际上,在许多案例中,人们可能会认为,国内法院容易受到当地压力的影响,偏袒国家而非外国投资者。[48] 在其他情况下,其也可能没有足够的技术知识来及时有效地裁决争端。[49]

尽管如此,没有已知的投资者与国家间争端解决案例支持这种缺陷的

㊹ Johnson, Sachs and Sachs, *supra* note 39 at p. 11.

㊺ Johnson and Sachs, *supra* note 1 at p. 89.

㊻ Id, p. 76.

㊼ UNCTAD, *supra* note 15, at p. 149.

㊽ Johnson and Sachs, *supra* note 1 at p. 77.

㊾ Id.

说法,这表明这种缺陷更多是虚构的,而不是真实的。此外,外国投资者有时认为国内制度不合格,因为法官不理解投资条约保护的投资者的"特别权利"概念。然而,特别权利的概念是法治的对立面,所有人都应该在法律上得到平等和公正的对待。

与法治的交叉点

国内法律制度中的上诉制度确保法官及其判决受到上级机构的审查,并可能得到纠正。判决的公布和上诉的机会也确保了一致性和可预测性。大多数国内法律制度允许争议当事方和非争议当事方出席庭审或提交第三方材料。国内法律制度为国家和投资者提供同样的实质性保护,同时允许当事双方提起诉讼。所有这些特点使司法机构免受来自行政部门的压力,并允许对可能有利于外国投资者的行政承诺进行监督。在民主任命的法官面前公开程序和裁决,以及各种利益的代表,将确保争端的时间比投资者与国家间争端解决机制的时间短,其结果将更可预测,最终使这一选择更有利于投资者。

由于不同法律制度的发展水平不同,诉诸国内法院的好处可能差别很大。[50] 这种多样化情况的必然结果是,很难建立适合每种情况的一揽子解决方案。双边投资条约可以规定在将争议提交仲裁之前必须在国内法院提起诉讼。[51] 另一种选择是,只有在当地法院不符合国际标准的情况下,才要求使用投资者与国家间争端解决机制。[52] 如果国内法律制度未能解决投资者的某些关切问题,那么,双边投资条约的目的应当是利用"合作机构"来努力解决这些薄弱环节,而不是完全绕过国内程序。[53] 在这样做的过程中,双边投资条约条款将有助于加强这些法律体系,以便它们能够

---

[50] Id, p. 89.

[51] UNCTAD, *supra* note 15 at p. 149.

[52] Johnson and Sachs, *supra* note 1 at p. 90.

[53] Johnson and Sachs, *supra* note 39 at p. 16.

构成可信的替代国际投资争端解决中心的办法,使之符合国家和投资者的利益。

国家间争端的解决

国家与国家之间仲裁的设想给人的印象是,在争端被政治化的情况下,退回到“炮舰”外交。在《南部非洲发展共同体示范双边投资条约》和南非最近通过的旨在保护外国投资者的国内法中,有人表示倾向于支持国家间仲裁。[54] 这涉及投资者以世界贸易组织(World Trade Organization, WTO)的方式提出争端的东道国和母国,以及代表投资者的国家。世界贸易组织的争端解决模式取得了成功,其原因在于它存在一项多边贸易协定和一个解决争端的常设机构。在缺乏多边协议或公约的情况下,国家间仲裁的争端解决程序将是临时性的和分散的。因此,当事国将面临目前在仲裁员偏见和程序机制方面可能不利于第三方参与的问题。国家间争端解决条款早已见于诸多国际投资协定,但是,自从国际投资争端解决中心成为解决投资争端的流行方式以来,这类条款基本上没有被使用过。[55] 国家间争端的解决包括通过国际组织和法庭[56]或特设的准司法机制解决争端。[57] 一些早期的国际法院也允许在国际法院或地区法院,如东南非洲共同市场法院(COMESA Court of Justice),进行司法补救。[58]

---

[54] 南部非洲发展共同体, 2012 年,《南部非洲发展共同体示范双边投资条约》第 28 条。

[55] 根据双边投资条约,目前只有四起已知的国家间仲裁。See Bernasconi-Osterwalder, N., 2014, 'State-State Dispute Settlement in Investment Treaties' International Institute for Sustainable Development, viewed (31 March 2017) from www. iisd. org/sites/default/files/publications/best-practices-state-state-dispute-settlement-investment-treaties. pdf, p. 1.

[56] ASEAN Economic Community, 2004, *ASEAN Protocol on Enhanced Dispute Settlement Mechanism*, Appendix I(Covered Agreements).

[57] Bernasconi-Osterwalder, *supra* note 55 at p. 2.

[58] 《COMESA 共同投资区投资协议》,附件 a, Article 6。

历史上,国家在投资纠纷中扮演了关键角色。[59] 承认国家间争端的准则是:(1)条约缔约方之间的争端;(2)关于条约的解释和适用;(3)用尽协商和外交补救办法后的剩余;(4)关于根据适用的国际法规则能够解决的问题。[60] 这些准则已经在一些国家的仲裁中得到了检验,但是在如何系统地应用这些准则方面仍然缺乏指导。

通过国家间争端解决所寻求的补救措施,有几种形式。起初,它主要被视为提高个人投资者或东道国外交保护要求的一种方式。它还被用来解决关于条约义务的含义和范围的解释问题。最后,它可以用来获得关于适当适用或解释条约的宣言性判决。

部分由于对投资者与国家间争端解决机制的强烈反对,一些国家已经开始制定投资条约,比如《巴西合作与投资便利化协定》(Brazilian Cooperation and Investment Facilitation Agreements,CIFAs)明确反对投资者与国家间争端解决机制,转而支持国家间的争端解决。[61]

一些学者认为,我们现在正在进入投资争端解决的第三阶段,这一阶段结合了以初始状态为中心和以当前投资者为中心的方法,创建了一个包括这两种机制的混合体。[62]

---

[59] Alschner,W. ,2014,'The return of the home state and the rise of "embedded" investor-state arbitration'. In Lalani,S. and Lazo,R. P. (eds) *The Role of the State in Investor-State Arbitration: Nihoff International Investment Law Series* 3,Koninklijke Brill,pp. 293 – 333;Trevino,C. J. ,2014,'*State-to-state investment treaty arbitration and the interplay with investor-state arbitration under the same treaty*',Journal of International Dispute Settlement 5(1),pp. 199 – 233.

[60] Id.

[61] Singh,S. and Sharma,S. ,2013,'*Investor-state dispute settlement mechanism: The quest for a workable roadmap*', Merkourious: Utrecht Journal of International Law and European Law 29(76),pp. 88 – 101.

[62] See Roberts, A. , 2014, '*State-to-state investment treaty arbitration: A hybrid theory of interdependent rights and shared interpretive authority*',Harvard International Law Journal 55(1),pp. 1 – 70.

投资流动

鉴于在双边投资条约下成功解决国家间争端的案例很少,不可能明确说明这种机制可能对投资流动产生的影响。然而,这种经验证据缺乏的情况同样适用于投资者与国家间争端解决机制,而这两种机制作为国际经济活动的更大基础设施的一部分,都可能有助于投资流动。[63]

从理论上讲,国家间争端的解决可以通过三种方式促进投资流动:鼓励国家之间开展加强法治的活动,增加国家之间的外交谈判,以及改善国内政策。[64]

首先,国家间争端的解决可以通过建立一个统一的适用程序,引入上诉的可能性,并对新出现的争端做出更积极的回应,从而有助于使投资法的解释保持一致。[65] 例如,鉴于世界贸易组织的判例具有内在性和准法理学方法,已显示出很高的威慑价值,并鼓励遵守自由贸易协定。[66] 增加国家间争端解决机制的使用可能会对双边贸易产生类似的效果,从而鼓励投资者对条约的适用和更广泛的法治抱有信心。

其次,通过鼓励各国在投资、条约执行方面发挥更积极的作用,将鼓励各国进行谈判,并阐明明确的和互利的贸易协定。例如,在与几个国家谈判其合作与投资便利化协定时,巴西加入了便利争端解决程序之外各方之

---

[63] See Franck, S. D. ,2007, '*Foreign direct investment, investment treaty arbitration, and the rule of law*' ,Global Business and Development Law Journal 19, pp. 337 – 373.

[64] Bernasconi-Osterwalder, *supra* note 55, at p. 2.

[65] Alschner, *supra* note 59, at p. 194 – 195.

[66] Davis, C. , 2008, '*The Effectiveness of WTO Dispute Settlement: An Evaluation of Negotiation Versus Adjudication Strategies*', Annual Meeting of the American Political Science Association, p. 37.

间信息共享的规定。[67]

最后,政府介入投资纠纷将有助于政策制定者更好地理解投资者的需求和关切。各国将能够确保条约所载的意图得到推进,并使条约的执行与包容性发展和人权的更广泛目标保持一致。鉴于外国直接投资和国际经济活动的性质不断变化,新类型的实体进入全球市场,投资流动偏离了传统的南北范式,这种情况尤其如此。国家与国家之间的争端解决模式确保了不同类型的投资者——由于资源或影响,他们可能被排除在投资者与国家间争端解决模式之外——将有机会通过投资者母国提出不满。

投资争端的非政治化

国家间争端解决机制的一个驱动因素是合理的焦虑,即国家间争端的解决倾向于政治化。例如,在世界贸易组织中,大多数贸易争端是在国内存在要求裁决的政治压力,或者被告国对外交压力表现出抵触情绪时发生的。[68] 母国往往试图保护本国投资者的权利,而东道国则受到本国政治现实和独特事态的影响。国家也是重复参与者,可能有动机与其他国家勾结,以促进其利益,而不是个人投资者的利益。[69]

然而,无论谁参与争端解决过程,大多数投资争端都具有政治性质,其跨国性质以及经常出现争端的部门——采矿、石油、天然气——都是高度政治化的领域。[70] 这种必然性意味着,允许国家介入实际上可能不会进一步政治化,而是确保参与方能够有效地推进自身利益,并确保有效的结果。

---

[67] See Bernasconi-Osterwalder, N. and Dietrich-Brauch, M., 2015, '*Comparative Commentary to Brazil's Cooperation and Investment Facilitation Agreements (CIFAs) with Mozambique, Angola, Mexico, and Malawi*', International Institute for Sustainable Development, viewed (31st March 2017) from www.iisd.org/sites/default/files/publications/commentary-brazil-cifas-acfis-mozambique-angola-mexico-malawi.pdf, p.7.

[68] Davis, *supra* note 66 at pp.35 – 36.

[69] Alschner, *supra* note 59 at p.193.

[70] See Lubambo, M., 2016, '*Is state-state investment arbitration an old option for Latin America?*', Conflict Resolution Quarterly 1.

这种危险也可以通过程序性协议和规则得到缓解。国家间争端的解决可以利用立法机构的领导来推动改革,确保公平,就像世界贸易组织秘书处的作用一样。[71] 通过积极建立拥有合作决策权的中立机构,国家与国家之间的争端也可以非政治化。例如,《巴西合作与投资便利化协定》既设立了一个联合委员会,由两个缔约国的代表组成,又设立了两名独立监察员,在事态升级前提供信息或协助解决问题。[72] 这样的机制可以帮助缓和陷入外交纠纷的国家之间的紧张局势。

法律之治

与投资者与国家间争端解决机制不同的是,一些国与国之间的争端解决机制要求用尽国内补救办法,这可以通过增加一层审查来帮助加强国内法律体系。使用宣示性救济等工具也可以使国内法律制度在接受对条约规定的解释方面更加明确。[73]

然而,国家机制也可能损害国内法治。通过实施没有经过民主审查的行政决定或解释,这一过程削弱了国内的制度。与投资者与国家间争端解决机制类似,国家间争端的解决也可能破坏法律规则,给予国际投资者优于国内投资者的优惠待遇;因为在用尽国内补救办法之后,外国投资者可以获得额外的审查与上诉。[74] 通过国家间争端解决方式作出的所有促进投资者法治的决定可能是相当有害的,因为这些决定不属于专门的法律框架。[75]

---

[71] Smith, J. ,2004, '*Inequality in international trade? Developing countries and institutional change in WTO dispute settlement*' ,Reriew of International Political Economyll, p. 542 and 544.

[72] See Bernasconi-Osterwalder, N. and Dietrich-Brauch, M. , 2015, '*Brazil's Innovative Approach to International Investment Law*' , International Institute for Sustainable Development, viewed (31 March 2017) from www. iisd. org/blog/brazils-innovative-approach-international-investment-law.

[73] Id, p. 14.

[74] Fanck, *supra* note 63 at p. 365.

[75] Id.

让国家间的争端解决过程更加公开和透明,在一定程度上缓解了这种危险。另一种减轻争端的方法是确保国家间争端解决的范围仅限于条约解释或适用的非常狭窄的理由。在这方面,只有最重大或最有争议的案件才能上升到国与国之间争端解决的水平,投资者期望利用国内系统解决大多数争端。

在国际层面,投资者与国家间争端解决机制对国家责任的规则有严重的附带影响。[76] 相反,事实证明,国家间争端的解决更愿意适用国际习惯法并与其原则保持一致。[77] 例如,世界贸易组织逐渐认识到,贸易争端往往涉及人权问题,世界贸易组织的规定应尽可能与国际人权法相一致;一个例子是《与贸易有关的知识产权协定与公共健康多哈宣言》,该宣言在世界贸易组织体系内确立了公共卫生标准。[78]《巴西合作与投资便利化协定》符合国内法律规范的自愿负责任的商业行为原则。[79]

这种对国际法律规范的接受并非没有限制,而国家间争端解决机制的出现可能意味着,该机制将无权在国际投资协定本身之外解释或适用国际法律规范。世界贸易组织一直在这个问题上纠缠不休,因为它们仅限于在世界贸易组织法律框架的狭窄范围内解释和适用法律规范。这将限制国与国之间的争端,就像国家间争端解决机制一样,因为人权和国家责任等附带问题可能不在国与国之间争端解决机制的管辖范围之内。解决这个问题的一个方法是通过一个常设的国际法庭来解决索赔问题,比如国际法院或专门设立的国际投资法院,类似于欧盟提出的建议。这样的法庭可以

---

[76] Paparinskis, M., 2013, '*Investment treaty arbitration and the (new) law of state responsibility*', European J. Intl L. 24(2), p. 24.

[77] Pauwelyn, J., 2001, "*The role of public international law in the WTO: How far can we go?*", Am J. Intl L. 95, p. 535 and 540.

[78] See World Trade Organization, 2003, Introduction to the WTO dispute settlement system, pp. 53 – 54 viewed (25 March 2017) from www. wto. org/english/tratop_e/dispu_e/disp_settlement_cbt_e/introl_e. htm; Marceau, G., 2002, '*WTO dispute settlement and human rights*', European J. Intl L. 13, p. 753 and 756.

[79] Bernasconi-Osterwalder and Dietrich-Brauch, *supra* note 72.

被授权在当事人同意的情况下，在国际投资协定的范围之外履行国家义务。

此外，利用国与国之间的争端解决机制，实际上可以补充现有的投资者与国家间争端解决机制的框架。[80] 在投资条约方面，投资者和国家的利益截然不同，允许一个完整的程序将确保争端解决过程中权力的更公平分配。[81] 此外，国家间争端的解决也可能有助于资本输入国获得更大的影响力，鼓励资本输出国同意对定义的解释。[82]

为了投资者与国家间争端解决机制和国家间争端解决机制的合作，罗伯茨（Roberts）认为，其应该建立在国家和投资者在任何争端中分享相互依赖的权利的基础上。[83] 因此，任何仲裁裁决都应该对任何后续纠纷有先例性影响，或者通过既判力理论、未决诉讼或附带禁反言等来实现；在这种模式下，母国及其投资者拥有相同的权利主张，但是只有一方可以提出争议。[84] 罗伯茨认为，投资争端是投资者与国家之间发生的争端，而国家可以推动解释性、外交保护或宣告性判决，这将为随后的投资者与国家间的争端创造具有约束力的先例。[85]

补救措施

国家间争端解决可以扩大潜在的补救措施，为投资者考虑范围广泛的义务，该义务是投资者与国家间争端解决机制不能强制执行的。[86] 国家间争端的解决通常涉及三种类型的索赔：外交保护案件、解释性问题或因违

---

[80] 讨论投资者与国家间争端解决机制和国家间争端解决机制的潜在一致性，参见 Trevino, C. J. *supra* note 59。

[81] Roberts, *supra* note 62.

[82] Id; Alschner, *supra* note 59 at p. 216.

[83] Roberts, *supra* note 62 at p. 37.

[84] Id, p. 43.

[85] Id.

[86] Lubambo, *supra* note 70 at p. 18.

背义务而提出的宣告性救济请求。

外交保护赔偿针对个人投资者的国际不法行为。这些索赔要求需要彻底采取当地补救办法,而且往往由国家酌情处理。[87]

虽然像国际法院这样的常设法院经常以咨询身份行事,但国家间争端解决办法并没有被用来确定抽象的解释性问题。[88] 然而,它有能力这样做,如在墨西哥诉美国的案件中,其中的索赔不是代表特定的投资者提出的。[89] 利用国家间的争端解决方案来解决解释问题,可以尽早减少昂贵和复杂的争端,从而提高效率。例如,《巴西合作与投资便利化协定》的联合委员会提供了一种机制,让缔约国在正式争端发生前讨论"投资者感兴趣的问题"。[90] 解释权还可以促进投资者与国家间平行仲裁的裁决,就像在秘鲁诉智利和厄瓜多尔诉美国案件中所做的那样。[91]

通过确定某一具体行为或举措违反了条约,国家与国家之间的争端解决方案也可以提供宣言式的救济。然而,像《巴西合作与投资便利化协定》这样的新型模板,允许支付货币补偿。[92]

国家间争端解决的显著特点

透明度

透明度仍然是国家间争端解决的一个问题。尽管世界贸易组织已经完善了透明度机制,[93]但国家间争端的解决方案仍然是一个封闭的过程。只有成员方可以直接使用争端解决系统,而非争端当事方不能直接进入正

---

[87] Trevino, *supra* note 59 at p. 8.

[88] Id, pp. 6 – 7, especially the discussion of *Ecuador v. United States*.

[89] Bernasconi-Osterwalder, *supra* note 10 at p. 1.

[90] Bernasconi-Osterwalder AND Dietrich-Brauch, *supra* note 72.

[91] Id. at p. 1.

[92] Lubambo, *supra* note 70 at p. 16.

[93] Marceau, G. and Mikella, H. , 2012, *Transparency and public participation: A report card on WTO transparency mechanisms*' , Trade, Law and Development 4, pp. 42 – 43.

在发生的争端。[94] 投诉人、答辩人和第三方国家的意见书只有在各方同意的情况下才予以发放。[95]

非争议方参与

根据世界贸易组织国家间争端解决机制,专家组和上诉机构拥有接受或拒绝"法庭之友"提交材料的自由裁量权,但无权考虑这些材料;然而,专家组允许民间社会行为者就人权问题提交材料。[96] 但是,"法庭之友"无权接触当事人的意见。其他国际论坛,如《北美自由贸易协定》,对"法庭之友"的参与有更明确的规则。[97]

正确性

投资者与国家间争端解决机制的决定有很大的不一致性,这意味着国家对于其签署的条约的解释和适用几乎没有控制权。[98] 国家间争端的解决方案允许各国表达自己的观点,从而缓解了这一解释上的冲突。[99]

解决国家间争端的国际论坛的合法性也有助于人们对正确性的认识。例如,世界贸易组织是一个受到高度重视的体系,表面上正确解释和适用多边规则;世界贸易组织的优先事项是解决争端,而不是通过裁决。[100] 此外,许多国家之间的争端解决方案都有一个内置的上诉程序,允许各方寻

---

[94] WTO, *supra* note 78.

[95] Id.

[96] See Marceau and Hurley, *supra* note 93 at pp. 30 – 31.

[97] Id, p. 35.

[98] See OECD, 2012, '*Government perspectives on Investor-State Dispute Settlement: A progress report*', viewed (25th March 2017) from www. oecd. org/daf/inv/investment-policy/ISDSprogressreport. pdf.

[99] Id.

[100] World Trade Organization, Introduction to the WTO dispute settlement system (2003), viewed (25th March 2017) from www. wto. org/english/tratop_e/dispu_e/disp_settlement_cbt_e/intro1_e. htm.

求第二种意见，例如，世界贸易组织的上诉机构。然而，上诉机构会牵涉许多关于审查标准、法律选择和国内救济的问题。[101]

成　本

在总成本方面，国家间争端的解决与投资者与国家间争端的解决没有明显的区别。国家之间的争端解决通常具有公平的费用结构，各国平等分担诉讼费用。仲裁费用将根据既定机制的不同而有所不同。通过专门小组审理的世界贸易组织争端，平均成本可能高达150万美元，而对于复杂而漫长的争端来说，成本很容易超过这个数字。然而，这种经济负担可以转移，并有助于确保不那么富裕的投资者，如中小企业，不会被排除在系统之外。国家间争端的解决也可能通过寻求声明或解释性声明来减少费用，这些声明或解释性声明将预防或防止进一步的投资者与国家间争端。

公　正

国家间的争端解决可以通过保持国家的参与，将投资争端政治化。然而，国际法院或世界贸易组织的国家争端表明，国家政治并不一定阻碍公平和有约束力的结果。世界贸易组织仲裁员的公正性受到了一些批评，因为仲裁员是由当事人选举产生的，并且代表了一个类似于投资者与国家间争端解决机制中的"多重角色"问题。[102]

然而，还有其他国家间争端解决的仲裁员指定模式。《北美自由贸易协定》设立一个五人小组，每一方挑选两名小组成员，他们是争议另一方的公民，争议各方挑选小组主席。[103] 东南非洲共同市场规定：东南非洲共同市场秘书长将挑选所有小组或仲裁员。[104] 拟议中的欧盟多边投资法院

---

[101] Sachet Singh and Sooraj Sharma, *supra* note 61.

[102] Bernasconi-Osterwalder, *supra* note 1 at p. 3.

[103] North American Free Trade Agreement (NAFTA), art. 2011(3) (1994).

[104] Investment Agreement for the COMESA Common Investment Area, Annex A, Article 6.

将完全取代仲裁员,转而支持常设法院的现任法官。[105] 国与国之间的争端解决可以纳入一个国际投资法院的提案,该法院对国与国之间的争端拥有管辖权,并拥有常任法官。这不仅可以提高决策的一致性,还可以确保各方当事人无法选择有利的仲裁员。

效　率

国家间争端解决机制保护了主权国家为公共利益调整和追求自身战略利益的权利。这不仅确保了外国投资者无权对东道国政府施加影响,而且还允许各国为了国家和投资者的最佳利益进行谈判。大多数国家间的争端解决方案还需要证明,争端无法通过协商或其他外交渠道得到解决。在将法院带入抗辩式诉讼制度之前,需要进行谈判或调解。[106] 这样可以防止不必要的案件需要仲裁。

然而,大多数初步协商和调解的尝试都是临时性的。在世界贸易组织,这些磋商是保密的,不需要提供任何文件,但在协商阶段提出的主张和事实,对随后的专家组和上诉裁决的形式有重大影响。[107] 联合委员会的初步协商必须共同产生一份详细说明各自立场和解决争端的努力的文件,这份文件将用于确定最初的建议。[108] 虽然诉讼过程中的所有文件和会议都是保密的,但是这份总结报告将会被公之于众。[109]

限制国家间争端解决效率的一个因素是,它可能是一个耗时的过程,世界贸易组织争端解决的目标是 1 年 3 个月,其中包括磋商期、专家组程

---

[105] European Commission, 2016, '*Establishment of a Multilateral Investment Court for investment dispute resolution*', viewed(25 March 2017) from http://ec. europa. eu/smart-regulation/roadmaps/docs/2016_trade_024_court_on_investment_en. pdf.

[106] Trevino, *supra* note 59 at p. 13.

[107] Horlick, G. N. and Butteron, G. R. , 2000, '*A problem of process in WTO jurisprudence: Identifying disputed issues in panels and consultations*', Law Policy in International Law 31, pp. 573 and 574 – 579.

[108] Bernasconi-Osterwalder and Dietrich-Brauch, *supra* note 72 at p. 14.

[109] Id.

序和上诉;实际的时间往往更长。[110]

可接近性

国家之间的争端解决方案将阻止投资者直接参与,因为他们的利益需要由本国来代表。国家间的争端解决也不会对本国的国内投资者开放,这可能会导致外国投资者和国内投资者之间的不公平结果。不过,有一些方法可以确保这个过程不那么随意。例如,可以制定规则,规定国家何时应该或不应该追究其投资者之一的债权。为改善索赔的规律性已经作出的努力包括,为提出索赔建立一个正式的行政程序,使分工决策不受更政治化的决定的影响,或者建立一个国际索赔特别法庭或一个委员会。[111] 此外,在美国,国务院为索赔者提供非正式的支持,即使支持是不可能的,并且能够将潜在的索赔与其他外交手段联系起来,比如制裁,这能够鼓励对每个索赔的是非曲直作出及时和有效的决定。[112]

此外,大多数形式的国家与国家之间的争端解决方式都对第三方的参与和透明度开放,这将允许投资者参与。虽然巴西模式排除了争端的发起,但允许投资者参与诉讼程序。[113] 投资者代表可以向联合委员会提交简报,也可以参加联合委员会的会议。[114] 此外,各方同意作出合理努力,对利益相关方保持透明。[115]

国家间争端解决机制的缺陷

国家间的争端解决机制可能有许多相同的缺陷。这往往是一个临时

---

[110] WTO, *supra* note 100.

[111] Christenson, G. A., 1962, ' International clains procedure before the Department of State', Syracuse Law Review 13, pp. 527 and 531 – 532。

[112] Id, pp. 539 – 540.

[113] Bernasconi-Osterwalder and Dietrich-Brauch, *supra* note 72.

[114] Brazil-Mozambique Cooperation and Investment Facilitation Agreement, 2015, Article 15.

[115] Id, Article 13.

和秘密的过程，利用同一个仲裁机构，它可能会对国内法治产生有害影响，并且与增加投资流动的联系是脆弱的。这是一个缓慢而艰难的过程，需要两个国家的大量资源。然而，与投资者与国家间争端解决机制不同的是，国家间争端解决的许多缺陷可以通过程序上的一致性和利用国家的外交地位找到替代解决办法来缓解。

与法治的交叉点

国家间的争端解决使程序上公平和一致，使有关各国能够获得若干层次的法律审查。它通过增加国家参与，扩大了当事方可利用的补救措施的范围，并常常允许第三方参与提交意见书。

国家间的争端解决机制在透明度和对投资者的保护程度上各不相同，但强有力的程序性规则可以克服这些缺陷。然而，国家间的争端解决并非没有缺陷。任何未经法律制裁而使行政官员的行为具有法律效力的法律机制，都会损害国内法治。这“削弱了国内机构和法院在制定、解释和适用法律的核心责任方面的作用”[116]。因此，用尽国内补救办法对于使国家之间的争议与法治相一致至关重要。

提高透明度，为利害关系方制定连贯一致的参与规则和仲裁员或法官遴选准则，明确国家间争端解决机制与其他国内和国际法律论坛的交叉点，将改善目前的国家间争端解决制度。国家间争端解决机制应该考虑非争议方提交的材料，并允许进入诉讼程序。这意味着澄清第三方的参与，提高提交材料的透明度，以及更积极主动地将利益相关者纳入系统。[117] 国家间争端解决机制也应该吸收更多的小组成员，他们可以为会议带来不同的观点和专业知识。[118]

---

[116] Johnson and Sachs, *supra* note 1.

[117] Bernasconi-Osterwalder and Dietrich-Brauch, *supra* note 72.

[118] Sacerdoti G., 2016, '*Panelists, arbitrators, judges: A response to Joost Pauwelyn*', AJIL Unbound 19, pp. 283 and 286.

为了确保国家间争端的解决不会严重损害法治,双边投资条约应确保在诉诸国际机构之前用尽国内补救办法。[119] 一些学者也认识到了一个国家和投资者相互依存的国家结算系统的潜在价值。[120] 然而,为了使这个系统发挥作用,有必要澄清系统之间的界限。

政治风险保险

政治风险保险(Political Risk Insurance,PRI)正迅速成为解决外国投资者与东道国之间冲突的一种替代机制和补充机制。政治风险保险涉及政治事件,包括东道国政府的直接和间接行动。[121] 在传统上,各种优先考虑的事件包括:征用、货币不可转换责任、转让限制、政治暴力(战争、恐怖主义和骚乱)、违约和拒绝履行仲裁裁决。[122] 在过去的几十年里,出现了三种主要的政治风险保险形式:国家公共的、多边的和私人性质的政治风险保险。所有这些形式都将在下文做系统讨论。

投资流动

经济趋势表明,自20世纪80年代以来,外国直接投资一直在稳步增长。[123] 然而,实际上政治风险保险涵盖的外国直接投资比例一直在下降。[124] 政治风险保险可以增加投资流量,因为保险公司会根据一个国家的政治风险来确定向投资者收取的保费。如果一个国家被一家保险公司评为高风险国

---

[119] Bernasconi-Osterwalder, *supra* note 10, at p. 20.

[120] Roberts *supra* note 62; see also Wong, J., 2014, '*The subversion of state-to-state investment treaty arbitration*', Columbia Journal for Transnational Law 53, viewed (25 March 2017) from http://jtl.columbia.edu/wp-content/uploads/sites/4/2015/01/ Wong-Article - 53 - CJTL - 6. pdf, p. 7.

[121] Multilateral Investment Guarantee Agency (MIGA), *World Investment and Political Risk* 09, p. 47 viewed (25 March 2017) from www.miga.org/documents/WIPR13.pdf.

[122] Id.

[123] Id, p. 46.

[124] Id.

家,那么这个国家的政治风险保险要求其避免可能阻碍外国直接投资的政治事件。然而,如果东道国知道投资者已经为破坏性的法律改革投了保,那么东道国可能比其他国家更有可能进行这种改革。同样,如果有了保险,保险公司在与东道国打交道时,可能会较少地参与监督和尽职调查。这种道德风险可能会让企业更愿意投资,因为这样做可以降低监督和尽职调查的成本,或者可能因为担心这些道德风险会导致东道国不那么合作而拒绝投资。

使争端非政治化

改善政治化的程度取决于政治风险保险的类型。对于由政府资助的公共事业,机构必须在立法授权和执行监督的范围内运作。这确保了公共保险提供者受到民主压力,被迫将人权要求纳入其提供保险的门槛条件。然而,这也可能导致直接或间接的压力,保险机构提供保险,拒绝支付索赔或追求东道国的政治偏见。[125]

各国政府拥有内部的非公开信息,这些信息可以用来定价从而制定政策,[126]并可以利用其外交影响力在事件发生之前避免触发事件。[127] 这对公共保险公司很有价值,因为它们不得不减少支付的次数,而且还可以保护投资者在海外项目中的股份。此外,即使支付了索赔,如果公共保险公司获得了代位求偿权,各国政府可以从外国政府获得赔偿,减少支付的最终

---

[125] 国会授权海外私人投资公司(Overseas Private Investment Corporation,OPIC)在欠发达国家扶持私人倡议,并对这些国家的发展需求作出回应。海外私人投资公司在某些方面受到国会政治气候的控制(Khachaturian, A., 2005, '*Are we in good hands:The adequacy of American and multilateral political risk insurance programs in fostering international development*', Connecticut Law Review 38, p. 1041)。

[126] DeLeonardo, J. M., 2004, '*Are public and private political risk insurance two of a kind? Suggestions for a new direction for government coverage*', Virginia. Journal of International Law 45, p. 769(在政治风险保险语境下讨论乔治 · 阿克洛夫的《柠檬市场》的应用).

[127] Id.

成本。[128]

就多边优先权而言，世界银行多边投资担保机构（Multilateral Investment Guarantee Agency，MIGA）等组织所固有的动力是政治性的。从全球的角度来看，有53个非洲国家是多边投资担保机构的一部分，可以为外国投资者提供政治风险保险。该机构由多个国家组成，包括资本输出国和资本输入国，这些国家通过覆盖面和代位权集体控制其决策。[129] 这意味着，在投资者主张被代位后，该机构追求主张的方式与单个国家的政治议程关系不大，更有可能是国际共识的结果。[130]

法　治

东道国法治的力量可能决定一个投资者是否想要政治风险保险。例如，在货币不可兑换的情况下，美国海外私人投资公司比投资者与国家间争端解决机制仲裁庭更有可能成功地补偿投资者的损失。[131] 除受到一个国家法治的环境影响外，法治本身也可以支持国际法治。保险提供者，尤其是像美国海外私人投资公司这样的公关提供者，在投资者获得保险之前，可以特别要求它们遵守某些国际人权规范。例如，美国海外私人投资公司对潜在投资者提出一系列要求或限制——拟议项目必须“（1）适用一致和健全的环境标准；（2）适用一致和健全的工人权利标准；（3）遵守和尊重人权；（4）对美国经济没有负面影响；（5）鼓励东道国的积极发展效应”[132]。这些条款使公共保险公司与投资者与国家间争端解决机制形成鲜明对比，后者的政府很少将“环境、劳动、反腐败或人权”纳

---

[128] Bekker, P. and Ogawa, A., 2013, *The impact of bilateral investment treaty (BIT) proliferation on demand for investment insurance: Reassessing political risk insurance after the "BIT Bang"*, ICSID Rev. 28(2), p. 339.

[129] Id.

[130] Id, pp. 17 – 18.

[131] Bekker and Ogawa, *supra* note 128 at p. 346.

[132] Id, pp. 341 – 342.

入其条款中。[133]

救济措施

根据政治风险保险可以采取的补救措施,仅仅是与触发政治事件相关的回报。在某些情况下,像多边投资担保机构这样的政治风险保险要求用尽当地补救办法才能支付索赔。因此,未能根据当地法院系统获得救济(或未能成功执行对东道国的胜诉的仲裁裁决),才能要求补救。

政治风险保险的显著特征

透明度

公共(和多边)保险公司的保险决策及其覆盖的实体通常比私人行为者更加透明。国家保险公司更有可能公开提供保险,而私营保险公司更有可能对合同信息保密。[134] 然而,公共部门只公布总体的金融信息[135],诚如戈登(Gordon)指出的:"公共部门赞助的投资担保项目没有标准的披露做法,而且一些项目的公开信息很少。"[136]

正确性

政治风险保险索赔的决定不是由法院作出的,而是由保险公司自己作出的。因此,虽然投资者可就有争议的权利主张进行仲裁或调解,但没有公开、司法的先例或上诉审查。缺乏先例和审查使个人和政治偏见渗透到

---

[133] Gordon K., 2008, '*Investment Guarantees and Political Risk Insurance*: *Institutions, Incentives and Development*', OECD Investment Policy Perspectives, viewed (25 March 2017) from www.oecd.org/finance/insurance/44230805.pdf, p. 107.

[134] Bekker and Ogawa, *supra* note 128 at p. 323. 请注意,这可能只是名义上的真实情况,公共事务负责人分批发布信息,可能不会使人们很容易察觉到侵犯人权行为的政治风险。

[135] Gordon, *supra* note 133 at p. 98.

[136] Id.

保险公司的决策中。多边保险组织,比如多边投资担保机构,与单一的国家初级保险提供商相比,有更高的正确率,因为多边投资担保机构依赖大多数国家的协调治理和共识。因此,推动特定决策或结果的政治或外交偏见不太可能出现。由于政治风险可能在一段时间内发生,因此不确定何时触发保险索赔。

成　本

在结构上,保险和仲裁具有不同的制约因素和结果。例如,政治风险保险索赔不能超过保险金额,而投资者与国家间争端解决机制的赔偿没有上限。[137] 这与政治风险保险的净成本高于投资者与国家间争端解决机制的说法一致。此外,由于保险公司与投资者之间可能会发生索赔纠纷,因此在索赔纠纷中,仲裁或调解的交易费用需要计入保险费用。尽管这对投资者来说不是直接成本,但在代位求偿的情况下,仲裁的交易成本也降低了政治风险保险索赔相对于投资者与国家间争端解决机制的净社会效用。

效　率

投资者与国家间争端解决机制的索赔处理时间平均为 3 年 7 个月,而美国海外私人投资公司的保险索赔的处理时间不到 5 个月。[138] 然而,效率并不是政治风险保险公司的一个保证属性,因为一些保险公司,比如多边投资担保机构,要求投资者"在寻求保险赔偿之前先用尽国内补救措施"。[139] 在这种情况下,从时间成本看,政治风险保险可以和国内法律系统或者投资者与国家间争端解决机制一样长。

---

[137] See generally Bekaert, G. et al., 2014, '*Political risk spreads*', Journal of International Business Studies 45(4), p. 326.

[138] Bekker and Ogawa, *supra* note 128 at p. 327.

[139] Khachaturian, *supra* note 25 at p. 1041.

可获得性

政治风险保险不是设计用来提供所有类型的保险。[140] 例如，多边投资担保机构不包括“政府通常采取的规范经济活动的措施，如税收、环境和劳动立法以及维护公共安全的正常措施”[141]。同样，尽管美国海外私人投资公司有与征用有关的覆盖空白，但它并不会对投资者的部分征用、投资者挑起的行为、东道国的法律规定或税收，以及东道国以其商业身份采取的行动进行补偿。[142]

政治风险保险的不足之处

由于政治风险保险的覆盖面，参与政治风险保险覆盖项目的东道国为进行改革和利用学习机会，减少了市场激励。[143] 如果东道国知道投资者有保险，它们就不太可能采取其他措施来表明其投资环境是安全的。[144] 这也意味着东道国在加强法治方面受到的鼓励减少。[145]

与法治的交叉点

只要公共性质的政治风险保险得到本国政府的支持，该机构将对立法机关和行政部门负责——因此，政府对投保投资者的活动负有更直接的责任。私人保险公司的责任较小，它们受适用于所有保险公司的行业规章制度的约束。多边投资担保机构等多边保险机构对整个国际体系中的各国政府负责，必须遵守国际社会大多数成员的共识。为了使投资者和各实体所涉及的价格保持一致性、统一性和透明度，政治风险保险机构实践披露

[140] Id.

[141] Id.

[142] Id.

[143] Gordon, *supra* note 133 at p.94.

[144] Id.

[145] Id.

做法是明智的。政治风险保险提供者也可以提供程序性的保障,防止投保范围内的道德风险,例如排除投资者可以合理避免的保险。[146]

区域人权法院

目前有三个主要的区域人权法院在运作:欧洲人权法院、美洲人权法院(Inter-American Court of Human Rights,IACHR)和非洲人权和人民权利法院(African Court on Human and People's Rights,ACHPR)。欧洲人权法院、美洲人权法院等的程序规定,将提高效用,使非洲人权和人民权利法院作为一个投资争议解决论坛。

投资流动

人权机制的存在可能对潜在投资者产生积极的信号效应,因为这表明了对法治的遵守。[147] 区域人权机制也可促进投资流动。此外,有一种强烈的主张认为,民主是因为它们可以直接保护投资者免受政府滥用。

然而,这种能力受到司法管辖权的限制,司法管辖权仅限于以侵犯人权为由提出的申诉。在美洲和非洲系统中,管辖权规则阻止公司直接进入系统,因为法院只分析与自然人权利有关的索赔。

投资争端的非政治化

区域人权法院是国际机构,因此,它被屏蔽在国内政治之外,并被视为公正的争端解决机制。有一个强有力的任命程序,确保任命独立和公正的

---

[146] Id.

[147] 经济增长和民主之间的关系已经被大量的文献所探讨,但是结果却相互矛盾。See UNDP, *Human Development Report*, 2002, viewed (31 March 2017) from http://hdr.undp.org/sites/default/files/reports/263/hdr_2002_en_complete.pdf. See also Vizaed, P., 2006, Poverty and *Human Rights:Sen's Capability Perspective' Explored*, Oxford University Press, p. 117. 此外,这是因为它们提供了管理和克服冲突的体制形式。See UNDP, *Human Development Report*, 2002, p. 57.

法官。[148] 国家提名候选人,然后由相关条约的缔约国进行选举。[149] 为了确保这种程序不影响司法独立,制定了类似于国内法院的司法保障,以及国际制度特有的措施,包括由一个独立委员会进行分析,禁止参与有关国籍国的决定[150]以及外交豁免和特权(非洲法院)。[151]

推迟执行国内法律、法院和国家政策的可能性可能引起对区域人权机制有效性的关注。在欧洲人权法院,它使用适用幅度原则作为一种方法来决定是否遵从国内法院的专家。这种理论赋予国家在涉及公民权利和政治权利的做法方面广泛的自由裁量权,有助于社会稳定,因为它们可以防止社会和经济冲击。[152] 特别是,确定哪些情况下合理的公共利益干涉属于各国的裁量余地,这意味着法院只是介入以防止仲裁干涉。[153] 然而,这种推迟的可能性并不一定等同于争端的政治化——它只是认识到国内法院的体制特征以及对整个国内法律范围的了解和分析使它更有能力作出考

---

[148] 在这三个系统中,缺乏透明度和问责制导致了关于国家任命个人的理由,以及关于法官不受影响的自由的问题。See Lambach, J. et al. , 2003, *Judicial Independence: Law and Practice of Appointments to the European Court of Human Rights*, Interights, viewed (6 May 2017) from www. lhr. md/images/appointment. pdf; Ruiz-Chiriboga, O. , 2012, '*The independence of the Inter-American judge*', The Law and of International Courts and Tribunals 11 (1), pp. 111 - 135; Viljoen, F. , 2012, *International Human Rights Law in Africa*, 2nd edn, Oxford University Press, p. 11.

[149] Organization of American States, American Convention on Human Rights art. 21, Nov. 22, 1969, O. A. S. T. S. No. 36, 1144 U. N. T. S. 123 (American Convention) at art. 53; Convention for the Protection of Human Rights and Fundamental Freedoms art. 34, Nov. 4, 1950, 213 U. N. T. S. 221 (European Convention) at art. 22 Organisation of African Unity, Protocol to the African Charter on Human and People's Rights on the Establishment of an African Court on Human and People's Rights, (African Protocol) at art. 11 - 22.

[150] Art. 55, The American Convention on Human Rights, Advisory Opinion OC - 20/09, Inter-Am. Ct. H. R. (ser. A) No. 20.

[151] Art. 11 - 22, *African Protocol*, *supra* note 149.

[152] Contreras, P. , 2012, '*National discretion and international deference in the restriction of human rights: A comparison between the jurisprudence of the European and the Inter-American Court of Human Rights*', Northwestern Journal of International Human Rights 11, p. 28.

[153] See de Sena, P, 2009, 'Economic and non-economic values in the case law of the European Court of Human Rights', in Dupuy, P. et al. , (eds) *Human Rights in Invernational Investment Law and Arbitration*, Oxford University Press.

虑到国内法的相关性的裁决。

在美洲和非洲体系中,与投资法相关的先例数量越少,就越难概括。然而,服从国家是不寻常的,因此,尚未形成一种对国内当局一贯服从的理论。[154]

法 治

人权机制是法治的最终维护者,因为它们适用的多边人权条约保障所有人的人权。它们参与投资争端的解决,为投资者与国家间的争端解决提供了合法性。

除了增加特定投资协议的合法性,人权法院对国家与投资者关系的监督可能会在更广泛的意义上加强法治。对投资一致适用普遍人权标准可能澄清国际人权法如何适用于投资索赔,不仅使投资者受益,而且使受其活动影响的个人和社区受益。为了避免未来的索赔,各国可能会在国家政策中复制这些标准,有效地推广人权的实施,并加强法治。

在美洲法院和非洲法院,国家可直接要求区域人权法院澄清条约的规定,请求提供咨询意见。一旦发表咨询意见,各国可以利用咨询意见加强其在国际贸易争端案件中的辩护,提出国际法义务的证据,并在投资争端中提高人权意识。[155]

然而,由于用尽国内补救办法的要求,区域人权法院的裁决以及随后执行的判决可能会对各国适用的国内法产生负面影响。[156] 法院的权威可

---

[154] Contreras, *supra* note 152.

[155] 关于在投资方面可能使用咨询意见的说明 see Cordes K. E. , et al. , 2016, 'Land deal dilemmas: Grievances', *Human Rights, and Inrestor Protections*, Columbia Center on Sustainable Investment, viewed (6 May 2017) from http://ccsi.columbia.edu/files/2016/03/CCSI_Land-deal-dilemmas.pdf, p. 34.

[156] For example, *Gomes Lund et al.* ("*Guerrilba do Araguaia*") *v. Brazil*, Preliminary Objections, Merits, Reparations, and Costs, Judgment, Inter-Am. Ct. H. R. (ser. C) No. 219 (Nov. 24, 2010).

能会被质疑,导致法律确定性的整体下降。[157] 然而,在实践中,区域人权法院的裁决不大可能推翻一项符合适用的国际人权原则的法律。

根据国际人权制度,审查的可能性仅限于在这类规范范围内保护人权。最重要的是,各国特别同意其行为——包括最高法院的判决——受到国际监督。国际人权框架是各国通过行使其主权而设计的,其运作的前提是,只要与以前的国内裁决发生冲突,其区域法院的裁决即占上风。

救 济

违反国际法的行为必须通过充分、有效和迅速的赔偿得到补救。[158] 补救措施可包括恢复原状、货币补偿、康复(以医疗、心理、社会或法律服务的形式)、满意(直接与每一侵权行为的性质有关,但可包括旨在制止侵权行为、寻求真相、正式道歉和公开承认侵权行为的措施)和不重犯(旨在防止今后再次发生侵权行为)。[159]

美洲人权法院系统地确定了广泛的补救措施,这些措施结合了上述的部分或全部措施。[160] 如此广泛的措施可以为投资者创造一个有利的环境,同时降低任意干涉的风险。然而,除货币紧缩措施外,[161]国家遵守美洲人权法院规则的比率相对较低。此外,货币奖励往往大大低于投资者与

---

[157] For example, *Indigenous Communities of the Xingu River Basin*, *Parh v. Brasil*, PM382/2010, Inter-Am. Comm'n H. R. (2011), viewed (31 October 2016) from www. oas. org/en/iachr/decisions/precautionary. asp.

[158] Basic Principles and Guidelines on the Right to a Remedy and Reparation for Victims of Gross Violations of International Human Rights Law and Serious Violations of International Humanitarian G. A. Res. 60/147 Law, viewed (31 March 2017) from http://legal. un. org/avl/pdf/ha/ga_60 – 147/ga_60 – 147_ph_e. pdf, art. 18 – 23.

[159] Id.

[160] Pasqualucci, J. M., 2013, *The Practice and Procedure of the Inter-American Court of Human Right*, 2nd edn, Cambridge University Press.

[161] Dulitzky, A., 2011, '*The Inter-American human rights system fifty years later: Time for changes*', Quebec Journal of International Law, special edn.

国家间争端解决机制确定的数额，具体数值的确定可能要由国家当局决定。[162]

在欧洲人权法院，虽然其他类型的措施是可能的，但补救措施通常是货币支付的形式。[163] 投资者与国家间争端解决机制在征收补偿中采用市场价值，而欧洲人权法院在征收补偿中采用不同的环境因素来考虑和平衡利益冲突。[164]

区域人权法院的显著特点

透明度

所有三个区域的人权系统都有适用于与诉讼有关的决定、听证会和文件的公开规则。[165] 虽然保密要求可能是被允许的，但必须有令人信服的理由，并经法院批准。[166]

---

[162] Nikken, P., 2009, '*Balancing of human rights and investment law in the Inter-American system of human rights*', in Dupuy, P. et al. (eds), Human Rights in International Investment Law and Arbitration, Oxford University Press.

[163] Eur. Ct. H. R., Rules of Court, 2016, viewed (25 March 2017) from www. echr. coe. int/ Documents/Rules_Court_ENG. pdf.

[164] Reiner, C. and Schreuer, C., 2009, 'Human rights and international investment arbitration', in Dupuy, P. et al. (eds), *Human Rights in International Investment Law and Arbitration*, Oxford University Press; Kriebaum, U., 2009, '*Is the European Court of Human Rights an alternative to investor-state arbitration*?', in Dupuy, P. et al. (eds), Human Rights in International Inrestment Law and Arbitration, Oxford University Press. 这些适用的标准是：非法干扰必须得到充分补偿：
(i) 合法干扰应接受法院的审查，这可能导致补偿金额低于市场价值。
(i) 在征收的情况下，补偿应根据具体情况（如干扰的目的和采取措施的适当性）进行细致分析。
(ii) 在使用规章或其他合法干扰的情况下，国家享有较大的自由裁量权。

[165] Eur. Ct. H. R., Rules of Court, *supra* note 163, at arts. 33, 63, 78; Organization of African Unity, Protocol to the African Charter on Human and People's Rights on the Establishment of an African Court on Human and People's Rights, 1998, viewed (31 March 2017) from www. refworld. org/docid/3f4b19cl4. html. (African Protocol), art. 10; Inter-Am. Ct. H. R., Rules of Procedure art. 32, viewed (31 March 2017) from www. cidh. oas. org/Basicos/English/Basic20. Rules% 20of% 20Procedure% 20of% 20the% 2 0Court. htm.

[166] Eur. Ct. H. R., Rules of Court, *supra* note 163.

这三个法院还促进了受其管辖的国家的透明度。例如,在一起与环境破坏有关的案件中,美洲法院认为,言论自由不仅包括传递信息的权利,还包括接收和获取信息的权利。[167]

尽管如此,人权系统本身的透明度还是有问题的。有人担心缺乏有关程序初期阶段、[168]预算管理和机构安排的信息。[169] 随着时间的推移,这种双重标准——要求政府遵守某些透明度参数,但不在机构内部强制执行——可能侵蚀法院的合法性和可信度。它还可能降低可预测性(就诉讼程序的持续时间、适用于初始阶段的标准等而言),从而增加不确定性和相关费用。

非争议方参与

尽管诉讼程序各不相同,但所有三个区域的人权制度都允许非争议方进行陈述,以处理申诉人和被告之外的其他利益关系。[170]

正确性

用尽国内补救办法使得区域人权法院在经历了国内法的整体特征之后,有审理纠纷的优势。因此,它们可以作出公平的决定。然而,只有欧洲

---

[167] *Claude Reyes et al. v. Chile*, Merits, Reparations, and Costs, Judgment, Inter-Am. Ct. H. R. (ser. E), No. 151 (Sep. 19, 2006).

[168] 例如,根据美洲人权委员会的议事规则,委员会只有在作出受理决定后,才公开案件。没有公开审理的案件永远不会公开。

[169] Jimenez, M. P., et al., 2016, '*Towards a model of transparency and access to information in the Inter-American human rights system*', in Reynolds, K. A. (ed.), *The Inter-American Human Rights System Changing Times, Ongoing Challenges*, Due Process of Law Foundation, pp. 95 – 128.

[170] Id; Inter-Am. Ct. H. R., Rules of Procedure, art. 44; European Convention, *supra* note 149 at art. 36; Eur. Ct. H. R., Rules of Court, art. 44; African Court on Human and Peoples' Rights, Rules of Procedure, art. 70, viewed (25 March, 2017) from http://en. african-court. org/images/Protocol-Host% 20Agrtmt/Final_Rules_of_Court_for_Publication_after_Harmonization_ – _Final__English_7_sept_1_. pdf.

人权法院提供了上诉的可能性,[171]在非洲和美洲系统中,法院的判决是终局性的。[172] 在非洲法院,因为发现了新的证据,一方当事人可以申请复审以前的判决。[173] 在美洲人权法院,法院可能会对先前判决的解释作出澄清,但是没有实质性复审的可能性。[174]

成　本

在区域人权法院提起诉讼的费用大大低于投资者与国家间争端解决机制的费用。[175] 此外,人权机制已经引入了成本减少规则来帮助接近其申请者。例如,在欧洲人权法院,法院可以补偿申请人在国内发生的费用和开支。这些费用包括法律援助费、法庭登记费、出席法庭聆讯的旅费和生活费。虽然不是很全面,但美洲人权法院和非洲法院也为诉讼中缺乏资源的受害者提供了财政援助。这些规定增加了诉诸司法的机会,特别是对于那些可用于支付法律费用的预算有限的个人而言。

然而,由于用尽了国内补救办法,向区域人权法院提出申诉可能需要很长时间,投资者可能将这种拖延视为一种代价。另外,虽然申诉的周期在欧洲人权法院平均为 3 年,[176]但在其他系统,周期更长。在美洲人权法院和非洲法庭,案件需要通过地区人权委员会,才能送达法庭。在美洲人

---

[171] European Convention, *supra* note 149 at art. 44.

[172] American Convention, *supra* note 149 at art. 67; 非洲人权和人民权利法院,法院规则, *supra* note 170 at art. 61.

[173] African Court on Human and Peoples' Rights, Rules of Court, *supra* note 170 at art. 67. 174 American Convention, *supra* note 149 at art. 67.

[174] American Convention, *supra* note 149 at art. 67.

[175] Kriebaum, *supra* note 164.

[176] Eur. Ct. H. R. , European Court of Human Rights: The ECHR in 50 questions, 2014, viewed (25 March 2017) from www. echr. coe. int/Documents/50Questions_ENG.

权法院，考虑到委员会和法庭的阶段，法律程序的总持续时间估计为10年。[177]

不偏袒

法官的任命由成员方通过提名和选举程序进行。法院法官在原籍国往往是受人尊敬的法律专家，他们的任务是解释各国商定的多边条约，而不是各国国内法。因此，这些系统被设计为对任何国家的规则都是公正的，法官必须以独立的身份行事，而不是作为任命他们的国家的利益代表行事。

效　率

如果根据成本、持续时间和结果（被理解为遵守规则）来确定，则效率的衡量取决于每个系统的制度能力。欧洲人权法院具有最坚实的制度安排，并提供相对低成本的诉讼程序和高合规率。然而，其他系统的体制弱点导致诉讼程序冗长，获得财政法律援助的机会有限，不可预测的延误和低合规率。

可获得性

只有在国内补救办法用尽之后才能利用人权机制。一旦满足这一要求，人权机制直接保护投资者的能力取决于两个因素：使投资者和公司能够提出索赔的对人管辖权；使法院能够分析相关权利和问题的对事管辖权。要使人权法院拥有合理性，投资者必须在适用的人权条约所保护的权利范围内提出他们的要求。一般来说，他们的利益保护主要是通过保护财

[177] Sanchez, N. C. and Ceron, L. L., 2016, '*The elephant in the room: The procedural delay in the individual petitions system of the Inter-American system*', in Reynolds, K. A. (ed.), *The Inter-American Human Rights System: Changing Times*, Ongoing Challenge, Due Process of Law Foundation, pp. 207 – 248.

产权和防止歧视进行的。大多数区域人权法院都有自己的管辖权规则。然而，与投资者与国家间争端解决机制不同的是，在所有区域人权法院中，国籍与管辖权的确定无关。[178]

欧洲人权法院通过占有的概念来保护财产权，[179]包括对所得的合法期望。[180] 根据欧洲人权法院，对财产权的保护是全面的，法院审理与征用有关的要求、使用条例和其他国家干涉。[181] 欧洲公约是欧洲人权法院考虑的适用法律，将这些权利和保护扩展到法律实体。[182] 因此，公司可以就自己的权利提交请愿书。股东的地位独立于公司的地位，也就是说，如果公司(或其清算人)不能提出独立的申索，他们可以提出申索。[183] 然而，法院无权分析股东有关间接损害的索赔。[184]

《美洲人权公约》也保护财产权。[185] 但是，《美洲人权公约》规定的权利，只适用于自然人。[186] 因此，虽然法律实体可以向美洲体系提交请愿书，但它必须提到个人的权利。[187] 然而，美洲公约对公司提供了一些保护，因为美洲人权法院有权分析自然人通过法律实体行使的权利。[188] 在这种情

---

[178] Kriebaum, *supra* note 164.

[179] European Protocol, *supra* note 149 at art. 1.

[180] *Pine Valley Developments Ltd et al. v. Ireland*, 1991 – XIV Eur. Ct. H. R. (ser. A) 319.

[181] Kriebaum, *supra* note 164.

[182] European Convention, *supra* note 149 at art. 34.

[183] *Agrotexim v. Greece*, 1995 – XXI Eur. Ct. H. R. (ser. A) 250.

[184] Kriebaum, *supra* note 164.

[185] American Convention, *supra* note 149 at art. 21.

[186] Id, art. 1. 2; *Banco de Lima v. Peru*, Case 10. 169, Inter-Am. Comm'n H. R., Report No. 10/91, OEA/Ser. L/V/Ⅱ. 79. doc. 12, rev. 1(1991); Entitlement of Legal Entities to Hold Rights Under the Inter-American Human Rights System, Advisory Opinion OC – 22/16, Inter-Am. Ct. H. R. (ser. A) No. 22(Feb. 26, 2016) (*Entitlement of Legal Entities*).

[187] American Convention, *supra* note 149 at art. 44.

[188] *Cantasn v. Argentina*, Merits, Reparations, and Costs, Judgment, Inter-Am. Ct. H. R. (ser. C) No. 97 (Nov. 28, 2002); Granier et al. (Radio Caracas Television) v. Venezuela, Preliminary Objections, Merits, Reparations, and Costs, Judgment, Inter-Am. Ct. H. R. (ser. C) No. 293 (Jun. 22, 2015); Entitlement of Legal Entities.

况下,为了确立管辖权,申请人必须证明对公司受影响的股东财产的损害。[189] 如果法院需要证明法律实体和自然人权利之间的明确联系,那么同样的逻辑也适用于与不歧视有关的其他公约权利。[190]

同样,公司在非洲人权和人民权利法院面前没有独立地位,[191]但非洲公约明确保护财产权。[192] 在这方面,非洲人权和人民权利委员会规定,公约保护公民免遭任意的财产权剥夺,对公共获取、国有化或征用给予充分补偿,和平享有财产,保护公民免遭任意驱逐。[193] 然而,非洲法院作为最新的地区法院,尚未就这一权利形成任何判例。

除了财产保护,三个区域框架保护个人不受其他权利任意干涉,包括非歧视、合法性和正当法律程序。[194] 特别是,不歧视原则是国际人权法的一个核心特征,该原则被认为是一项强制法规范。[195] 同样,国际标准的基石之一是保护外国投资者免受针对本国国民(在提供国民待遇的条件中体现)和其他外国投资者(在最惠国待遇的概念中体现)的针对性待遇。[196] 原则上,外国投资者与这两种情况中的任何一种有关的主张,都可以在国

---

[189] *Perozo et al. v. Veneznela*, Preliminary Objections, Merits, Reparations, and Costs, Judgment, Inter-Am. Ct. H. R, (ser. C) No. 19 (Jan. 28, 2009); *Granier et al.* (*Radio Caracas Television*) *v. Venezuela*, Preliminary Objections, Merits, Reparations, and Costs, Judgment, Inter-Am. Ct. H. R. (ser. C) No. 293 (Jun. 22, 2015); *Entitlement of Legal Entities*, *supra* note 186.

[190] *Entitlement of Legal Entities*, *supra* note 186.

[191] African Protocol, *supra* note 149.

[192] American Convention, *supra* note 149 at art. 14.

[193] *Dino Noca v. Democratic Republic of the Congo*, Communication 286/04, Afr. Commission H. P. R. (Oct. 12, 2013), viewed (25 March 2017) from www. achpr. org/files/sessions/52nd/comunications/286. 04/achpr52_286_04_eng. pdf.

[194] 对于全面以权利为本的商业发展模式,参见 FRA, 'Freedom to conduct a business: Exploring the dimensions of a fundamental right', 2015, viewed (25 March 2017) from http://fra. europa. eu/sites/default/files/fra_uploads/fra – 2015 – freedom-conduct-business_en. pdf。

[195] Juridical Conditionand Rights of Undocumented Migrants, OC – 18/03, Inter-Am. Ct. H. R. (ser. A) No. 18, 101 (Sep. 17, 2003)。

[196] Diebold, N. F., 2011, '*Standards of non-discrimination in international economic law*', Intl Comp. L. Q. 60, pp. 831 and 866.

际人权规范范围内加以规定,以防止受到批评。[197]

区域人权法院的缺陷

区域人权法院在有效地提供替代办法方面的一些不足之处包括对人身管辖权的限制。虽然在非洲法院和美洲人权法院的案件中可能间接确立管辖权,但所有损害必须以对自然人的直接关系证明,从而大大限制了分析的范围。此外,由于所有权利主张都必须被界定为人权主张,因此也存在对物质权利主张的限制。虽然人权条约保护财产和其他相关权利,但管辖权限制可能妨碍对投资法特有问题的分析。

此外,合理的司法管辖权标准是不明确的,特别是在非洲法院和美洲人权法院,还没有形成与投资有关的索赔的可靠判例。然而,即使在欧洲人权法院,仍然存在一些问题,这些问题没有得到解决,例如在合法征用的情况下,是否有可能给予外国投资者特别保护。

诉讼程序的周期和相关费用(主要是由于用尽国内补救办法的要求)、法院脆弱的体制能力以及金钱赔偿的低价值都是额外的问题。

与法治的交叉点

与国内法律制度一样,人权机制为非争议方提供了一种透明的程序和代表。这些机制在用尽国内补救办法之后运作,法院一贯将多边条约适用于争端。这些程序提供了一个制度框架,确保争端的结果是公平和合法的。人权法院还允许公布司法意见,并确保争端各方获得司法补救的平等权利。

除这些特点外,区域人权制度还提供了一个相对于投资者与国家间争端解决机制次要的优势。它们不限于具体国际投资协定的规定,允许法院考虑当事方根据国际法可能承担的其他义务。这种可能性,结合法院的人

---

[197] de Sena, *supra* note 153.

权专业知识,能够对复杂的情况进行更全面的评估。此外,受到投资活动不利影响的人还可以通过第三方干预和直接提交请愿书,对区域人权法院进行评估。从法治的角度来看,这些因素提供了显著的优势,例如在国家、投资者和受影响社区的权利和义务之间取得公平的平衡。

结 论

所有替代投资者与国家间争端解决机制的建议都有一定程度的可信度和优势,但也有缺陷。采用该机制的替代方案需要结合本章讨论的各种方法。没有一个完美的体系可以取代该机制,最终,也许我们的集体精力和焦点应该集中在争端预防上。

罗伯托·埃坎迪(Roberto Echandi)引导各国将重点放在争端预防上。这项提议得到了联合国贸易和发展会议的支持,并涉及建立各种国家机构机制,以防止争端的出现,并避免政府机构违反合同和条约。[198] 在制定国内政策时,这也考虑到了投资协议规定的义务。[199]

---

[198] UNCTAD, *supra* note 10 at p. xiv.

[199] Id.

第五章　通过投资条约促进可持续发展和人权保障

引　言

正如本书第二章所讨论的那样，产生争端的原因之一是法庭所采用的解释范围很广，超出了投资者保护的范围，延伸到了国家的公共政策空间。本章旨在了解如何起草和解释投资协议，以确保在进行投资时考虑到促进可持续发展的公共政策利益，以及追究外国投资者对人权的责任。本章重点讨论法庭如何适用条约解释规则，以审议包括人权法在内的相关国际法规则。本章还考虑了国家如何提出抗辩，允许将国家的其他国际义务用于对限制投资者和投资保护的正当侵权。

条约解释的适用规则

《维也纳条约法公约》第31条编纂了关于条约解释的习惯规则，该条的核心内容是解释国际条约的若干原则。解释中的"善意""一般意义""背景""条约的目的和宗旨""条约文本包括其序言""就条约所订立的协议或教条""缔约方之间的嗣后协定或惯例""国际法有关规则""缔约方的意图"等概念，是该条引起的一些相关考虑因素，对于发展有利于人权的国际投资协定十分重要。

“善意”

国际法院在核试验案件中指出,“法律义务的产生和履行的基本原则之一是诚实信用原则,无论其来源如何”。[①] 这在纸浆厂案中得到了进一步发展,该案认为:“现行的每一项条约都对其缔约方具有约束力,必须由缔约方本着诚意履行。”

这适用于条约规定的所有义务,包括对国家间合作至关重要的程序性义务。[②] 根据比约热(Bjørge)的说法,“一方面,国家有义务创造和履行其法律义务,另一方面,国家也有解释的法律义务……正如解释取决于创造,履行取决于解释”。[③] 因此,投资义务的产生、履行和解释之间的联系是双方根据各自的意图建立投资关系的诚意。

善意解释意味着争端解决法庭不受争端当事方任何首选解释的约束。根据金斯伯格(Kingsbury)和斯希尔(Schill)的观点,“根据条约的目的和宗旨善意地解读和适用条约的文本,可以很好地表明,解释要求在投资者保护和国家监管权力之间取得平衡”。[④] 法庭应对条约的措辞进行客观的审查,并确定条约缔约方的意图。这种善意的解释要求法庭考虑条约的通常意义、文本、目的和宗旨。

---

① “众所周知,通过单方面行为作出的关于法律或事实情况的声明,可能具有产生法律义务的效力。没有任何交换条件,也没有随后的接受,甚至没有其他人的反应。这种声明的生效需要各国的同意。形式问题也不是决定性的。受约束的意图是通过对行为的解释来确定的。承诺的约束性来自该行为的条款,并以善意为基础;有关国家有权要求遵守该义务”[国际法院判决、咨询意见和命令摘要、核试验系列案(澳大利亚诉法国案)(新西兰诉法国案)国际法院报告 1974 年]。

② *Pulp Mills on the River Urugnay* (*Argentina v. Urugnay*), Judgment ICJ Rep 2010, para. 145.

③ Bjørge, E., 2012, '*Evolutionary Interpretation and the Intention of the Parties*', University of Oslo Faculty of Law Research Paper No. 2012 - 33, (October 2012) SSRN 6.

④ Kingsbury, B. and Schill, S., 2009, 'Investor-state arbitration as governance: Fair and equitable treatment, proportionality and emerging global administrative law', Public Law and Legal Theory Paper Series, Working Paper No. 09 - 46, Sept. 2009, p. 23 quoted in Kulick, A., 2012, *Global Public Interest in International Investment Lam*, Cambridge University Press, p. 170.

一般意义

这是任何文字解读的起点。确定词义不仅仅是对条约语言的语法分析,它还包括寻找对文本含义的理解。通过参考条约中的其他条款,例如序言部分,使缔约方在整个条约中的意图具有一致的含义。这方面的一个例子是如何将例外条款视为自我判断或非判断性的。如果条约中的例外可以被设定为非判断性的,但条约中包括序言在内的其他所有文本都表明,缔约方的意图是将例外作为一个自我判断条款,那么,对仲裁庭适用文本通常含义的善意审查应反映缔约方的真实意图。这突出了条约起草者更明确地界定条约规定的重要性,确保他们利用国家声明、序言和解释性说明等若干解释性框架来澄清条约的语言,并确保没有模棱两可的余地。

背景

缔结条约的背景也有助于法庭界定条约用语的通常含义。它防止单独依赖字面解释,并有助于确定当事人的真实意图,如果存在一个以上的意义的话。条约用语的背景包括考虑条约序言中所述的目的和目标,条约条款中有关豁免、国家义务或投资者保护的部分的标题,以及其他因素,例如所考虑的条约是不是以不同语言缔结的条约的翻译本。

《维也纳条约法公约》第 32 条规定:可诉诸补充解释资料,包括条约的准备工作和缔结条约的情况,以确认适用第 31 条所产生的意义,或确定根据第 31 条作出解释时的意义:(1)含糊或晦涩;或(2)导致明显荒谬或不合理的结果。这一规则是该公约第 31 条的附属规则,仍然是以条约的普通含义为准的规则的例外。其与第 31 条严格分开,以阻止在第 31 条适用的情况下诉诸第 32 条。然而,它允许考虑缔结条约的情况,并确认条款的含义。

条约的目的和宗旨

条约的目的和宗旨是两个独立的要素,但它们是一个统一的概念,从属于对条约文本一般意义的考虑。出发点是从条约的序言中找到目的,序言阐明了条约的目的和宗旨。在韩国能源公司等诉阿根廷共和国一案中,仲裁庭在确定对投资者的公平和公正待遇保护的范围时提到了条约的序言。

考虑到阿根廷和美国包括公平和公正待遇标准及其目的和宗旨的背景,法庭在条约序言中指出,两国同意"为了维持一个稳定的投资框架和最有效地利用经济资源,公平和公正地对待投资是可取的"。在签订整个双边条约时,缔约国希望"促进更大的经济合作"和"刺激私人资本的流动和缔约国的经济发展"。根据这些既定目标,仲裁庭必须得出结论,在这种情况下,法律和商业框架的稳定是公平和公正待遇的一个基本要素,只要它们不对东道国本身的生存构成任何危险。⑤

斯皮尔斯(Spears)认为,在解释投资协议时,必须考虑协议的序言,其中规定了缔结协议的各方的目标。⑥ 因此,新的国际投资协定应包含与可持续发展原则相关的声明,即政策目标是协定的独立目标,各方不打算放弃为公共利益进行监管的权利。⑦

缔约方之间的嗣后协定或惯例

除条约的目的和宗旨外,与缔结条约有关的协定或工具也是相关

---

⑤ ICSID Case No. ARB/02/1(关于责任的决定) 3 October 2006, para. 122 - 124; see also *Saluka Investments BV* (*The Netherlands*) *v. The Czech Republic*(Partial Award) 17 March 2006, para. 298. 仲裁庭认为使用第 3.1 条的"公平和公正"措辞的直接"上下文"涉及每一缔约方对另一缔约方投资者的投资给予的待遇程度。第 3.1 条的用语必须包括条约的其他规定的更广泛的"背景"。在条约的序言中,"缔约各方承认,就这些投资的待遇达成协议,将会刺激资本和技术的流动,以及缔约各方的经济发展,因此,公平和公正的待遇是可取的"。因此,序言将"公平和公正待遇"标准直接与刺激外国投资和缔约双方的经济发展联系起来。

⑥ Spears, S. , 2011, 'Making way for the public interest in international investment a agreements' in Brown, C. and Miles, K. (eds), *Evolution in Investment Treaty Law and Arbitration*, Cambridge University Press, p. 292.

⑦ 印度—新加坡协定、加拿大—哥伦比亚协定和东盟—中国投资协定。

的。[8] 缔约方有权在缔结条约后更改条约条款。需要所有缔约方达成协议,缔约方的嗣后惯例将成为缔约方理解条约含义的客观证据。随后达成协议的证据包括联合出版投资指南和解释性文件。关于嗣后惯例,客观证据的例子包括缔约国与其他国家缔结的嗣后协定,或缔约国在其他争端解决程序中就条约文本含义提出的论点。

由于对投资条约义务的广义解释方式,各国可以发展一种方法,在其投资协定中纳入解释语言,这种方法需要进行平衡工作,以确定政府为应对合法监管要求而采取的行动是否侵犯了投资者的权利。[9]

投资者经常利用合理的期望来指控违反条约的国家。因此,国家实践和行为越来越成为条约义务解释的中心。这里讨论的所有建议都是相互关联的,有利于整合各种规则,以便采取连贯一致的解释方法。[10]

将社会经济发展和人权纳入双边投资条约

投资条约的兴起、投资争端以及一些仲裁庭对投资者权利的某些解释范围的扩大,促使大量文献表明,国际投资法可能正处于合法性危机之中。[11] 一些国家最近的活动,不更新失败双边投资条约或发展示范双边投资条约,限制投资者保护,谴责《解决投资争端国际中心公约》支持了仲裁

---

⑧ 在 Yaung Chi OO Trading v. Myanmaraward 贸易案中,双方发表的联合新闻稿,被认为是双方就条约达成的协议。

⑨ Spears, *supra* note 6 at p. 275.

⑩ See Prislan, V. , 2012, '*Non investment obligations in investment treaty arbitration-Towards a greater role for states?*', in Baetens, F. (ed.), Investment Law Within International Law: An Integrationist Perspective, Cambridge University Press.

⑪ Franck, S. D. , 2005, '*The legitimacy crisis in investment treaty arbitration: Privatizing public international law through inconsistent decisions*', Fordham Law Review 73, p. 1521; Sornarajah, M. , 2008, '*A coming crisis: Expansionary trends in investment treaty arbitration, in appeals mechanism in international investment disputes*', in Sauvant, K. P. (ed.), Appeals Mechanism in International Investment Disputes, Oxford University Press, pp. 39 - 45; see also Brower, C. N. and Schill, S. W. , 2009, '*Is arbitration a threat or a boon to the legitimacy of international investment law?*', Chi. J. Int Law 9, p. 471.

庭的合法性被质疑的论点，各国对投资法庭的命令和裁决越来越警惕。⑫有国家认为这些裁决缩小了国家的国内监管空间，扩大了投资条约保护的范围，仲裁员可以行使解释权，往往增加了国家责任。⑬ 此外，对该制度提出的一些批评包括：缺乏对争端各方的民主控制和问责制，非争端各方无法影响诉讼程序，以及威胁给予投资保护优先于竞争的政策关切。⑭ 对于投资者来说，他们还受到围绕仲裁制度的一些担忧的影响，特别是在没有能够确保一致性的体制机制的情况下，法律体系可能不一致。⑮

> 斯希尔简明扼要地描述了围绕双边投资条约制度的各种关切：基于广泛的保护标准的投资条约的模糊性，对国家主权的限制，仲裁庭对投资保护标准原则越来越多的相互矛盾和不一致的解释，不仅在不同的条约下，而且在同一条约下提出的相同的案件中；在合法的非投资政策选择上，对外国投资者和外国投资的内在偏见依然存在；仲裁的程序准则，特别是诉讼程序的保密性，以及投资条约下的争端解决构成了一个当事人拥有的过程，在这个过程中，非当事人即使受到影响，也没有发言权。⑯

鉴于双边投资条约和投资者与国家间争端解决机制都要面临这些问题，考虑适用的法律不仅应指导条约的解释，而且也应指导法庭的行为是

---

⑫ 玻利维亚和厄瓜多尔已经退出了他们签署的双边投资条约。

⑬ Schill, S. W., 2011, '*Enhancing investment law's legitimacy: Conceptual and methodological foundations of a new public law approach*', Va J Int'l L 52, p. 4

⑭ 例如，*Piero Foresti v. South Africa* ICSID Case No. ARB (AF)/07/01，一群非政府组织聚集在一起，反对外国矿业投资者的申请，该申请威胁到南非政府的授权政策。

⑮ Schill, *supra* note 13.

⑯ Id, p. 5.

必要的。[17] 在哈丁(Gus van Harten)的著作《投资条约、仲裁和公法》一书中,他认为,虽然投资条约仲裁被视为投资者与国家之间相互协商的裁决形式,但它应该是公法中的裁决审查机制,因为投资仲裁是由国家的外国行为建立的,主要用于解决因行使主权权力而产生的争议。[18] 投资条约仲裁是一种公法制度,它涉及国家与个人投资者之间的监管关系,而不是法律平等者之间的互惠关系。[19] 克拉德米斯(Kladermis)还指出,在条约交接过程中,必须考虑争端的公共层面,以及国际法其他领域的交流。[20] 事实上,在全球金融危机之后,现行规则转型的新趋势已经摧毁了传统的法律理论,即公共部门与私营部门之间或国内与国际之间存在分歧,需要采取一种混合方式,即公法适用于私有制,国内法适用于国际仲裁。

国际法其他有关规则的适用

《维也纳条约法公约》第31条第3款第3项规定,适用于当事国之间关系的国际法的任何有关规则可以成为确定投资条约中广泛保护标准含义的有用方法。提及相关的国际法规则可以帮助澄清含义,并通过提及其他条约中使用的相同词语或同一主题的条约中使用的相同词语来填补空白。爱德福科技发展有限公司(ADF Group Inc)诉美国一案中在仲裁庭认为必须以国家惯例和司法或仲裁判例法或国际习惯法或一般国际法的其他渊源为依据的公平和公正待遇的规则背景下,含蓄地援引了该公约第

---

⑰ Krommendijk, J. and Morijn, J., 2009, '*Proportional by what measures? Balancing investors interests and human rights by way of applying the proportionality principle ininvestor-state arbitration*', in Dupuy, P., Petersmann, E. and Francioni, F. (eds), Human Rights in International Investment Law and Arbitration, Oxford University Press, p. 425.

⑱ Van Harten, G., 2007, *Investment Treaty Arbitration and Public Lam*, Oxford University Press, p. 45.

⑲ Id.

⑳ Kladermis, D., 2011, '*Investment treaty arbitration as global administrative law: What this might mean in practice' in Brown*, C. and Miles, K. (eds), *Evolution in Investment Treaty Law and Arbitration*, Cambridge University Press, p. 158 – 159.

31 条第 3 款第 3 项。[21] 在萨鲁卡(Saluka)投资公司诉捷克共和国案中，仲裁庭援引《维也纳条约法公约》第 31 条第 3 款第 3 项的规定，目的是在条约中引入国际法的例外规定，即如果为维持公共秩序而采取管制行动，则剥夺可以是合理的，在这种情况下，东道国“不必负责向外国投资者支付赔偿”。[22] 在英国罗斯投资有限公司(RosInvest Co UK Ltd.)诉俄罗斯联邦案(以下简称罗斯投资公司案)中，仲裁庭解释《维也纳条约法公约》第 31 条第 3 款第 3 项的功能，以决定当事人的同意是否为仲裁庭管辖权的基础。仲裁庭认为，这里指的是“在当事国之间关系中适用的任何有关国际法规则”;“适用于当事方之间的关系”必须被视为参考国际法规则，这些规则是条约规定的具体权利和义务的履行条件——否则就相当于推翻条约条款的一般许可，而这些条款与整个公约的一般精神是完全不相容的。[23]

仲裁庭在罗斯投资公司案中提出的观点，即该公约第 31 条不能完全否定双边投资条约的条款，仲裁庭在帕克公司(Parkerings Compagniet)诉立陶宛共和国一案中也从不同角度强调了这一点。该仲裁庭在评估是否违反国民待遇标准时，考虑了被申请人在联合国教育、科学及文化组织《世界遗产公约》下的责任，以评估是否存在违反国家条约标准的情况。[24] 仲裁庭认为，这些相关规则必须适用于双边投资条约的双方。[25] 因此，如果只有一个双边投资条约当事方作为签字方，条约将不适用。

投资法庭一直不愿意解释双边投资条约与其他规则的兼容性，这导致解释的方法与其他法律规则没有冲突。[26] 这是通过评估一个国家是否有

---

[21] *Adf Group Inc v USA*[ICSID Case No ARB(AF)/00/1, Award of 9 January 2003], para. 184.

[22] *Saluka*, Partial Award, PCA (UNCITRAL), 17 March 2006, paras. 254 - 255.

[23] *RosInvest Co UK Ltd. v. Russian Federation*, Award on Jurisdiction, SCC Case No. V079/2005, 5 October 2007 at para. 39.

[24] *Parkerings Compagniet v. Republic of Lithuania*, ICSID No. ARB05/8, paras. 377 - 397.

[25] Prislan, *supra* note 10 at p. 15.

[26] Kladermis, D., 2012 '*Systemic integration and international investment law-some practical reflections*', working paper No. 2012/46, viewed (6 May 2017) from http://arbitrationlaw.com/files/free_pdfs/2012dkalderimis-systemic_integration_and_iil-some_practical_reflections.pdf, pp. 17 - 18.

其他方法来履行其双边投资条约债务而不违反非投资债务来实现的。[27]《维也纳条约法公约》第31条第3款第3项赞成协调投资规则和非投资规则。因此,各国采用解释性声明,澄清本国双边投资条约中实质性投资保护标准的适用范围是有益的。[28] 这些声明不是为了修改现有条款,而是为了在缔约方之间建立一种共同的理解,这种方法当然在《维也纳条约法公约》第31条第3款第1项中具有效力,该项允许"缔约方之间就条约的解释或其规定的适用达成任何嗣后协定"。

投资纠纷的公共层面

斯希尔教授认为,国际投资法是一门公法学科,因为它对国家行使权力施加了限制,在功能上类似于行政或宪法司法审查。[29] 此外,它还脱离了国际法或国内公法的专属范畴,就渊源而言,它是国际法,但在功能上与行政法或宪法相当,限制政府对私人投资者的行为。[30] 斯希尔提出了一种比较公法方法,将国际投资法与国内公法以及国际公法的其他体系相提并论。[31] 这是一种适当的方法,因为它通过与国内法和国际法中使用的公法概念进行类比,将投资法标准概念化和予以应用。[32] 斯希尔认为,比较公法分析有助于:

(1)具体阐明和澄清对投资保护常常含混不清的解释,并确定在特定

---

[27] *Azurix v. Argentine Republic* (ICSID Case No. ARB/01/12, Award of 14 July 2006, para. 261); or *Siemens AG v. Argentine Republic* ICSID Case No. ARB/02/8, Award of 17 January 2007, para. 354.

[28] 2001年北美自由贸易协定委员会通过的解释说明驳回了波普与塔尔博特公司诉加拿大政府案中的决定,即公平和公正待遇条款是一项自主的条约标准,是对最低待遇标准的"附加",相当于国际习惯法下外国人的国际最低标准。

[29] Schill, S. W., 2011, *Enhancing Investment law's legitimacy: Conceptual and methodological foundations of a new public law approach*', Va J Int'l L 57, p. 1.

[30] Id.

[31] Id, p. 12.

[32] Id, p. 13.

情况下国家责任的程度；

(2)平衡投资保障与非投资关注；

(3)确保投资条约解释和适用的一致性，因为所有投资条约的解释方法都是统一的；

(4)通过强调国际投资法对人权和环境法等其他国际制度的共性和开放性，确保跨制度的一致性并减轻不成体系的负面影响；

(5)通过证明投资条约仲裁所采用的解决办法与国内法院或其他国际法院或仲裁庭所采用的解决办法相似，使现有的仲裁判例合法化；

(6)根据其他公法制度所采用的不同或更细致的解决办法，建议对订立投资条约进行法律改革或改变仲裁惯例。[33]

在比较公法方法的概念化过程中，通过最惠国待遇等义务来考虑投资协定的多边性质，以及条约缔约方选择法院的机会，这意味着比较公法方法应跨越各种制度，不应仅限于投资协定和国内法。各国国内法中有一些领域对投资仲裁裁决具有直接影响。例如，鉴于投资仲裁的私人性质排除了某些透明度要求，承认获取信息的权利是一项重要的人权。获得信息的权利已经得到普遍承认，一些区域人权条约也承认了这一权利。

美洲和欧洲法院等地区法院也承认这一权利及其与其他权利的联系。[34] 首先，信息披露原则在投资仲裁中的适用关系到公共利益，因为当事国行使主权权力，并对争议具有主权能力；其次，仲裁的主体及与错误行为的责任和损害赔偿裁决有关的结果是公共利益问题。[35]

奥雷利亚纳(Orellana)认为，就投资仲裁裁决迅速成为国际法的渊源而言，存在公共利益因素，这就要求援引信息披露原则。[36] 在行使获取信

---

[33] Id.

[34] *Claude Reyes et al. v. Chile*, Inter-Am. Ct. H. R. (ser. C) No. 151, paras. 84 – 85 (Sept. 19, 2006).

[35] Orellana, M. A., 2011, '*The right of access to information and investment arbitration*', ICSID Review Foreign Investment Law Journal 26(2), p. 77.

[36] Id.

息的人权时，应考虑何时、如何和披露哪些信息是相关的。[37]

在白瓦特高夫有限公司诉坦桑尼亚联合共和国[38]案（以下简称白瓦特案）中，法庭赞成在诉讼程序结束后披露信息的做法，而在克劳迪（Claude Reyes case）案中，美洲法院赞成采用当时的做法，使公众能够质疑、调查和考虑公共职能是否得到充分履行。[39] 波兰行政法院在 2012 年的一项判决中认为，投资条约仲裁裁决构成公共信息，根据波兰的信息自由法，符合公开发布的条件。[40] 一个当地的非政府组织申请了一个尚未公布的与塞尔维耶公司（Servier）诉波兰案有关的投资条约裁决。政府提出了联合国国际贸易法委员会规则第 32.5 条关于恢复披露裁决的规定，其中规定裁决只有在当事人同意的情况下才能公布。[41] 法院认为裁决是公共信息，收到信息请求的被告是受信息自由法约束的公共当局。[42]

大多数国内关于信息披露的法律都承认豁免公众获取信息的重要性。[43] 当仲裁庭希望限制当事人获取机密信息时，重要的是要认识到"一个国家不能脱离其人权义务，即使将权力交给国际组织"[44]。东道国必须遵守保密规定或者法庭必须遵守保护其公民获得信息的权利的国内义务。

在维护获取信息的权利和执行保密命令方面，有对比鲜明的梅特克拉德（Metaclad）案和白瓦特案。在梅特克拉德案中，仲裁庭关注披露对仲裁

㊲ Id.

㊳ *Biwater Gauff* (*Tanzania*) *Ltd. v. United Republic of Tanzania*, ICSID Case No. ARB/05/22.

㊴ *Claude Reyes et al. v. Chile*, Inter-Am. Ct. H. R. (ser. C) No. 151, para. 86 (Sept. 19, 2006).

㊵ Hepburn, J. and Balcerzak, F., 2013, '*Polish court rules on release of investment arbitration awards under Freedom of Information Law*' IA Reporter, viewed (17 February 2013) from www.iareporter.com/articles/20130102_3.

㊶ Id; see Adeleke F., 2016, '*Human rights and international investment arbitration*', South African Journal of Human Rights 32(1), p.66.

㊷ Id.

㊸ 政府对机密信息的分类是一种普遍现象。

㊹ Orellana, *supra* note 35 at p.87.

程序的影响，但承认有必要尊重与公开披露有关的义务，其中包括获取信息的权利。[45] 白瓦特案仲裁庭一方面试图平衡透明度和程序完整性这两个相互竞争的利益，另一方面又承认当事人有权缔结任何与合同有关的协议，这种做法没有认识到透明度作为程序完整性的一个重要因素的重要性。案件中的利益并不相互竞争，因为它们相互补充，法庭不应鼓励克减人权义务的约束性质，例如获得信息的权利。[46]

然而，这些问题依然存在。其中一个原因是，投资仲裁程序一直被误解为只涉及私人当事方的商业仲裁程序。公共利益问题的作用和相关性、国家的主权地位以及干扰遵守投资条约规范的其他具有约束力的义务没有得到充分考虑。尊重原则是法庭可以用来审理这些问题的一个重要原则。

遵从国内法

对投资者与国家间争端解决机制的遵从意味着法庭必须尊重国家的条约制定权，包括缔约方的权威解释，法庭不应基于政策原因改写不同意的条约义务。[47] 这种遵从的含义涉及仲裁庭解释管辖法律的权力的限度。[48] 这种遵从的概念根植于传统的框架，即国际法和国内法是严格分开的领域，国际争端解决机构应实现缔约国的共同意愿，它们是缔约国的代理人。[49] 此外，遵从可以指以承认国家主权的方式解释投资条约的原则。[50]

---

[45] Id, pp. 90 – 91.

[46] Id.

[47] Schill, S., 2012, '*Deference in investment treaty arbitration: Re-conceptualising the standard of review through comparative public law*', Society of International Economic Law (SIEL), SSRN, p. 5.

[48] Id.

[49] Id.

[50] Id.

尽管遵从可能被视为倾向于一个国家的规则而非另一个国家的规则，[51]但“无视缔约国的强制执行权与侵犯国家的政策空间之间有一条明显的界限”，而且应当以遵从为裁量余地，在此范围内东道国的行为不受法庭的全面审查。[52]

在考虑遵从概念时，影响审查标准的因素包括国际条约的文本、受审查的国家行为的情况、法庭审查政府行为的程序情况、法庭适用法律以及所涉及的国际法律义务的内容。[53] 这种评估可以利用本书第二章中确定的因素来确定公共利益监管措施。

国家享有管理公共利益的内在权利，而且这种内在权利在莱米尔仲裁案中就是争议的主题。仲裁庭认为，保护外国投资者应当与乌克兰通过立法和采取措施保护其作为主权者自行判断何为其公共利益的正当权利相平衡。[54] 莱米尔仲裁案中的仲裁庭倾向于采用一种遵从性质的审查标准，这种标准限制了它用自己的判断来代替适用国家法律的国家机构的判断。[55] 根据仲裁庭的说法，审查东道国决定的标准取决于该决定是否具有任意性。[56]

在确定诸如间接征收等投资者保护措施时，遵从性质的审查标准将允许仲裁庭考虑针对非投资相关问题的规定。[57] 如果条例符合本书第二章所述的公共利益措施的标准，并且对经济利益的影响有限，同时有充分的

---

[51] Id, p. 6.

[52] Id; Adeleke, *supra* note 41 at p. 67.

[53] Id, pp. 17 – 20. Adeleke, *supra* note at p. 68.

[54] *Joseph Charles Lemire v. Ukraine*, ICSID Case No. ARB/06/18, Decision on Jurisdiction and Liability (Jan. 14, 2010), para. 273; see also Chen, T., (2012), '*The standard of review and the roles of ICSID arbitral tribunals in investor state dispute settlement*', Contemporary Asia Arbitration Jonrnal 5 (1), p. 23 and 38.

[55] Id; Lemire, para. 283; Adeleke, *supra* note 41 at p. 67.

[56] Chen, *supra* note 54 at p. 39.

[57] Id.

理由采取有争议的措施,则有可能以管制权为间接征用的辩护理由。[58] 根据亨克尔斯(Henckels)的说法,在尊重[59]国家主权的基础上表达遵从,这就肯定了国家当局应该是公共利益的主要决定因素的认识。[60] 与此相关的是,仲裁庭与其措施受到质疑的国家很亲近。[61] 亨克尔斯认为,在辨别和评价当地情况方面,国家当局可能被视为比审判员更有能力,因为其往往更熟悉当地问题、敏感性和传统。[62] 因此,一项措施是否反映了外国投资者和东道国利益之间的平衡,或者一项措施是否合理,都与遵从有关。[63] 遵从反映了案件将取决于具体事实和当地环境的基本原理,并承认监管中固有的不确定性。[64]

在格拉米斯黄金(Glamis Gold)有限公司诉美国一案中,仲裁庭根据联邦和各州的立法措施采用了遵从性质的审查标准,[65]并指出仲裁庭的作用不是"取代它自己对基本事实材料的判断,以支持合格的国内机构的判断",而且"政府必须在竞争各方的利益之间做出妥协"。[66]

此外,一些参与了针对阿根廷的经济危机后的争端的仲裁员主张法庭

---

[58] Lo,C. ,2011, '*Plain Packaging and Indirect Expropriation of Trademark Rights Under BITs:Does FCTC Help Establish a Right to Regulate Tobacco Products*', 2011 Conference on International Health and Trade:Globalization and Related Health 24,p. 23.

[59] Id.

[60] Henckels,C. ,2013,'*Balancing investment protection and the public interest:The role of the standard of review and the importance of deference in investor-state arbitration*', Journal of International Dispute Settlement 4(1),p. 9.

[61] Id.

[62] Id.

[63] Id. 一些法庭在谈到"合理性"概念时,将其作为界定在公平公正对待背景下国家行为的依据。See *Parkerings-Compagniet AS v. Lituania*,ICSID Case No. ARB/05/8,Award,11 September 2007,para. 332;*Impregilo SpA v. Argentine Republic*,ICSID Case No. ARB/07/17,Award,21 June 2011,para. 291.

[64] Henckels, *supra* note 60 at p. 14.

[65] *Glamis Gold Award*, above para. 779.

[66] *Glamis Gold Award* para 803; Adeleke, *supra* note 41 at p. 69.

停止对政府的政策选择进行事后评判。[67] 这是一个值得庆贺的发展，其意识到防止仲裁庭越权的重要性。

国家对违反国际条约行为的可能抗辩

必要性抗辩

投资者对阿根廷提出的若干索赔涉及国际投资法中的必要性辩护概念。[68] 在这些案件中，法庭必须确定阿根廷在 2001 年至 2002 年经济危机期间采取的措施是否符合美国—阿根廷协议中的非排除措施条款或自我判断条款。这种非排除措施条款决定一个国家何时可以颁布实际上违反其在某一双边投资条约中的实质性义务的条款，允许各国基于主观解释单方面对投资者保护作出例外，而不承担责任。

审理针对阿根廷索赔的仲裁庭认为，阿根廷的大部分行为违反了公平和公正待遇标准，因为投资者作出投资决定所依据的法律环境缺乏稳定性，或者通过执行保护条款，导致投资者的期望受挫。[69] 在苏伊士和英特阿古（InterAgua）诉阿根廷案，苏伊士、威望迪环球集团和阿旺（AWG）诉阿根廷案中，据称阿根廷在经济危机结束后仍颁布法令调整饮用水和污水处理服务的关税，从而违反了公平和公正待遇规则。[70] 在进行必要性分析时，仲裁庭认为，这些措施超出了其管理的合法权利的范围，因此构成了滥

---

[67] *LG&E v. Argentina*, paras. 239 – 242; *AWG v. Argentina*, ARB/03/19 30 July 2010, paras. 37 – 40.

[68] 国际法委员会规则第 25 条被认为是危急情况理论在国际习惯法中的代表性表述。它规定：(1) 一国不得援引危急情况作为排除不符合该国国际义务的行为的不法性的理由，除非该行为：(a) 是国家保护一项基本利益免遭重大危险和迫在眉睫危险的唯一途径；(b) 不严重损害存在义务的一个或多个国家或整个国际社会的基本利益。(2) 在任何情况下，一国不得援引危急情况作为解除不法性的理由，条件是：(a) 有关国际义务排除了援引危急情况的可能性；或 (b) 国家助长了危急情况。

[69] *CMS v. Argentina*（Award）, paras. 273 – 281; *LG v. Argentina*, paras. 132 – 139.

[70] *InterAgua v. Argentina*, para. 218 and *AWG v. Argentina*, para. 238.

用管理自由裁量权。[71]

其他仲裁庭发现,危机期间实施的紧急措施违反了征用规定。[72] 在决定阿根廷是否可以援引危急情况的抗辩时,仲裁庭考虑了非排除措施条款,并参考了国际法委员会关于国家对国际不法行为的责任的条款。国际法委员会规则第25条规定,只有在不符合国家间义务的行为是国家保护基本利益免受严重和迫在眉睫的危险的唯一途径的情况下,才能援引危急情况来排除该行为的不法性。

审议针对阿根廷索赔的仲裁庭的裁决结果突出表明,必须由了解国内情况并能够利用本书第二章所确定的因素来确定一项公共措施是否符合紧急避难的必要性抗辩来解决争端。这并不意味着仲裁庭的决定应该政治化。然而,它邀请仲裁庭考虑国家的国内背景,并将其对国家行为的评估扩大到合同和投资责任之外,有时超出国家控制的其他考虑因素。

国际人权法的辩护

虽然《维也纳条约法公约》第30条保留了《经济、社会及文化权利国际公约》(the International Covenant on the Economic, Social and Cultural Rights, ICESCR)和东道国的投资条约义务,但它没有涉及违反任何一项条约的问题。其第30条适用于作为比较对象的各项条约在概念上不一致的情况。在此情况下,先前的条约将在与后来的条约相一致的范围内适用。如果投资所在东道国同时是《经济、社会及文化权利国际公约》和某一项双边投资条约的成员方,而外国投资者所属国只是双边投资条约的成员方,那么,该双边投资条约将使两个成员方相互之间的权利义务关系受

---

[71] *AWG v. Argentina*, para. 237; *InterAgua v. Argentina*, para. 217.

[72] *InterAgua v. Argentina*, paras. 215 - 217; *AWG v. Argentina*, paras. 235 - 237; *Impregilo SpA v. Argentine Republic*, ICSID Case No. ARB/07/17, Award (June 21, 2011), paras. 325 - 331.

到影响。[73] 如果只有东道国是《经济、社会及文化权利国际公约》和双边投资条约的当事方,那么,双边投资条约就会占上风,也即"条约缔约方不受条约其他缔约方与其他国家缔结的任何协定的影响"。[74]

一种适应公约的方法就是把它作为东道国法律的一部分。这取决于"东道国在多大程度上适当地告知投资者将该公约纳入管理投资的规章制度,以及东道国将国际法纳入国内法的规则"[75]。这件事必须在投资成立之前完成。[76] 戴斯特教授认为,如果该公约的最低核心义务可以被视为东道国法律的一部分,那么,投资条约中的"根据东道国法律"条款可以作为考虑该公约的依据。[77] 这种解释必须基于条约的文本、背景、目的和宗旨,东道国必须证明《经济、社会及文化权利国际公约》在多大程度上构成其国内法律制度的重要组成部分,以及在确立投资期间东道国在多大程度上向投资者通报《经济、社会及文化权利国际公约》最低限度核心义务对东道国的要求。[78] 如果东道国不能依赖《维也纳条约法公约》,东道国必须作出政策选择,必须决定是履行《经济、社会及文化权利国际公约》的最低核心义务,还是履行投资条约的赔偿义务。这取决于国家的意愿。[79]

一些新一代的投资条约采用了更直接的条约语言,明确规定将某些人权条约作为监管框架的一部分加以适用,如 2012 年《南部非洲发展共同体

---

[73] Henckels, *supra* note 60 at p. 14.

[74] Desierto, D. A. ,2012, '*Calibrating human rights and investment in economic emer-gencies: Prospects of treaty and valuation defences*', Manchester, Journal of International Economic Law 9, p. 33.

[75] Desierto, D. A. , 1998, Interpreting Committee on Economic Social and Cultural Rights, General Comment No. 3 (The domestic application of the Covenant), E/C. 12/1998/24, 3 December 1998, at paras. 7 – 8.

[76] *Anderson and ors v. Costa Rica*, Award, ICSID Case No. ARB (AF)/07/3, 10 May 2010, para. 58.

[77] Desierto, *supra* note 74 at p. 57.

[78] Id.

[79] Id, p. 58.

示范双边投资条约》和《美国示范双边投资条约》。[80]

《经济、社会及文化权利国际公约》认为,由于核心义务是不可减损的,其在冲突、紧急情况和自然灾害情况下仍然存在。联合国人权事务高级专员办事处坚持认为:根据人权法,各国在紧急情况、灾害或武装冲突期间不得克减其与经济、社会及文化权利有关的义务。事实上,在这种情况下,往往需要更多的注意力来保护经济、社会及文化权利,特别是那些最边缘化的社会群体的权利。[81]

在实践中,一些国内宪法法院已经接受并解释了各自管辖范围内的《经济、社会及文化权利国际公约》的最低核心义务。[82]

投资条约的目标包括东道国经济的发展和东道国与其他缔约国之间的经济关系。因此,它是一个有意识的选择,各方强加义务于国家有利于外国投资者。有了这种选择,投资条约的本质就不再阻止各国在谈判条约时同时施加保护人权的实质性义务。[83] 然而,投资从业人员从商业仲裁的角度处理投资争端,往往不了解支持或与其所处理的案件相关的人权判例。[84] 因此,毫不奇怪,人权判例只适用于没收和财产权等案件,而这方面的人权判例在国际上已经确立。[85] 人权准则的内容含混不清也导致不愿将这些准则转用于投资争端。[86] 在将人权规范作为投资条约义务的辩护理由的情况下,只有在规范本身不可变的情况下才能成功地依赖人权规

---

[80] The United States Model BIT, 2012, arts 12 – 13; The Canadian Model FIPA, 2004, art. 11; The Belgium-Luxembourg Economic Union/Serbia and Montenegro BIT, 2005, arts 5 – 6.

[81] 联合国人权事务高级专员办事处经常提出关于经济、社会及文化权利的问题,概况介绍 No. 33, 25, viewed (29 March) from www. ohchr. org/Documents/Publications/FactSheet33en. pdf。

[82] *Government of South Africa v. Grootboom*, 2001 (1) SA 46 (CC), paras. 31 – 32.

[83] Gazzini, T. and Radi. Y. 2012, '*Foreign investment with a human face, with special reference to indigenous peoples' rights*', in R. Hofmann and C. Tams (eds), International Investment Law and Its Others, NOMOS.

[84] Id, p. 5.

[85] Id.

[86] Id.

范,也就是说,必须存在人权义务,而且这种义务必须与投资义务相冲突,人权义务应当优先。[87] 在苏伊士等诉阿根廷一案中,法庭认为:阿根廷表示,其保证人民获得水权的人权义务在某种程度上胜过了其根据条约承担的义务,水权这样的人权之存在也意味着阿根廷有权采取无视其双边投资条约义务的行动。法庭无论是在双边投资条约还是在国际法中,都没有找到这样一个结论的依据。阿根廷同时承担国际义务,即人权和条约义务,并且必须平等地尊重两者。在这些情况下,阿根廷的人权义务和投资条约义务并非不一致、矛盾或相互排斥。因此,正如上面所讨论的,阿根廷本可以同时尊重这两种情况。将每个条约作为一个整体来看,法庭没有发现其中任何一个排除了必要性的辩护。[88]

上述法庭的方法未能处理冲突义务的问题,只是将调查留给竞争义务的适用,而在其适用中它们并不相互冲突。然而,必须认识到,人权在解释投资条约方面可发挥重要作用,而且可能违背国家对外国投资者的投资义务。

加兹尼(Gazzini)和拉迪(Radi)主张一种目的论的解释,这种解释集中在基于条约前言的条约的目的和宗旨上。[89] 投资条约序言通常将经济发展作为首要目标,而没有提及《南部非洲发展共同体示范双边投资条约》所建议的可持续发展的重要性和人权保护的相关性。尽管经济发展对于保护人权很重要,但序言也需要承认人的自由,而必须发展人的自由才能实现经济发展。目的论的解释可以用来促进投资者或以人权为导向的投资条约规定的解释。[90]

《维也纳条约法公约》第 31 条第 3 款第 3 项的适用将人权纳入外国投

---

[87] Id.

[88] *Suez, Sociedad General de Aguas de Barcelona SA, and InterAguas Servicios Integrales del Agua SA v. Argentina*, ICSID ARB/03/17, Decision on Liability, 30 July 2010, para. 240. Gazzini and Radi, smpra note 83 at p. 12.

[89] Gazzini and Radi, *supra* note 83 at p. 12.

[90] Id, p. 13.

资领域的系统性解释。这种做法符合国际法,要求法庭考虑除当事方选择的法律外的相关国际法规则。这是对投资条约中适用法律的补充,而不是取代。

结论

在投资争端中对公共政策的考虑迅速增长。这种增长归因于几个因素,包括各国越来越依赖自己的监管主权,以及对双边投资条约投资保护的扩张性解释。鉴于投资争端中公共利益规范提出的趋势,并考虑条约解释的适用规则,投资义务的产生、履行和解释之间的联系是基于条约文本、目的和宗旨所反映的当事人意图对投资条约的善意审查。条约解释的目的是充分、公正地确立当事人的共同意图。为了实现这一目标,有必要系统地整合国际法的相关规则,以便采取连贯一致的解释方法,确保以不违反其他非投资义务的方式解释双边投资条约义务。

使用与《维也纳条约法公约》第 31 条一致的解释性陈述,允许当事人之间达成后续协议,是实现这种系统性整合的一种方式。这样就可以直接适用人权法或以基于人权的方法解释投资义务,并将具有在个案基础上平衡各种因素和利益的效果。公共利益问题的作用和相关性、国家的主要立场以及其他妨碍遵守投资条约规范的具有约束力的义务都没有得到充分考虑。如果要做到这一点,在考虑东道国在投资争端中的人权义务时,接受尊重仲裁庭的决策的概念,同时按照原则,详细阐述应当适用的审查标准,将是一个理想的途径。

第六章　国内投资监管和区域投资协定的影响

导　论

在过去10年中，在诸如东南非洲共同市场和南部非洲发展共同体等次区域机构中，投资监管得到了发展。这些发展的目的是使南部非洲和东非地区的投资者友好，以便在外国直接投资管理方面采取统一的地区做法。与此同时，这些发展正在区域一级发生，监管发展也正在国家一级的一些非洲经济中心发生，如在南非，投资者与国家间争端解决机制受理的案件正在影响其他非洲国家的监管空间。本章将通过评估南非、尼日利亚和肯尼亚三个非洲电力集团的投资监管框架，以及它们的投资监管在多大程度上有助于实现促进投资流动、保护投资者及其投资、投资争端的非政治化和获得补救的主要目标，评估外国直接投资在区域和国内层面的监管发展状况。

非洲区域一体化有五个层面，包括贸易一体化、生产一体化、人员自由流动、金融和宏观经济一体化以及区域基础设施。① 这五个方面与最大限度地扩大非洲内部投资流动有关，特别是在非洲国家的独特背景下，基于以下原因，这些国家应该高度相互依赖。

非洲大陆拥有世界上最高的内陆国家比例，这使得区域一体化的概念

---

① Africa Regional Integration index 2016, viewed (26 March 2017) from www. uneca. org/sites/default/files/PublicationFiles/arii-report2016_en_web. pdf, p. 11.

对于单个国家来说非常重要。[②] 此外，由于非洲小国数目众多，[③]区域一体化有助于提高各国的生产力，以便通过贸易和投资实现工业化。[④]

区域一体化的经济利益之一是增加出口和获得廉价进口产品的机会。[⑤] 区域一体化可以获得与国内生产相竞争的进口产品，促进健康的竞争，削弱公司的主导地位，并促进生产商创新，以消除低效率。联合国非洲经济委员会（United Nations Economic Commission for Africa，UNECA）最近的一项调查显示，在整个非洲大陆实现投资均衡分配的一些挑战包括："基础设施薄弱、关税和非关税贸易壁垒、人员和资本流动有限、做生意的交易成本高、在非洲投资的风险仍然很高、获得信贷的机会有限和腐败"[⑥]。正如本章旨在说明的那样，非洲国家对外签订的双边投资条约在利用杠杆和向投资者施加压力方面一直很薄弱，而且往往偏袒外国投资者，而没有解决非洲大陆经济可持续性的问题。[⑦]

泛非投资法

本法典的目标是以成员方的可持续发展为基础的，旨在确保守则规定

---

② Graduate School of Development Policy and Practice (GSDPP) UCT, 2014, '*The Political Economy of African Economic Integration: Strategic Reflections*', Unpublished Report, p. 7.

③ 14 个非洲国家被归类为小国。这些国家包括：博茨瓦纳、佛得角、科摩罗、吉布提、赤道几内亚、加蓬、冈比亚、几内亚比绍、莱索托、毛里求斯、纳米比亚、圣多美和普林西比、塞舌尔、斯威士兰。D. and Sander, F. G., 2007, *Growth in African Small States*, World Bank, viewed (26 March 2017) from http://siteresources.worldbank.org/INTDEBTDEPT/Resources/468980-1206974166266/4833916-1206989877225/Domeland GilSander200704.pdf.

④ United Nations Economic Commission for Africa (UNECA), 2015, *Industrializing Throngh Trade: Economic Report on Africa 2015*, viewed (26 March 2017) from www.un.org/en/africa/osaa/pdf/pubs/2015era-uneca.pdf.

⑤ 据估计，如果建立非洲大陆自由贸易区，非洲内部贸易将上升到 22%，并为全球经济贡献 1 万亿美元。GSDPP report, *supra* note 2 at p. 4.

⑥ NECA, 2016, *Investment Policies and Bilateral Investment Treaties in Africa: Implications for Regional Integration Implications for Regional Integration*, viewed (26 March 2017) from www.uneca.org/sites/default/files/PublicationFiles/eng_investment_landscaping_study.pdf, pp. 37-38.

⑦ Id, p. 39.

的国家义务与任何其他适用协定之间的一致性。该法典明确指出,通过大量的商业活动、资本承诺或其他资源来界定什么才算是投资,对东道国经济发展有重大贡献。⑧ 考虑到本书中所讨论的案例,这些情况意义重大,比如阿尔－卡拉菲诉利比亚案,利比亚政府被要求为一个被取消的投资项目支付超过9亿美元的赔偿金,而投资者只在利比亚境内支付了10万美元的费用。⑨

该法典旨在通过鼓励投资流动平衡促进和保护投资的同时保护投资。该法典旨在确保国家监管空间与投资者保护之间的适当平衡。例如,最惠国待遇和国民待遇保障受到类似情况所决定的因素的评估。⑩ 然而,这两种保护措施并不包括旨在保护或加强公共健康、安全和环境等合法公益目标的监管措施。⑪ 这类似于《关税及贸易总协定》(General Agreement on Tariffs and Trade,GATT)第20条中的例外。

该法典还允许各国将部门排除在最惠国标准之外,并"给予合格的投资和投资者优惠待遇,以实现国家发展目标"⑫。征用公式基于征用前的市场补偿,但是,它允许国家评估补偿的基础是:公共利益和受影响的投资者的利益之间的公平平衡,考虑到所有相关的情况、财产当前和过去的使用、获得财产的历史、外国投资者以前通过投资获得利润的程度,以及投资的期限。⑬

该法典区别于目前适用的传统双边投资条约和草案的是它包括引入

---

⑧ Art. 4. 4, Pan-African Investment Code (the code), viewed (30 March 2017) from http://repository.uneca.org/handle/10855/23009.

⑨ www.italaw.com/sites/default/files/case-documents/italaw1554.pdf.

⑩ 《非洲国际投资法》第7、8、9条。

⑪ Id, arts 8.2 and 10.2.

⑫ Id, art. 9.

⑬ Id, art. 11.

履行要求[14]、企业治理框架[15]、社会政治义务[16]、强制性企业社会责任[17]、自然资源利用[18]以及最重要的企业和人权框架。

该法典对外国投资者规定了消极和积极的人权义务,并规定:投资者应遵守支持和尊重保护国际上通行的人权的原则;确保他们不与人权串通一气;消除一切形式的强迫和强制劳动;消除就业和职业方面的歧视;确保公平分享投资所产生的财富。[19]

在补救措施方面,首选的争端解决方式是通过国家间的争端解决方式,但首先要进行磋商、谈判或调解。[20] 该法典倾向于使用任何一个已建立的非洲公共或非洲私人替代性争端解决中心、非洲的常设仲裁法院中心(或非洲联盟仲裁法院)或非洲法院,其裁决应是最终的并具有约束力。投资者与东道国之间发生的纠纷,只有在协商失败的情况下,以及在用尽当地救济的情况下,才能通过仲裁解决。[21] 同样重要的是,该法典规定了成员方对投资者违反法典的行为可以提出反诉,并要求适用国内、区域和国际法律与原则。[22]

南非的投资框架

2013 年,南非选择不与欧盟国家续约。南非的一些双边投资条约的

---

⑭ 同上,第 18 条规定:它保障各种措施,例如优惠待遇,以实现国家或次国家区域发展目标;发展当地企业家;提高生产能力,增加就业,增加人力资源能力以及培训、研究和开发,包括新技术、技术转让、创新和投资的其他利益,办法是利用对投资者的具体要求;解决可识别的族裔或文化群体由于在通过本守则之前对这些群体采取歧视性或压迫性措施而在历史上遭受的经济差异。

⑮ 除其他要求外,第 19 条规定:投资应符合有关部门的国家和国际公认的公司治理标准,特别是透明度和会计做法标准;确保及时和准确地披露有关公司的所有重大事项,包括财务状况、业绩、所有权和公司治理、与环境责任有关的风险,以及符合有关规定和要求的任何其他事项。

⑯ 同上,第 20 条要求尊重国家主权和遵守国内法律、规章和行政惯例,尊重社会文化价值观,不干涉内政,不干涉国际政治,以及尊重劳工权利。

⑰ 同上,第 22 条要求投资者为东道国的经济、社会和环境进步做出贡献,以期实现可持续发展。

⑱ 同上,第 23 条禁止开采或使用当地自然资源,损害东道国的权利和利益,使投资者尊重当地居民的权利,并避免对当地社区采取掠夺土地的做法。

⑲ Id, art. 24.

⑳ Id, art. 41.

㉑ Id, art. 42.

㉒ Id, art. 44.

不续约始于2012年年底与比利时和卢森堡的不续约。[23] 随后，其他欧洲国家，包括芬兰、瑞典、奥地利、西班牙、德国、法国、英国、丹麦、瑞士、荷兰、意大利和希腊也收到了通知。这个决定是在皮耶罗·弗雷斯蒂诉南非案裁决[24]之后作出的。在这起案件中，意大利投资者声称南非违反了其投资者保护义务，即不得无偿征用、保障公平和公正待遇以及实现国民待遇标准。[25] 尽管争端在法庭外得到了解决，但这一事态发展在南非引起了重大的政策转变，不仅导致了一些欧盟条约未能延续，而且导致了2015年《第22号投资保护法》的发展。南非政府为其政策转变进行了强有力的辩护，并认为宪法对财产权的保护，对南非国内政策空间的保护，对投资者与国家间争端解决机制新出现的不满，对武断和不一致的裁决的不满，所有这些都缺乏足够的证据表明双边投资条约对于促进外国直接投资方面的政策转变是合理的和正当的。[26]

《第22号投资保护法》的目的是"根据并受制于宪法，以平衡公众利益和投资者权利与义务的方式"保护投资。[27]《第22号投资保护法》的三个主要目标是平等对待外国投资者和国内投资者，在投资者权利和政府为公共利益进行监管的权利之间取得平衡，以及以国内争端解决机制取代投资者与国家间的仲裁。

2015年《第22号投资保护法》提供了以下投资保护：公平的行政待

㉓ Carim, X., 2012, '*South Africa's review and new policy on BITs*', South Bulletin 69 (8), p. 31; Rob Davies, 'Speech delivered by the Minister of Trade and Industry Dr Rob Davies at the South African launch of the United Nations Conference on Trade and Development (UNCTAD) Investment Policy Framework for Sustainable Development', University of the Witwatersrand, Johannesburg, 26 July 2012, viewed (26 March 2017) from http://unctad. org/meetings/en/Miscellaneous%20Documents/South-Africa-Investment-statement_Rob_Davies. pdf.

㉔ Case No. ARB (AF)/07/1.

㉕ Id, paras 58 and 70.

㉖ Klaaren, J. and Schneiderman, D., 2009, '*Investor-state arbitration and SA's bilateral 2009*', Mandela Institutt, viewed (31 March 2017) from www. elaw. org/system/files/Comments + on + DTI + BITs + review + FINAL. pdf, p. 3.

㉗ Section 4 of the Protection of Investment Act (PIA) No. 22 of 2015.

遇;国民待遇;财产的人身安全;投资的法律保护;在纳税和其他适用的情况下将利润汇回本国的自由。上面列出的《第22号投资保护法》的投资者保护,包括国家条约保护、投资安全和防止征用,都是合格的。[28] 适用于国民待遇保护的"相似情况"检验列出了一系列累积起来的因素,似乎使任何两项投资都不可能被认为是相似的。《第22号投资保护法》不承认公平和公正待遇保护,也不符合《南部非洲发展共同体示范双边投资条约》条款中的建议;平台将这种保护置于所谓的公平行政待遇标准之下。这一标准规定,投资者不会受到任意对待,也不会被剥夺获得行政或程序正义的权利。[29] 它还要求给予投资者解释理由的权利,并要求对决定进行行政复议。就其第10条而言,有关财产权的《南非宪法》第25条应保护投资不被征用。这项权利允许没收或采取措施纠正过去种族歧视的后果,并允许一种"公平"的赔偿模式,这种模式不同于常见的零星的市场价值补偿。然而,宪法赋予的财产权并不承认间接征收。

宪法承认为了公共利益而管理投资的主权权利,并规定宪法中的权利法案适用于所有投资者及其投资。[30]《第22号投资保护法》对规范权的含义进行了扩展,并对这些保护的适用引入了若干政策例外。这些包括:[31] 纠正历史、社会和经济不平等;维护宪法所承认的指导公共行政的民主价值观和原则;维护宪法中的人权;促进和保存文化遗产和习俗、与之相关的本土知识和生物资源或国家遗产;促进经济发展、工业化和富裕化;逐步实现社会经济权利;保护环境和可持续使用的自然资源;为维护、遵守或恢复国际和平与安全所必需的措施,或为保护南非的基本安全利益所必需的措施,包括有关金融稳定的措施。这些例外和措施确保了对南非投资的保护,并且不妨碍政府保护渴望经济变革的弱势群体利益的合法义务。

---

[28] Id, sections 8 to 10.

[29] Id, section 6.

[30] Id, section 4.

[31] Id, section 12.

正如南非新的国内法所规定的那样，承认国家有权进行监管，是联合国贸易与发展会议认可的五项系统性改革之一，[32]规定了双边投资协议不应过于宽泛，不应限制国家在公共政策制定中的主权。在争议解决方面，《第22号投资保护法》第13条规定了投资者可要求政府协助调解。或者，投资者可以向国家法院或国内仲裁机构求助。用尽这些补救措施之后，投资者可以申请启动国家之间仲裁程序。

《第22号投资保护法》尚未开始运作，由于缺乏法律，双边投资条约和已批准的可以适用的区域投资协定被适用于监督南非投资框架的实际运作。

南非的双边投资条约框架

南非与16个非洲国家签订了协议。所有的条款都采用了基于资产的投资定义，包括传统的投资者和最惠国投资保护，国民待遇标准以及公平和公正的投资者待遇。尽管《南非宪法》规定了基于公平和公正补偿的不同模式，双边投资条约条款还是承认保护不被征用，并对征用采取基于市场价值的补偿。这些双边投资条约条款还允许在没有用尽国内补救办法的情况下，通过投资者与国家间的仲裁解决纠纷。表6.1描绘了南非与其他非洲国家目前的双边投资条约框架。

南非对双边投资条约的融合采取了一致和标准的方法。然而，这种做法忽视了保障人权、确保宪法至上的相关宪法原则。这种异常现象不仅仅存在于双边投资条约中，南非还批准了南部非洲发展共同体的金融和投资议定书。尽管南非提出了政策转变，但该议定书仍对南非具有约束力，南非在《南部非洲发展共同体示范双边投资条约》发展方面发挥了主导作用。

---

[32] UNCTAD, 2015, World Investment Report: Reforming International Investment Governance, viewed(27 March 2017) from http://unctad.org/en/Publications Library/wir2015_en.pdf.

表 6.1　南非与其他非洲国家签订的双边投资条约

南非	安哥拉	刚果（布）	刚果（金）	赤道几内亚	埃及	埃塞俄比亚	加纳	几内亚	利比亚	毛里求斯	尼日利亚	卢旺达	塞内加尔	坦桑尼亚	津巴布韦
对投资的定义	以资产为基础*	以资产为基础	以资产为基础	以资产为基础	以资产为基础	以资产为基础	以资产为基础	以资产为基础	以资产为基础	以资产为基础	以资产为基础	以资产为基础	以资产为基础	以资产为基础	以资产为基础
促进投资措施	是	是	是	是	是	是	是	是	是	是	是	是	是	是	是
投资者待遇	公平和公正待遇;最惠国待遇;国民待遇	公平和公正待遇;最惠国待遇;国民待遇	公平和公正待遇;最惠国待遇;国民待遇	公平和公正待遇;最惠国待遇;国民待遇	公平和公正待遇;最惠国待遇;国民待遇	公平和公正待遇;最惠国待遇;国民待遇	公平和公正待遇;最惠国待遇;国民待遇	公平和公正待遇;最惠国待遇;国民待遇	公平和公正待遇;最惠国待遇;国民待遇	公平和公正待遇;最惠国待遇;国民待遇	公平和公正待遇;最惠国待遇;国民待遇	公平和公正待遇;最惠国待遇;国民待遇	公平和公正待遇;最惠国待遇;国民待遇	公平和公正待遇;最惠国待遇;国民待遇	公平和公正待遇;最惠国待遇;国民待遇
豁免	自由贸易；税收；肯定性行动	自由贸易；税收；肯定性行动	自由贸易；税收；肯定性行动	自由贸易；税收；肯定性行动	自由贸易；税收；肯定性行动	自由贸易；税收；肯定性行动	自由贸易；税收；肯定性行动	自由贸易；税收；肯定性行动	自由贸易；税收；肯定性行动	自由贸易；税收；肯定性行动	自由贸易；税收；肯定性行动	自由贸易；税收；肯定性行动	自由贸易；税收；肯定性行动	自由贸易；税收；肯定性行动	自由贸易；税收；肯定性行动

续表

南非	安哥拉	刚果（布）	刚果（金）	赤道几内亚	埃及	埃塞俄比亚	加纳	几内亚	利比亚	毛里求斯	尼日利亚	卢旺达	塞内加尔	坦桑尼亚	津巴布韦
对征收的支付	按市场价值	按市场价值	按市场价值	按市场价值	按市场价值	按市场价值	按市场价值	按市场价值	按市场价值	按市场价值	按市场价值	按市场价值	按市场价值	按市场价值	按市场价值
赫尔公式	赫尔公式	赫尔公式	赫尔公式	赫尔公式	赫尔公式	赫尔公式	赫尔公式	赫尔公式	赫尔公式	赫尔公式	赫尔公式	赫尔公式	赫尔公式	赫尔公式	赫尔公式
参加投资者与国家间争端解决机制	是;适用国内法	是;适用国内法	是;适用国内法	是;适用国内法	是;适用国内法	是;适用国内法	是;适用国内法	是;适用国内法	是;适用国内法	是;适用国内法	是;适用国内法	是;适用国内法	是;适用国内法	是;适用国内法	是;适用国内法

*在这里,根据国内法的标准定义规定,“投资”是指各种资产,特别是包括:(1)动产和房地产以及其他权利,例如抵押权、留置权或质押权。(2)公司的股份、股票和债权以及以任何其他形式参与公司事务。(3)对金钱的要求,或根据具有经济价值的合同而作出的任何表现。(4)知识产权,特别是版权、专利、实用新型专利、注册外观设计、商标、商业名称、商业秘密、技术流程、专门知识和商誉。(5)法律或合同授予的权利或许可,包括搜寻、培育、提取或开采自然资源的特许权;资产投资或再投资的法律形式的任何变化不应影响其作为本协议项下投资的性质。[South Afica/Zimbabwe BIT 2009, viewed (31 March,2017) from http://investmentpolicyhub. unctad. org/Download/TreatyFile/2281].

南部非洲发展共同体金融和投资议定书及示范双边投资条约

《南部非洲发展共同体金融和投资议定书》于 2006 年通过，已经得到所需数量的国家的批准而生效。该议定书的投资附件旨在确保南部非洲发展共同体成员方投资政策的一致性和统一性。

《南部非洲发展共同体金融和投资议定书》旨在防止其他缔约国在另一国家修改其投资政策时出现不良调整。[33] 该议定书提供的外国投资者保护与传统双边投资条约提供的保护是相一致的。它保证投资者得到公平和公正的待遇，并保证给予来自其他国家的投资者同等的优惠待遇。[34] 但是，这种保护免除了成员方根据国内法给予投资者和投资优惠待遇，以促进具体的国家发展目标。[35]《南部非洲发展共同体金融和投资议定书》还保护投资不被国有化或没收。[36] 它承认为了公共利益进行管理的权利，[37]提供了一份关于什么构成投资的完整和详尽的清单，[38]并承认需要用尽国内补救办法之后才可以启动传统的投资者与国家间争端解决机制。

《南部非洲发展共同体示范双边投资条约》是在 2012 年通过的，是在《南部非洲发展共同体金融和投资议定书》生效之后，且承认投资者在不歧视和获得公平和充分赔偿方面的保护。[39] 然而，该示范双边投资条约建议成员方应该选择“公平的行政待遇”保护，而不是大多数双边投资条约条款中的“公平和公正待遇”保护。[40] 公平的行政待遇保护旨在确保公正和问责的原则也适用于外国投资者。虽然该示范双边投资条约规定了投

---

[33] SADC FIP, Cooperation on Investment, art. 3, annex 1.
[34] Id, art. 6.
[35] Id, art. 7.
[36] Id, art. 5.
[37] Id, art. 14.
[38] Id, art. 1.
[39] SADC model BIT, 2012, art. 6.
[40] Id, art. 5.

资者与国家间争端解决机制用尽国内补救办法的条件，但也告诫双边投资条约成员方一旦发生国家间的争议，尽量不要采用该机制。[41] 该示范双边投资条约中的“公平行政待遇标准”构成了南非新投资法采用的基础。

然而，该示范双边投资条约和《南部非洲发展共同体金融和投资议定书》都是互相矛盾的，而且考虑到南非采用的保护外国投资的国内法与该示范双边投资条约更加一致，这两种不同立场的协调过程很快就会发生。

最近，一些针对莱索托和斯威士兰两个成员方的仲裁案件，是根据南部非洲发展共同体金融和投资议定书启动的。这些案件表明，南部非洲发展共同体成员方可能倾向于采取一种有利于保护成员方主权监管权的立场。在斯威斯伯格钻石矿业公司等诉莱索托王国一案中，[42]主要索赔人斯威斯伯格钻石矿业公司是在南非注册的，而被告是莱索托王国。争议涉及采矿承包许可，以及因莱索托政府没收索赔人的采矿许可证的行为而提出的索赔。投资者在 20 世纪 80 年代中期获得了 5 份租约，然而，莱索托随后在 1991 年取消了这些租约，以修建一座世界银行资助的大坝。索赔人在莱索托启动法律程序，后来试图向南非政府施压，要求获得外交保护。[43] 2009 年，索赔人向南部非洲发展共同体仲裁庭提出了对莱索托的索赔。尽管涉及重大的公众诉讼，但裁决的结果没有公开，有关事态发展的报告来自第三方。在争端解决程序中，索赔人声称莱索托与其他南部非洲发展共同体成员方一道采取了阻挠索赔的措施，因为在 2010 年 8 月初，首次启动了对南部非洲发展共同体仲裁庭权力的审查。因此，在 2011 年，申请人

---

[41] Id, arts 28 and 29.

[42] *Swissbourgh Diamond Mines (Pty) Limited, Josias Van Zyl, The Josias Van Zyl Family Trust and Others v. The Kingdom of Lesotho* (PCA Case No. 2013 – 29).

[43] Peterson, L. E., 2013, '*Dismantling of Southern African Development Community Tribunal spawns Uncitral arbitration claim for denial of justice*', IA Reporter, viewed (30 March 2017) from www. iareporter. com/articles/dismantling-of-southern-african-development-community-tribunal-spawns-uncitral-arbitration-claim-for-denial-of-justice/, para. 13.

根据《南部非洲发展共同体金融和投资议定书》提出了一个新的仲裁请求。[44]

原告声称莱索托参与解散南部非洲发展共同体仲裁庭构成了"可起诉的国际错误"。[45] 仲裁通知声称,莱索托违反了国际习惯法规定的司法公正,并违反了《南部非洲发展共同体金融和投资议定书》所载的若干实质性投资保护规定,包括关于公平待遇和可诉诸法院和法庭的义务、透明度以及履行议定书所产生义务的一般承诺。[46] 莱索托政府辩称,南部非洲发展共同体法庭是南部非洲发展共同体的行为,并不涉及莱索托作为一个单一国家的任何义务。此外,《南部非洲发展共同体金融和投资议定书》并没有赋予任何管辖权来质疑一个国家在国际组织的决定中的行为。[47] 此案中的投资者因被没收采矿许可证而获得了 3 亿美元的补偿,当时这笔钱占莱索托 23 亿美元国内生产总值的 13% 。

仲裁庭裁定,《南部非洲发展共同体金融和投资议定书》的管辖范围是开放式的,包括任何与被承认的投资有关的义务。这意味着特别法庭可以审查莱索托是否遵守写入《南部非洲发展共同体金融和投资议定书》的投资保护条款,以及其他条约规定的义务,如南部非洲发展共同体条约和南部非洲发展共同体特别法庭议定书。[48]

通过接受对争端的管辖权,仲裁庭同意追究一个国家对其参与国际组

---

[44] Id, paras 14 and 15.

[45] Mohamadich, K. and Uribe, D. , 2016, *The Rise of Investor-State Dispute Settlement in the Extractives Sectors: Challenges and Considerations for African Countries*, South Centre Research Paper 65, viewed (31 March 2017) from www. southcentre. int/research-paper – 65 – february – 2016/, p. 14.

[46] Peterson, *supra* note 43 at para. 7.

[47] Peterson, L. E. , 2016, '*Multilateral investment treaty's exhaustion of remedies requirement does not hobble case because local courts couldn't offer same relief available before international tribunal*', IA Reporter, viewed (30 March 2017) from www. iareporter. com/articles/multilateral-investment-treatys-exhaustion-of-remedies-requirement-does-not-hobble-case-because-local-courts-couldnt-offer-same-relief-availa ble-before-international-tribunal/, para. 9.

[48] Id, para. 12.

织的责任。这是仲裁庭首次对决定参与国际组织的国家行为主张管辖权。[49] 如果未来的仲裁小组将继续执行仲裁庭的裁决,那么政治家最终可能会被限制以某种方式在国际组织中投票,因为他们的投票将对本国的外国投资者产生影响。

在法庭评估其对争端的管辖权时,法庭试图确定索赔人——他们的征用索赔要求始于 1991 年——是否寻求根据 2010 年才生效的条约仲裁一个早已存在的争端。尽管仲裁庭认为关于被没收的采矿租赁权的长期争议不属于其管辖权范围,但一个单独的争议可能产生于用于确定最初争议以确认仲裁庭管辖权的争议解决程序。仲裁庭采取这一立场是为了规避《南部非洲发展共同体金融和投资议定书》只适用于 2010 年条约签订后出现的争议。[50]

原告辩称,仲裁庭目前的争端是由于南部非洲发展共同体仲裁庭突然被剥夺了诉讼场所,并最终终止了南部非洲发展共同体仲裁程序,[51]仲裁庭赞同这一立场。[52]

与现代投资保护协议明显不同的是,《南部非洲发展共同体金融和投资议定书》明确要求索赔人在寻求国际仲裁之前用尽当地补救办法。法庭大多数成员认为,原告寻求的主要补救办法是在与解散的南部非洲发展共同体法庭相同的条件下重新设立一个法庭,以审理没收要求。[53] 由于当地法院无权下令采取这种特定类型的补救措施,法庭裁定没有有效的当地补救措施,所以,用尽补救办法的要求不会对根据《南部非洲发展共同体金融和投资议定书》审理本案构成障碍。[54]

最终,莱索托被判负有赔偿责任,但没有判给受害人赔偿金。相反,仲

---

[49] Id, para. 10.

[50] Id, para. 13.

[51] Id, para. 14.

[52] Id, para. 15.

[53] Peterson 2013, *supra* note 43, at para. 19.

[54] Id, para. 20.

裁庭认为,为了恢复索赔人的地位,应根据2010年联合国国际贸易法委员会规则在一个新案件中提出征用索赔,但是,在其受理申请人索赔的时候,应由一个在尽可能合理地反映南部非洲发展共同体法庭的制度下运作的法庭进行审理。[55]

仲裁庭的裁决是错误的,因为地方法院有权决定索赔人的征用要求,并且提供纯粹经济损失的侵权赔偿,以解散仲裁庭。这个案例是投资者与国家间争端解决机制在国家主权问题上限制国家权力,使国家意志向投资者倾斜的最令人困惑的例子之一。在这一特殊案件中,尽管存在用尽国内补救办法的要求,但法庭能够规避这一规则,允许这种轻率的指控继续存在。这表明,各国必须收紧投资者保护规则,以防止无限制的责任,同时仍然提供对外国直接投资具有吸引力的监管确定性和对法治的尊重。

在南部非洲地区,只有5个国家(刚果民主共和国、莫桑比克、纳米比亚、坦桑尼亚和斯威士兰)在其监管框架中规定了通过当地法院解决投资者与国家间的争端。[56] 另外6个国家,包括博茨瓦纳、莱索托、马拉维、毛里求斯、塞舌尔共和国、津巴布韦,仅要求国内法院解决投资者与国家间争端。[57] 因此,为了在南部非洲发展共同体框架、示范条约和国家在国内一级的政策选择之间建立一个一致的区域框架,必须重新审议该框架中的争端解决规定,包括倾向于用尽国内补救办法,并附有透明度规定。这种办法确保从区域角度适用民主和法治的特点,作为应对一些非洲国家对司法独立和透明度的负面看法的策略。[58]

---

[55] Id, Peterson 2016, *supra* note 47, at para. 37.

[56] Ngobeni, L. and Fagbayibo, B. ,2015, '*The investor-state dispute resolution forum under the SADC Protocol on Finance and Investment: Challenges and opportunities for effective harmonisation*' ,Law Democracy Der. 19 ,2015, viewed(26 March 2017) from www. scielo. org. za/scielo. php? script = sci_arttext&pid = S2077 - 49072015000100009.

[57] Id.

[58] Id.

尼日利亚的投资框架

1995年通过的《尼日利亚投资促进委员会法》旨在建立一个投资委员会,鼓励、促进和协调对尼日利亚经济的投资,并充当尼日利亚联邦政府协调、促进和监测投资的机构。该法主要关注于促进投资,尽管它保护投资不被征用,并为国际仲裁作出规定,但是,保护投资者及其在尼日利亚投资的总体框架是通过双边投资条约条款实现的。尼日利亚目前有29份双边投资条约,其中5份是与非洲国家签订的。尼日利亚的双边投资条约框架提供了一个基于资产的投资定义,并结合了促进和保护目标。这些双边投资条约条款承认公平和公正待遇保护、最惠国待遇保护,以及征用的市场价值补偿。尼日利亚与欧洲国家达成的双边投资条约中,有一些独特的其他条款。例如,尽管尼日利亚—西班牙双边投资条约涵盖了包括国民待遇保护在内的传统协议保护,但它规定国内法院可用于争端解决。类似的条款出现在尼日利亚—德国双边投资条约和尼日利亚—中国双边投资条约中。[59]

然而,尼日利亚最新的双边投资条约——于2013年签订的尼日利亚—加拿大双边投资条约,显著不同。这是基于加拿大新的投资政策转变,而不是尼日利亚政策方针的改变。它载有以企业为基础的投资定义,并承认传统的投资者保护,包括公平和公正待遇保护范围内的新建企业的权利以及国民待遇保护。然而,从发展中国家的角度来看,排除履行要求阻碍了东道国最大限度地利用外国直接投资的能力。[60]

双边投资条约有一个关于透明度的详细条款,它包括利益相关者,而不仅仅是投资者和尼日利亚政府。[61] 但是,双边投资条约豁免违背基本安

---

[59] 2000年《德意志联邦共和国和尼日利亚联邦共和国鼓励和相互保护投资条约》以及2001年《中华人民共和国政府和尼日利亚联邦共和国政府相互促进和保护投资协定》。

[60] Id, art. 9; 2013年加拿大和尼日利亚联邦共和国促进和保护投资。

[61] Id, art. 12.

全利益或者为保护基本安全利益所必需的信息披露。[62] 它还防止可能影响国际和平与安全的信息披露,或受到国内竞争法的保护。[63]

该双边投资条约还排除了健康、安全和环保措施的应用,并对投资者施加了企业社会责任要求。[64] 其他一般例外包括各国有权采取必要措施"保护人类、动物或植物的生命或健康,确保遵守国内法律……或保护生物或非生物可耗竭自然资源"[65]。尽管该双边投资条约条款允许适用投资者与国家间争端解决机制,[66]但它提出了各种要求,允许公众查阅听证会和文件,并接受非争议方提交的材料。[67] 争端应通过双边投资条约和适用的国际法而不是国内法来管辖。[68]

在一起针对尼日利亚的案件中,跨洋石油开发公司和跨洋石油勘探公司共同起诉尼日利亚联邦共和国,[69]这两个索赔人都是在美国注册的。争议的主体是一家石油勘探和生产合资企业。原告声称,在 20 世纪 90 年代末,尼日利亚当局串通一气,非法没收了受害者在一家尼日利亚潘龙公司(Panocean)的权益,这家公司拥有在尼日利亚生产和勘探石油的权利。投资者要求 5 亿美元的损害赔偿,以及其他救济,包括 1.5 亿美元的加重损害赔偿和恢复他们的权利。在 2014 年 10 月 29 日就初步反对意见作出的裁决中,仲裁庭驳回了尼日利亚提出的某些管辖权异议。反对意见包括 1995 年《尼日利亚投资促进委员会法》没有表达尼日利亚同意国际投资争

---

[62] Id, art. 18, General Exceptions.

[63] Id.

[64] Id, art. 15 and 16.

[65] Id, art. 18.

[66] Id, art. 38.

[67] Id, arts. 31 and 32.

[68] Id, art. 38.

[69] Peterson, L. E., 2014, '*Arbitrators Dismiss Some Objections In Face of $650 Million Oil Expropriation Claim Under Nigerian Investment Statute*', IA Reporter, viewed (29th November 2016) from www.iareporter.com/articles/arbitrators-dismiss-some-objections-in-face-of-650-million-oil-expropriation-claim-under-nigerian-investment-statute/.

端解决中心仲裁,某些仲裁前的程序没有被遵守,以及根据尼日利亚法律已经超过了诉讼时效。[70] 尼日利亚辩护律师的论点未能认识到,双边投资条约实际上在一定程度上推迟了国内监管的应用,而支持适用双边投资条约的规则。这个案例说明了双边投资条约对各国国内框架的影响以及限制其范围的必要性。

尼日利亚也是西非国家经济共同体的成员方,2008 年该共同体通过了一项投资补充法案,其投资框架与尼日利亚的双边投资条约制度类似。[71]

《西非经济共同体补充法案》[72]

《西非经济共同体补充法案》载有承认国民待遇、最惠国待遇等投资保护的投资规则区域标准。[73] 它规定的最低区域标准包括公平和公正待遇,以及禁止基于国际习惯法的歧视。[74] 这不同于防止无补偿的征收的保护措施,后者要求投资者根据市场价值得到及时补偿。[75]

西非经济共同体的规则允许自由转移资产和履行要求,以促进投资带来的国内发展利益。[76] 还有一项关于投资者和投资的义务和责任的规定,要求在建立之前进行公开的环境和社会影响评估。[77] 此外,投资者必须保护人权和尊重基本的劳动标准。这些规则还要求成员方不得在投资激励

---

[70] Id.

[71] A/SA. 3/12/08. 西非经济共同体由 15 个成员方组成:贝宁、布基纳法索、佛得角、科特迪瓦、冈比亚、加纳、几内亚、几内亚比绍、利比里亚、马里、尼日尔、尼日利亚、塞内加尔、塞拉利昂和多哥。

[72] A/SA. 3/12/08.

[73] Id, arts 5 – 7.

[74] Id.

[75] Id.

[76] Id, art. 10.

[77] Id, the Supplementary Act, Chapter 3.

方面相互竞争。[78]

关于争端解决,争端应由国家法院或法庭或西非国家经济共同体法院解决。[79] 投资规则进一步敦促成员方重新谈判不符合投资规则的国家条约。[80]

西非经济共同体规则是认识到非洲国家的独特情况并采取以权利为基础的发展方针的最进步的协定之一。这是西非经济共同体其他成员方应该采用的区域标准。

在大陆一级,各国通过了国内投资法,这些法律不侧重于保护投资,但与尼日利亚一样,这些法律的主要目的是促进投资。例如,埃及的投资法只涉及投资担保,而奖励只涉及免税和建立自由区。[81]《肯尼亚外商投资保护法》[82]只规定了两项基本保护措施：利润转移和迅速支付物业收购补偿金。[83] 根据《肯尼亚宪法》第 75 条,保护非法剥夺财产。

肯尼亚的投资框架

不同于南非的法律,肯尼亚的国内法只涵盖投资促进,不为投资者和其投资提供保护。

肯尼亚已经谈妥了 15 份双边投资条约,但是,只有 6 份生效了。1979 年的肯尼亚—荷兰双边投资条约确认了公平公正的征用和保护标准,并且没有背离传统的双边投资条约模型。

肯尼亚—荷兰双边投资条约于 2000 年生效,对"投资"下了以资产为基础的定义。它包括公平和公正待遇、最惠国待遇和国民待遇标准、充分的保护和安全以及防止无偿的征用。1999 年生效的肯尼亚—意大利双边投资条约,对投资者也有类似的保护措施。这同样适用于 2009 年的肯尼

---

[78] Id.

[79] Id, art. 33.

[80] Id, art. 31.

[81] Investment Guarantees and Incentives Law No. 8 of 1997.

[82] Chapter 518, 2012.

[83] Id, art. 8.

亚—瑞士双边投资条约和1999年的肯尼亚—英国双边投资条约。肯尼亚只和三个非洲国家签署了双边投资条约协定,分别是布隆迪、利比亚和毛里求斯,目前还没有任何双边投资条约生效。

国际投资争端解决中心唯一记录在案的针对肯尼亚的案件,是柯特矿业有限公司和天林资本有限公司诉肯尼亚案[84],其涉及一个采矿特许权,据称,在原告发现了价值600亿美元的新稀土矿床之后,肯尼亚政府非法吊销了原告的采矿许可证。投资者声称,矿产资源公司的老板索取贿赂约100万美元,以推翻吊销证件的决定。投资者在国内法庭上的质疑未获成功,在案件仍在肯尼亚上诉法院审理期间,一项国际仲裁已经启动。由于未能在肯尼亚的双边投资条约框架内提供用尽国内补救办法,导致同一争端引发对肯尼亚的多项诉讼。虽然存在这种反常现象,但肯尼亚是东南非洲共同市场和东非共同体的成员,该共同体制定了一个强有力的次区域投资框架,既保护了可持续发展,又保持了投资者的友好态度。

《东南非洲共同市场投资协定》和《东非共同体示范投资法》

《东南非洲共同市场投资协定》是在2006年通过《东非共同体示范投资法》后不久于2007年通过的。[85] 该协定的目的是协调成员方的投资法律和政策,包括公平和公正待遇、国民待遇、最惠国待遇。基于及时、充分和有效的正当法律程序的最惠国待遇和防止没有补偿的征用。[86]《东南非洲共同市场投资协定》的目标是促进建立一个有竞争力的投资区,允许资本、劳动力、商品和服务在成员方之间自由流动。

尽管通过了该协定,但是,没有一个国家批准该协定,因此,该协定没

---

[84] Hepburn, J., 2015, 'An update on investor-state claims against Kenya', IA Reporter, viewed(29 November 2016) from www. iareporter. com/articles/an-update-on-investor-state-claims-against-kenya/.

[85] 《东南非洲共同市场投资协定》于2007年5月获得通过。

[86] Id, arts 15 – 20.

有生效。该协定仅适用于作为成员方国民或司法人员的已登记的东南非洲共同市场投资者,并要求在建立前和建立后阶段遵守成员方的国内措施。[87]

在争端解决方面,该协定规定了由东南非洲共同市场法院管辖的国家与国家之间的争端。[88] 它还允许投资者根据双方商定的规则,向东南非洲共同市场法院或国际仲裁法院提起诉讼。[89]《东南非洲共同市场投资协定》允许各国通过自己的投资法规,并利用国家法院解决投资纠纷。

在《东南非洲共同市场投资协定》法院内部,透明度原则适用于公开所有文件和公开听证会。[90] 该协定要求"在国家法律、法规和行政程序的适用和解释方面"具有透明度。[91]

除了《东南非洲共同市场投资协定》,2006年通过的《东非共同体示范投资法》也适用于肯尼亚。该法旨在为成员方提供指导,帮助它们制定本国的投资政策和法律。该法规定了新建的权利,[92]它还提供国民待遇、非歧视和对无偿征用的保护。[93] 其余内容涉及设立投资促进机构和建立经济特区。东非共同体由6个成员方组成:肯尼亚、乌干达、坦桑尼亚、卢旺达、南苏丹和布隆迪。其目的是为成员方制定投资法规提供指导。在争端解决条款中,该法建议走国际投资争端解决中心程序及诉诸国家法院。表6.2深入比较分析了非洲经济共同体中有投资规定的各种区域协定。

---

[87] Id, arts 12 and 13.

[88] Id, arts 27 and 28.

[89] UNECA Investment Report, *supra* note 4 at p. 33.

[90] Muchlinski, P. ,2008, 'The COMESA Common Investment Area: Substantive Standards and Procedural Problems in Dispute Settlement', viewed (6 October 2016) from http://ssrn.com/abstract=1698209.

[91] Id, COMESA Agreement, art. 4.

[92] EAC Investment Code, 2006, Chapter 5.

[93] Id, arts 5 and 15.

表 6.2　2000 年后非洲的区域投资管制

比较项目	《南部非洲发展共同体示范双边投资条约》	《南部非洲发展共同体金融和投资议定书》（附件 1）	《东南非洲共同市场投资协定》	《西非经济共同体补充法案》A/SA.3/12/08 通过关于投资的共同体规则以及与西非国家经济共同体一起执行这些规则的方式	《东非共同体示范投资法》
法律的目的	这一不具约束力的文书建议统一成员国的投资法律和政策，并制定一种方法，供成员国在其国家条约中采用，或作为条约谈判的指南	该议定书旨在协调成员国的金融和投资政策，使之与南部非洲发展共同体的目标一致	本协定的目的是在东南非洲共同市场内建立一个竞争性的公共投资区。这份协议只保护投资者和他们在东南非洲的投资	本法案旨在促进西非经济共同体区域的投资和可持续发展	东非共同体成员国有关投资政策或法律的指导文件
投资保护——投资管理措施	第 20 条承认各国有权为实现可持续发展目标和其他社会和经济政策目标而采取措施。 第 21 条允许成员国根据国内法给予任何企业优惠待遇，以实现国家或次国家区域发展目标	第 14 条规定，成员国应维护其为公共利益进行监管的权利和执行任何措施的权利，以确保投资活动是以对健康、安全和环境关切敏感的方式进行的。 第 7 条允许成员国给予实现国家发展目标的优惠待遇	第 22 条规定，监管措施不得适用于任何人，因为这将构成投资者之间任意或不公正歧视的手段，而这种歧视存在于相似的情况下	目前没有相关的暂时性监管措施	第 30 条规定在伙伴国的领土上建立特别经济区。这些区域受到相关伙伴国为增加特定性质的经济活动而确定的特别规则的约束

续表

比较项目	《南部非洲发展共同体示范双边投资条约》	《南部非洲发展共同体金融和投资议定书》（附件1）	《东南非洲共同市场投资协定》	《西非经济共同体补充法案》A/SA. 3/12/08 通过关于投资的共同体规则以及与西非国家经济共同体一起执行这些规则的方式	《东非共同体示范投资法》
国民待遇	第4条承认下列例外情况： 不符合规定的措施和在逐个国家基础上确定的受保护部门； 多边或区域协定可能产生的特许权、利益、豁免或其他措施； 与投资者投资有关的特殊手续	没有关于国民待遇的条款	第17条规定，“类似情况”的检验将根据投资的具体情况逐案审查确定	第5条认可国民待遇保障，分别就投资的管理、行为、营运、扩展及销售或其他处置方式作出规定。案文亦澄清“在相同情况下”的准则，以便就个别投资项目的所有情况进行全面审查，并列出应予考虑的各项因素	第5(2)条规定，外国投资者在设立、从事经营活动，所得税和经营活动的各个方面，应当与合伙国的当地投资者处于同样的地位
最惠国待遇	第4.4条 它不包括最惠国待遇标准	没有对最惠国待遇的任何规定	第19条规定，成员国给予同类投资者及其投资的待遇，不得低于同等条件下给予任何第三国的投资者及其投资在其境内投资的待遇	第6条规定，成员国必须协调其他成员国或第三方的投资者在投资方面所作的投资，对其他成员国的投资者给予的待遇，不得低于其在同等条件下给予的待遇	没有对最惠国待遇的任何规定

续表

比较项目	《南部非洲发展共同体示范双边投资条约》	《南部非洲发展共同体金融和投资议定书》（附件1）	《东南非洲共同市场投资协定》	《西非经济共同体补充法案》A/SA. 3/12/08 通过关于投资的共同体规则以及与西非国家经济共同体一起执行这些规则的方式	《东非共同体示范投资法》
公平和公正待遇	第5条为外国直接投资委员会提供了两种选择： 根据国际习惯法，要求政府表现出恶意、故意玩忽职守或缺乏国际标准的行为，而每一个理性和偏颇的人都会承认这种行为是不适当的。 公平的行政待遇：缔约国必须确保其行政、立法和司法程序不会在任意的情况下运作，或者否定对其他缔约国的投资者或其投资的行政和程序（正当程序）（考虑到缔约国的发展水平）	第6条规定，投资者及其投资在任何一个国家的领土内享有公平、合理的待遇，这种待遇不得低于分给第三国家的投资者的待遇。 第20条规定，各国必须确保最不发达国家得到有效的优惠待遇	第14条规定了国际习惯法标准的适用	第7条规定了国际习惯法标准的适用	没有关于公平和公正待遇的规定

续表

比较项目	《南部非洲发展共同体示范双边投资条约》	《南部非洲发展共同体金融和投资议定书》（附件1）	《东南非洲共同市场投资协定》	《西非经济共同体补充法案》A/SA. 3/12/08 通过关于投资的共同体规则以及与西非国家经济共同体一起执行这些规则的方式	《东非共同体示范投资法》
全面保护和安全	第9条规定，缔约国对一国的保护和安全的投资，不得低于缔约国对其本国投资者或任何第三国的投资所给予的投资。这包括恢复原状，赔偿，由于违反保护而造成的损失的赔偿	文本没有特别提到完整的保护和安全	文本没有特别提到完整的保护和安全	第7条对所有国家规定了国家权利下的合理保护和安全。在投资不必要地被东道国的力量或当局破坏的情况下，它也提供了迅速、充分和有效的补偿	只有在保护财产权的情况下才提供
征用	第6条承认为了公共利益的间接或直接所有权；根据正当法律程序，在合理的时间内支付公平和充分的赔偿。文本给出了三种公平补偿的选择：(1)根据公共利益和受影响者利益之间的公平平衡进行评估。(2)在征用发生之前，基于公共利益和受影响者的利益之间所进行的公平平衡，计算得出被征用投资的公平市场价值。(3)在征用发生之前，被征用投资的公平市场价值。它排除了公共福利目标	附件1第5条规定，投资不得为公共目的，根据正当法律程序、非歧视性基础而实行国有化或征用，并应支付及时、充分和有效的赔偿	第20条规定，成员国不得将投资收归国有或征用，除非是为了公共利益；在非歧视的基础上；按照适当的法律程序；及时支付足够的公平市场价值补偿	第8条包含了在《东南非洲共同市场投资协定》和《南部非洲发展共同体示范双边投资条约》中类似的条款	第14条禁止强制剥夺财产或任何利益或财产权，除非是为了公共使用或为国防、公共安全、公共秩序、公共道德或公共健康的利益所必需的；根据一项法律强制取得财产占有权，该法律规定了迅速支付补偿和充分补偿的条款

续表

比较项目		《南部非洲发展共同体示范双边投资条约》	《南部非洲发展共同体金融和投资议定书》（附件1）	《东南非洲共同市场投资协定》	《西非经济共同体补充法案》A/SA.3/12/08通过关于投资的共同体规则以及与西非国家经济共同体一起执行这些规则的方式	《东非共同体示范投资法》
投资者与国家间争端解决	仲裁范围	第29条规定，仲裁必须用尽国内补救办法。仲裁可以在南部非洲发展共同体仲裁庭、国际投资争端解决中心或者联合国国际贸易法委员会进行。它认可国家之间的争端解决机制	附件1第28条规定，仲裁必须用尽国内补救办法。仲裁可以在南部非洲发展共同体仲裁庭、国际投资争端解决中心、联合国国际贸易法委员会的东道国领土上的任何仲裁庭进行，它承认国家之间的争端解决	第28条规定了标准的投资者与国家间的仲裁。仲裁可以在东道国的法院进行，也可以在东南非洲共同体法院进行，还可以是国际仲裁。它承认国家之间的争端解决机制	规定了标准的投资者与国家间的仲裁，并允许选择在当事人的本国领土上解决国家之间争端的机会。它承认国家之间的争端解决机制	第15条规定了标准的投资者与国家间的仲裁，否则，当事人可以将纠纷提交合作伙伴国的地方法院或东非法院
	第三方参与	第29.15条规定仲裁庭有权接受并考虑非争议方的个人或实体提出的“法庭之友”意见	没有关于第三方参与的规定	第28条仲裁庭必须接纳“法庭之友”的参与	没有详细规定第三方参与的程序	没有关于第三方参与的规定

续表

比较项目	《南部非洲发展共同体示范双边投资条约》	《南部非洲发展共同体金融和投资议定书》（附件 1）	《东南非洲共同市场投资协定》	《西非经济共同体补充法案》A/SA.3/12/08 通过关于投资的共同体规则以及与西非国家经济共同体一起执行这些规则的方式	《东非共同体示范投资法》
程序的透明度	第 28 条规定，所有与仲裁通知、争议的处理或解决、诉状、证据和决定有关的文件，在保密信息被编辑的情况下，应向公众开放。程序和实质性或听证会应向公众开放。这可以通过直播听证会来实现。仲裁庭可以采取必要的步骤，例外情况是，以书面形式或在口头听证会上保护机密商业信息	没有关于透明度的条款	第 28 条规定，与提出仲裁意向，解决任何争议，启动仲裁庭或其中的诉状、证据和决定有关的所有文件，应向公众提供。程序和证据听证会也应向公众开放。机密的商业资料或根据成员国法律享有特权或其他保护不得披露的资料，如果提交仲裁庭，应受到保护，不得披露	第 34 条的文本规定，关于意向仲裁通知、解决任何争议、启动小组或上诉，或其中的诉状、证据和决定的所有文件，只能提供给争议各方。程序聆讯及实质聆讯亦须向公众开放	没有关于透明度的条款
准据法	没有提到国内法	没有提到国内法	第 31 条规定适用国内法	第 36 条规定适用国内法	规定了国内法的适用
上诉	第 29.20 条规定可以通过任何未来的协议提出上诉	没有上诉的条款	没有上诉的条款	文本提到了上诉程序，但没有具体说明这个问题	没有上诉的条款

非洲投资监管的新趋势

在与其他非洲国家达成协定时,没有多少非洲集团利用自己的经济优势。因此,各国最近大声疾呼的预期中的公共政策例外,在非洲内部的双边投资条约条文中并没有得到突出体现。

大多数非洲国家的双边投资条约制度是扭曲的,因为它们常常反映了发达国家条约缔约国的议程。当更强大的非洲国家与欠发达国家进行谈判时,这种趋势预计会被复制,但事实并非如此。

公共政策的例外越来越多地出现在非洲国家身上,这是加拿大等国改变条约政策的结果。基于这些动态因素,在非洲谈判舞台上占据主导地位的,看来是那些拥有具体投资政策战略和相应专门知识的国家,它们通过谈判达成了对国家有利的条约。

双边投资条约的主要目的是保护投资者,尤其是防范政策风险。因此,发展中国家是通过其主权为投资者保护支付费用的主要接受者,特别是考虑到这些投资者保护措施对国家制定政策的自由意志所施加的限制。在发展中国家之间的条约中,某些条约特征,例如履行规定和新建要求并不突出,因为发展中国家采用了发达国家和发展中国家之间通过的禁止履行要求的类似协定。[94]

如果发展中国家不承受屈从于发达伙伴意愿的压力,就有必要理解为什么这些协议是类似的。一种解释可能是发展中国家缺乏专业知识,无法认识到它们目前在引入适合国内经济需求的政策方面所面临的独特优

---

[94] Sachs, L. and Sauvant, K. , 2009, '*BITs, DTTs and FDI flows: An overivew*', in Sachs, L. and Sauvant, K. (eds), '*The Effect of Treaties on Foreign Direct Inrestment: BilateralInpestment Treaties, Double Tnxation Treaties and Investment Flows*', Oxford University Press, viewed (26 March 2017) from http://ccsi. columbia. edu/files/2014/01/Overview-SachsSauvant-Final. pdf.

势。[95] 另一种解释是,发展中国家没有认识到,双边投资不仅仅表明了吸引外国直接投资的利益,而且还影响了外国直接投资的性质、应计利益和国家违反条约的潜在责任。[96]

为了确定哪些非洲国家主导了一个深思熟虑的战略来形成它们的条约框架,有必要看看哪些国家与不同国家签订了一系列一致或多样的条约。

南非、埃及、尼日利亚和肯尼亚,一直是南部、北部、西部和东部非洲地区的主要权力集团。这些国家,除了南非,都没有一致的条约框架。虽然南非与非洲国家有一致的投资条约框架,但其非洲双边投资条约和南非与英国的第一个双边投资条约非常相似。在平衡外国投资保护和国家为公共利益进行监管的主权权利的同时,这些双边投资条约条款并不迎合投资保护和促进方面的共同利益。然而,在这些权力集团之外,其他国家在利用他们的双边投资条约框架方面具有战略意义。例如,毛里求斯双边投资条约中的一个支配性条款豁免了与国家在基本安全利益、保护公共健康和环境方面采取行动的权利有关的双边投资条约的范围。这是毛里求斯对外签订的16份双边投资条约的一个特点,而这源自中国与毛里求斯签署的双边投资条约。[97]

自2013年以来,加拿大与坦桑尼亚、喀麦隆、布基纳法索、马里、卢旺达、贝宁、科特迪瓦、尼日利亚、塞内加尔和莫桑比克签署的双边投资条约,在最近至少获得了10项豁免,坦桑尼亚获得了最高的17项豁免。[98] 不过,非洲内部的监管限制较少,最近的毛里求斯—埃及双边投资条约包含了7

---

[95] Alschner, W. and Skougarevskiy, D., 2016, '*Rule-takers or rule-makers? A new look at African bilateral investment treaty practice*', Working Paper No. 7, p. 4, viewed (30 March 2017) from https://ssrn.com/abstract=2791474.

[96] Id.

[97] Id, p. 11.

[98] 除了为社会服务、政府安全等措施开辟未来领域,对于最惠国待遇保护也有例外且排除适用投资者与国家间争端解决机制:2013年加拿大—尼日利亚双边投资条约附件二。

项监管例外。

拥有最高双边投资条约数量的埃及，还没有在其投资条约领域建立自己的足迹。[99] 在 2003 年和 2014 年埃及与毛里求斯的双边投资条约中，其与毛里求斯和卢旺达、津巴布韦的双边投资条约更加一致，这表明毛里求斯是与其他国家一起影响双边投资条约框架的国家。尽管埃及的国内生产总值为 2720 亿美元，而毛里求斯的国内生产总值为 110 亿美元，[100]但毛里求斯比埃及更积极地保护自己的投资者和监管空间。

因此，毛里求斯是一个采用“专家知识和长期战略以建立协调一致的条约网络”的国家的典范。[101] 毛里求斯从以制造业为基础的经济中心向金融服务中心的转变是经过深思熟虑的，涉及国际投资协定和双重征税条约的战略性内容。因此，很大一部分流向印度的外国直接投资，是通过毛里求斯进行的。[102]

对于各国来说，仔细研究谈判双边投资条约中使用的技术专业知识是很重要的。例如，虽然南非的双边投资条约是一致的，但英国采用的条约框架可能不一定是南非对其区域合作伙伴的政策利益的正确框架，特别是在支持履行要求方面。

当国家未能达成双边投资条约而没有对双边投资条约应该达成的目标采取战略方针时，它们就增加了接触双边投资条约要求的风险——特别是当国家采用国内法规违背条约义务时。例如，埃及目前登记了 29 起案件，其采用传统的方法对待双边投资条约，用投资者与国家间争端解决机制作为解决争端的最优先方法。它在国际投资争端解决中心名下登记的争端数量排名第三，巧合的是，它也是非洲国家中双边投资条约数量最多的，有效的双边投资条约超过了 100 份。

---

[99] 埃及总共签署了 112 项投资协定。

[100] Alschner and Skougarevskiy, *supra* note 95 at p. 15.

[101] Id, p. 17.

[102] Forty per cent of India's FDI flows went through Mauritius; Id, p. 18.

非洲各地的各种区域投资条例允许具有类似经济利益的非洲国家确定适当的投资政策,以保护国家为公共利益进行管理的权利,并通过作为规则制定者而不是规则接受者来确定适用的投资规则。非洲的区域投资采用了有利于保护非洲国家利益的规则,例如确保国家有权进行管理,利用国内法院解决争端,强加给投资者压力,以及遵守人权规范。如果没有这些战略性的考虑,采取一些策略,就会导致外国投资者潜在地利用双边投资条约规则。投资者将挑战国内监管,解释有利于他们放弃责任、损害东道国利益的规则。[103]

结 论

非洲的经济正在显著增长。大多数国家的政治稳定性有所提高,国家经济的多样化程度有所增加,这对经济增长是个好兆头。[104] 移动电信的渗透、国内生产总值向其他部门的转移、发现矿产财富的增加以及散居海外的非洲人的汇款都促进了非洲的经济增长。[105]

与此同时,非洲一体化也得到了各种联合声明的帮助。三个联合体,即东南非洲共同市场、东非共同体和南部非洲发展共同体组成了一个三方自由贸易区(Tripartite Free Trade Area,TFTA),该自由贸易区于2016年

---

[103] 例如,在正在进行的Total E&P Uganda BV v. Republic of Uganda(ICSID Case No. ARB/15/11)一案中,道达尔公司正在挑战其所说的政府征收的不合法的税收。投资者收购了四个石油勘探区块,税务机关随后在收购后征收了印花税。这是外国投资者针对乌干达提起的几起税务纠纷之一。还有Tamagot Bumi SA and Bumi Mauritania SA v. Islamic Republic of Mauritania(ICSID Case No. ARB/14/23),索赔公司即塔玛格特·布米(Tamagot Bumi SA)和布米·毛里塔尼亚(Bumi Mauritania SA),属于毛里塔尼亚。它们共同的母公司——布米控股公司,也属于毛里塔尼亚。布米控股公司归卢比斯(Rubis)国际毛里塔尼亚公司所有,而布米资源公司归一个印尼家族所有。答辩人是毛里塔尼亚共和国。索赔人声称毛里塔尼亚当局非正当地吊销了它们的采矿许可证。它们指控违约,违反了2002年的一部国内投资法。据称,索赔人的许可证被吊销,因为它没有将合同授予一家当地公司,而这家公司帮助投资者获得了采矿许可证。

[104] UNECA Investment Report. *supra* note 6.

[105] Id.

成立。预计三方自由贸易区将使该地区对投资流动更具吸引力。[106] 区域经济共同体的关键作用包括协调努力解决承担不同义务的重叠贸易协定问题。有几个国家属于具有多个不同贸易体制的国家,这将要求各国对不同的区域伙伴适用不同的贸易规则。这增加了遵守这些规则的贸易成本,也导致了不一致的地区市场。采纳三方自由贸易区应有助于解决这类问题,并有助于促进跨境投资,降低在区内营商的成本,以及为私营部门的发展创造有利的环境。[107]

在政治上,一体化使非洲地区在贸易和投资谈判中有更大的议价能力。[108] 它还促进了超国家规则的存在,这些规则将取代保护主义的国家政策。虽然超国家规则的存在有时被视为侵犯了国家的主权政策空间,但为了超国家规则而放弃主权本身就是一种主权行为。更重要的是,在区域一级协调投资规则,可以保持一致性和确定性,有利于整个区域。

在经济上,一体化还能使贸易自由化,进入更大的出口市场,获得更便宜的进口。[109] 此外,通过减少公司的垄断和提高效率,[110]进入一个更大的一体化市场也能吸引外国直接投资。[111]

尽管如此,区域一体化仍面临许多挑战。非洲国家在人口、地理和经济规模方面的巨大差异使一体化变得困难。[112] 此外,矿产财富贸易的集中,以及金融服务贸易的日益集中,也减少了财政统一的影响。[113] 虽然大多数非洲国家已基本消除了关税壁垒,但非关税壁垒依然存在。原产地规

---

[106] UNECA Investment Report, *supra* note 6 at p. 35.

[107] Preamble to the Tripartite Free Trade Agreement.

[108] UNECA, *supra* note 6 at p. 83.

[109] Id, p. 115.

[110] Id.

[111] Id, p. 151.

[112] 例如,有 8 个国家(贝宁、布基纳法索、几内亚比绍、科特迪瓦、马里、尼日尔、塞内尔和多哥)在西非经济共同体使用非洲金融共同体货币(CFA),这阻碍了西非经济共同体发展共同货币的前景,尼日利亚的规模超过了 8 个国家的总和。

[113] World Investment Report 2015, *supra* note 17; GSDPP, *supra* note 2 at p. 17.

则、出口和进口许可证的持续存在，以及各国为保护本国工业而采取的保护主义措施，都阻碍了一体化进程。[114] 基础设施不足不仅是硬基础设施方面的问题，也是缺乏强有力的制度和规章的问题。超国家规则没有被驯化或批准，为指导而制定的示范法也被忽视。[115] 因此，虽然有意在区域一级促进多边主义，但各国的行为仍然是保护主义导向的。为了解决这些问题，区域经济共同体需要发挥关键作用。

这些区域性经济协定由成员方组成，其有效性取决于成员方执行协定和履行义务的承诺水平和实力。[116] 区域一体化是一个难以实现的目标，因为各国的目标都是实现共同的目标。[117] 可以理解的是，各国有不同的国家优先事项来迎合不同的发展水平以及政治和经济意识形态。[118] 为了调整这一系列利益，区域一体化议程必须与国家利益保持一致，而实现这一点的一个重要方式是将区域协定纳入国家监管框架。由于不同的国家有不同的区域经济协定成员方和不同的规则，这可能会导致模棱两可。

尽管支持区域一体化的经济理由非常充分，但仅将区域协定纳入国内法是不够的。通过基础设施和技术将非洲大陆连接起来，对于支持那些由于地理位置而本质上比其他国家处于更加不利地位的小型内陆国家是必要的。[119] 因此，对基础设施的投资是必要的，而且有利于这种投资。此外，有必要强调取消关税和非关税壁垒，同化非正式的边境贸易网络。[120]

尽管一些国家担心政策空间的丧失和主权的保护，但重要的是要认识到，区域一体化促进了包容，并使各国团结起来，以保护集体利益。[121] 因

---

[114] Id, World Investment Report, p. 146.

[115] 东南非洲共同市场的投资协定尚未批准，莫桑比克最近的双边投资条约也没有反映南部非洲发展共同体的双边投资条约模式。

[116] GSDPP, *supra* note 2 at p. 6.

[117] Id.

[118] Id.

[119] Id, p. 7.

[120] Id.

[121] Id, p. 12.

此,强调非洲特性对地区一体化项目至关重要。双边投资协议,在解决个别国家的国家利益方面没有实现这一点。应优先考虑多边投资协定,但此类协定应与批准这些协定的国家的不同国内目标保持一致。[122] 目前的跨非洲区域投资协定为进一步制定将可持续发展和人权置于投资优先事项中心的投资规则框架提供了坚实的背景。

---

[122] Id, p. 15.

第七章　结论与建议

本书提出的建议承认需要采取多方位的方法来解决投资监管问题。

随着非洲经济走向投资规则一体化，非洲大陆之外的发展证实了非洲国家在保持吸引外国直接投资的竞争环境的同时保护自身利益的必要性。随着非洲经济继续多样化和人口增长，流向非洲的投资将继续增长，创造出对全球企业和全球价值链具有吸引力的庞大劳动力队伍。自然资源的连续发现也意味着对外国直接投资的需求将继续增长。

然而，重要的是，非洲国家要最大限度地利用外国直接投资，以造福其公民，刺激经济发展。要做到这一点，非洲国家需要谨慎制定监管规定，以确保吸引合适的投资，并提供足够的安全保障，最大限度地提高此类投资对公共利益的益处。因此，国家一方面需要通过促进可持续和包容性发展目标的规章，确保对投资者实行业绩要求，并有义务保护人权；另一方面，各国应避免采取任意措施，侵蚀投资者的权利。没有对这些相互竞争的因素进行仔细的平衡，争端必然会产生，从而暴露国家的责任。投资者可能以被视为不负责任的国家为对象，在投资者与国家间争端解决机制中向这些国家提出索赔，以及其他一些担忧，已导致全球公众反对这一制度。

事实上，对跨太平洋伙伴关系和跨大西洋贸易与投资伙伴关系的反对，特别是对投资者与国家间争端解决机制的反对，导致美国退出跨太平洋伙伴关系，欧盟委员会暂停与美国的贸易谈判，就跨大西洋贸易与投资伙伴关系的投资方面进行公开磋商。[①] 欧盟委员会最近提出了一项建立一个永久性投资法庭的建议,这将取代临时性的国际法庭。[②] 在这个最新的提案之前,2013 年,欧盟委员会发表了一篇论文,试图驳斥一些关于投资者与国家间争端解决机制的普遍批评。欧盟委员会为这一制度辩护,声称这一制度并没有破坏民主,尽管它绕过了国内法院,但出于合法原因,有人担心地方法院存在偏见,可能缺乏独立性,这引起了投资者的担忧。[③] 在几个月的时间里,公众的压力和反对已经导致了委员会政策决定的逆转,这表明公众在追究公共机构责任方面拥有难以置信的权力。

鉴于这种反对该机制的情绪,本书提出的透明度论点的前提是,透明度不仅有利于非争议当事方获得更好的信息,而且还使投资者能够获得影响其投资的相关信息。为了推进透明度议程,包括民间社会在内的各种利益攸关方可以发挥作用,积极推动谈判新的双边投资条约,以审查现有双边投资条约条款,促进公众积极参与。

仲裁员还可以发挥作用,承认程序完整性不是与透明度要求相冲突的目标,并应认识到采用不仅有利于信息披露而且有利于第三方参与的解释的重要性。不应阻止介入的各方作为"法庭之友"行事,因为其在争端中具有重要的合法利益,正如本书中讨论的伯恩哈德·冯·佩佐德等人诉津巴布韦共和国争端。[④] 重要的是,"法庭之友"的参与不应仅限于公民社会的参与,还应包括基层运动的参与,以代表群众的利益和声音。

在本书考虑的一些案例中,包括斯威斯伯格钻石矿业公司等诉莱索托

---

① Reinsch, A., 2016, '*The European Union and Investor-State Dispute Settlement: From Investor-State Arbitration to a permanent Investment Court*', Investor-State Arbitration Series Paper No. 2.

② Id.

③ European Commission, 2013, '*Incorrect claims about investor-state dispute settlement*', viewed (25 March 2017) from http://trade. ec. europa. eu/doclib/docs/2013/october/tradoc_151790. pdf, p. 1.

④ *Bernhard von Pezold and Others v. Republic of Zimbabwe*, ICSID Case No. ARB/10/15.

王国案[⑤]、南太平洋财产(中东)有限公司诉阿拉伯埃及共和国案[⑥],投资者与国家间争端解决机制的争议当事方,即投资者和国家,在试图撤销投资裁决时经常诉诸国内法院。这就引出了一个问题,为什么国内法院有权撤销裁决,但不足以裁定投资。这种自相矛盾的说法破坏了传统的,或许已经过时的主张,即国内法院是非法的争端解决法庭。除了利用国内法律制度,本书还提供了其他选择,包括利用国家间争端解决机制和地区人权机制。一个主要的反对意见是缺乏相关的民主理想,包括程序的完整性、公众参与、透明度和法治原则,这些可能有助于克服民主的缺陷。[⑦] 这些特点存在于提出的备选方案中,新国际投资协定的一些新趋势,包括南非新的国内法和泛非投资法,表明越来越倾向于国家间争端解决。

两位公法学者,莫里森(Morison)和安东尼(Anthony),认识到国家、地区和超国家机构之间的复杂联系,以及解决机构民主缺陷的必要性。他们的关切主要在于缺乏民主要素,而这种民主要素将允许某种形式的透明度、公众参与及对全球治理机构内部决策程序的限制。[⑧] 他们赞同这样一种建议,最终决定的基础不应是权威,而应该是不同选区之间谈判和妥协、挑战和让步的过程。[⑨]

这些建议清楚表达了对投资者与国家间争端解决机制模式的不满,以及修订该制度的需要。现行投资者与国家间争端解决机制的支持者再也无法维持这样一种倾向,即将双边投资条约视为纯粹处理投资者权益的工具,将其与其他法律体系的影响隔离开来。相互补充的多元化法律体系是

---

⑤ *Swissbourgh Diamond Mines (Pty) Limited*, *Josias Van Zyl*, *The Josias Van Zyl Family Trust and Others v. The Kingdom of Lesotho*(PCA Case No. 2013 - 29).

⑥ ICSID Case No. ARB/84/3. disputes.

⑦ Morison, J. and Anthony, G., 2011, '*The place of public interest*', in G. Antony et al. (eds), Values in Global Administrative Law, Hart Publishing, p. 232.

⑧ Id, p. 237.

⑨ Id, p. 238.

一种前进方式。[10]

投资者与国家间争端解决机制仲裁庭只对涉嫌违反条约规定而产生的争端具有管辖权,双边投资条约通常不包含任何涉及实质性人权义务的规定。[11] 因此,重要的是,仲裁庭给予适当考虑的其他法律制度,规定了义务的争议各方。例如,东道国可以提出人权保护来证明针对索赔投资者采取行动的正当性。然而,侵犯人权的指控必须与投资者提出的索赔有关。根据杜普义(Dupuy)的说法,援引人权论点的争端当事方,无论是东道国还是投资者,都必须证明人权问题影响到利害攸关的投资的实施。[12] 这种限制之所以存在,是因为仲裁员的管辖权特别局限于某项投资引起的纠纷。[13] 由于国际商事仲裁法的严格管辖权,仲裁裁决的可信度必须适当考虑其他现行法律,无论是国内法还是国际法。

虽然非洲国家应该采取保护其相关公共利益的国内投资法规,但在日益增长的地区主义中采取统一的方式将是理想的。这也将有助于那些官僚机构和技术专长薄弱的小国确保它们不会达成在可持续发展目标上妥协的双边投资条约。这种方法已经在欧盟层面得到考虑,对欧洲国家的外国直接投资已经成为欧盟的专有权限。[14] 因此,欧盟已经开始形成自己的投资政策,包括双边投资条约谈判。尽管当前的双边投资条约继续作为国际公法对成员方具有约束力,但现在必须从欧盟的专属权限角度来评估成

---

⑩ Id, p. 221.

⑪ 一个例子是2007年《挪威示范双边投资条约》,其中重申"各方根据国际法规定的义务,包括《联合国宪章》和《世界人权宣言》规定的原则,致力于民主、法治、人权和基本自由"。

⑫ Dupuy, P. M., 2009, '*Unification rather than fragmentation of international law? The case of international investment law and human rights law*', in Dupuy, P. M., Human Rights in International Investment Law and Arbitration, Oxford University Press, pp. 61 – 62.

⑬ Id.

⑭ 这是2009年12月1日,《里斯本条约》生效的结果。Levashova, Y., 2012, '*Public Interest Norms in the Esropean International Investment Policy: A Shattered Hope?*', University of Oslo Faculty of Law, Legal Studies Research Paper Series No. 8, p. 86.

员国的双边投资条约。[15] 欧盟委员会已经提出了一项新的欧洲投资政策，该政策设定了批准现有双边投资条款的标准，以及与第三国修改或缔结双边投资条约条款。欧盟委员会还将审查双边投资条约条款，以确定双边投资条约条款是否与欧盟的法律冲突，是否与欧盟同该第三国现行的双边投资条约重叠，或者是否对欧盟投资政策的发展和执行构成障碍。[16] 这种方法扩展了区域层面上已经提出的示范性双边投资条约条款的发展，使之成为具有约束力的法律规范，确保双边投资条约条款不会压倒其他相关的非投资义务。

在《南部非洲发展共同体示范双边投资条约》中，其序言部分承认："投资可以对缔约国的可持续发展做出重要贡献……并促进人权和人类发展……重申缔约国有权管理和引进与在其领土上的投资有关的新措施，以实现国家政策目标……"示范法进一步规定了各国进行管理的具体权利，其中规定："东道国有权采取管理或其他措施，以确保其领土内的发展符合可持续发展的目标和原则，以及其他合法的社会和经济政策目标。为了更大的确定性，缔约国为遵守其他条约规定的国际义务而采取的非歧视性措施不构成对本条约的违反。"[17]

通过诸如此类的条款可以防止"仲裁员偏好将投资条约视为纯粹的投资者权利"[18]。本书第一章和第六章讨论的泛非投资法草案承认在可持续发展目标框架内制定投资规章的重要性，并对投资者施加人权限制。该准则是投资管理的黄金标准法律，需要非洲国家的政治承诺，才能使该准则具有约束力。

根据本书的建议，在未来修改双边投资条约或谈判新双边投资条约

---

⑮ Id, p. 88.

⑯ Id, p. 90.

⑰ Commentary to article 20 of the SADC model BIT viewed (30 March 2017) from www.iisd.org/itn/wp-content/uploads/2012/10/sadc-model-bit-template-final.pdf.

⑱ Id.

时,重点应该放在双边投资条约语言的修改上,而不是发展新的国际仲裁结构。如果拒绝投资者与国家间争端解决机制的趋势继续增长,双边投资条约的新语言允许一个适用法治原则和人权准则的系统的发展。这将允许发展一些替代投资者与国家间争端解决机制的方案,如利用国内法律体系、国家间争端解决机制和区域人权机制。修改后的条约语言也应该扩展到条约的序言,这是条约解释的核心。序言承认双边投资条约旨在实现更广泛的目标,包括保护和促进人权、可持续发展、适用行政司法原则,包括透明度和公众参与、诉诸司法的机会以及考虑到国内法和国际法的解释性方法的保障。

本书并不是说,东道国应该能够避免承担投资义务,转而承担非投资义务。本书所建议的是通过其他法律制度的影响来演变和发展国际投资法。在这方面,赞赏和尊重的幅度原则尤为重要。国际投资法律制度是流动的,不同于其他现有的法律制度,它是由数千份双边投资条约所引导的。因此,我们提出了一种对投资条约进行整体解释的方法。在提出适用国内法规的国家,这不应该是唯一适用的规则解释,应该从其他法律制度,如国际习惯法、《经济、社会及文化权利国际公约》的义务和世界贸易组织规则等方面进行比较公法的分析。这包括将相关的国际法规则系统地纳入双边投资条约制度,并评估限制投资者保护的国家措施的目标是否与本书第二章中提出的构成公共利益措施的因素一致。

在区域一级,我们看到各种新的监管发展,这些发展反映了非洲国家的一些监管情况,这些国家没有任何深思熟虑的战略来确保投资监管不会不适当地偏向于保护投资者及其投资。各国需要在国内和非洲大陆一级采取战略方针,以确保投资法规实现可持续发展的目标。

本书中的建议不仅与国际投资法律制度特别相关,也与其他制度相关,而其中的整合是关键。例如,区域经济共同体,目前正在进入一个新阶段,拟议通过域外法来管理各个部门。各国国内法的相关性及区域法在域外适用,将成为相关因素。在适用这些区域法的过程中,国家管理外资的主权权利必定受到质疑。这对于以法律一体化为研究主题的其他学术著作而言将具有重要意义。

文献目录

Chapter 1

Books

Ismail, M., 2016, *International Investment Arbitration: Lessons from Developments in the MENA Region*, Routledge.

Ruggie, G. J., 2013, *Just Business: Multinational Corporations and Human Rights*, W. W. Norton & Company.

Sornarajah, M., 2010, *The International Law on Foreign Investment*, 3rd edn, Cambridge University Press.

Vidal-Leon, C., 2015, 'A New Approach to the Law of Foreign Investments: The South African case', in Bjorklund, A. (ed.) *Yearbook on International Investment Law and Policy* 2014 – 2015, Oxford University Press.

Journal articles

Africa, J. – G. and Ajumbo, G., 2012, 'Informal Cross Border Trade in Africa: Implications and Policy Recommendations', *Africa Economic Brief* 3(10).

Human Rights Council, 2014, 'Elaboration of an Internationally Legally

Binding Instrument on Transnational Corporations and Other Business Enterprises with Respect to Human Rights', A/HRC/26/L.22/Rev., Human Rights Council.

Levitt, J. I., 2015, 'African Origins of International Law: Myth or Reality?', *UCLA Journal of International Law and Foreign Affairs* 19.

Miles, K., 2010, 'International Investment Law: Origins, Imperialism and Conceptualizing the Environment', *Colorado Journal of International Environmental Law & Policy* 21(1).

Schlemmer, E. C., 2016, 'An Overview of South Africa's Bilateral Investment Treaties and Investment Policy', *ICSID Review* 31(1).

Wei, D., 2012, 'Bilateral Investment Treaties: An Empirical Analysis of the Practices of Brazil and China', *European Journal of Law and Economics* 33(3).

Online sources

African Development Bank, 'Recognising Africa's Informal Sector', viewed(15 March 2017) from www.afdb.org/en/blogs/afdb-championing-inclusive-growth-across-africa/post/recognizing-africas-informal-sector-11645/.

Brenton, P. and Hoffman, B. (eds), 2015, 'Political Economy of Regional Integration in Sub-Saharan Africa', World Bank Group, 3, viewed (20 March 2017) from http://documents.worldbank.org/curated/en/601711468010204270/pdf/103324-REVISED-WP-P146857-PUBLIC.pdf.

Brenton, P. and Isik, G. (eds), 2011, 'De-Fragmenting Africa: Deepening Regional Trade Integration in Goods Services', World Bank, viewed (20 March 2017) from http://siteresources.worldbank.org/

INTAFRICA/Resources/Defrag_Afr_English_web_version. pdf.

Mbengue, M. , 2016, 'The Quest for a Pan-African Investment Code to Promote Sustainable Development', Bridges Africa, 5 (5), viewed (30 March 2017) from www. ictsd. org/bridges-news/bridges-africa/news/the-quest-for-a-pan-african-investment-code-to-promote-sustainable.

UNCTAD, 2015, 'Strengthening The Private Sector to Boost Continental Trade and Interrogation in Africa', viewed (21 March 2017) from http://unctad. org/en/ PublicationsLibrary/presspb2015d5_en. pdf.

UNCTAD, 2015, 'World Investment Report 2015', viewed (15 March 2016) from http://unctad. org/en/PublicationsLibrary/wir2015_en. pdf.

UNCTAD, 2015, 'Key Statistics and Trends in International Trade in Goods 2015', viewed (15 March 2017) from http://unctad. org/en/PublicationsLibrary/ ditctab2015d1_en. pdf.

UNCTAD, 2005, 'South-South Cooperation in International Investment Agreements', viewed (31 March 2017) from http://unctad. org/en/docs/iteiit20053_en. pdf.

UNECA, 2016, 'Investment Policies and Bilateral Investment Treaties in Africa: Implications for Regional Integration', viewed (15 March 2017) from www. uneca. org/sites/default/files/PublicationFiles/eng_investment_landscaping_study. pdf.

WTO, 2015, 'International Trade Statistics', viewed (15 March 2017) from www. wto. org/english/res_e/statis_e/its2015_e/its2015_e. pdf.

Chapter 2

Books

Dupuy, P., 2010, 'Unification Rather than Fragmentation of

International Law? The Case of International Investment Law and Human Rights Law', in Dupuy, P. (ed.) *Human Rights in International Investment Law and Arbitration*, Oxford University Press.

Francioni, F., 2010, 'Access to Justice, Denial of Justice, and International Investment Law', in Dupuy, P. (ed.) *Human Rights in International Investment Law and Arbitration*, Oxford University Press.

Gazzini, T. and De Brabandere, E., 2012, 'Bilateral Investment Treaties', in Gazzini, T. and De Brabandere, E. (eds) *International Investment Law: The Sources of Rights and Obligations*, Martinus Nijhoff Publishers.

Hirsch, M., 1993, *The Arbitration Mechanism of the International Centre for the Settlement of Disputes*, Kluwer-Nijhoff Publishers.

Hirsch, M., 2010, 'Investment Tribunals and Human Rights: Divergent Paths', in Dupuy, P. (ed.) *Human Rights in International Investment Law and Arbitration*, Oxford University Press.

Kulick, A., 2012, *Global Public Interest in International Investment Law*, Cambridge University Press.

Montt, S., 2009, *State Liability in Investment Treaty Arbitration: Global Constitutional and Administrative Law in the BIT Generation*, Hart Publishing.

Morgan, B. and Yeung, K., 2007, *An Introduction to Law and Regulation*, Cambridge University Press.

Petersmann, E. U., 2012, *International Economic Law in the 21st Century*, Hart Publishing.

Poulsen, L., 2012, 'Investment Treaties and the Globalisation of State Capitalism: Opportunities and Constraints for Host States', in Echandi, R.

and Sauve, P. (eds) *Prospects in International Investment Law and Policy*, Cambridge University Press.

Reiner, C. and Schreuer, C., 2010, 'Human Rights and International Investment Arbitration', in Dupuy, P. (ed.) *Human Rights in International Investment Law and Arbitration*, Oxford University Press.

Schill, S. W., 2009, *The Multilaterilazation of International Investment Law*, Cambridge University Press.

Schneiderman, D., 2008, *Constitutionalizing Economic Globalization: Investment Rules and Democracy's Promise*, Cambridge Studies in Law and Society.

Sunstein, C., 1993, *After the Rights Revolution: Reconceiving the Regulatory State*, Harvard University Press.

Journal articles

Adeleke, F., 2016, 'Human Rights and International Investment Arbitration', *South African Journal of Human Rights* 32(1).

Bronckers, M., 2015, 'Is Investor-State Dispute Settlement (ISDS) Superior to Litigation Before Domestic Courts?: An EU View on Bilateral Trade Agreements', *Journal of International Economic Law* 8(3).

Cernic, J. L., 2010, 'Corporate Human Rights Obligations under Stabilization Clauses', *German Law Journal* 11.

Choudhury, B., 2009, 'Democratic Implications Arising from the Intersection of Investment Arbitration and Human Rights', *Alberta Law Review* 46.

Desierto, D. A., 2012, 'Calibrating Human Rights and Investment in Economic Emergencies: Prospects of Treaties and Valuation Decisions',

Manchester Journal of International Economic Law 9(2).

Fry, J. D., 2008, 'International Human Rights Law in Investment Arbitration: Evidence of International Law's Unity', *Duke Journal of Comparative & International Law* 18.

Meyer, G. and Coleman, M., 2009, 'Arbitration in Africa', *Without Prejudice* 46.

Odumosu, I., 2008, 'The Law and Politics of Engaging Resistance in Investment Dispute Settlement', *Penn State International Law Review* 26.

Roberts, A., 2010, 'Power and Persuasion in Investment Treaty Interpretation: The Dual Role of States', *American Journal of International Law* 104.

Simma, B., 2011, 'Foreign Investment Arbitration: A Place for Human Rights?', *International & Comparative Law Quarterly* 60.

Van Harten, G., 2007, 'The Public-Private Distinction in the International Arbitration of Individual Claims against the State', *International & Comparative Law Quarterly* 56.

Yackee, J., 2012, 'Controlling the International Investment Law Agency', *Harvard International Law Journal* 53.

Online sources

Devaney, M., 2012, 'Leave it to the Valuation Experts?: The Remedies Stage of Investment Treaty Arbitration and the Balancing of Public and Private Interests', Society of International Economic Law, 3rd Biennial Conference, Working Paper No. 2012 – 06, viewed (31 March 2017) from https://papers.ssrn.com/sol3/papers.cfm?abstract_id=2087777&rec=1&srcabs=2088315&alg=1&pos=4.

Gibson, D. , 2014, 'Will Africa be Lit by "BITS"?', viewed(13 May 2014) from www. gibsondunn. com/publications/Documents/Will-Africa-Be-Lit-By-BITs. pdf.

US-Australia Free Trade Agreement (FTA), 2004, Article 11. 6, viewed (20 June 2016) from www. ustr. gov/trade-agreements/free-trade-agreements/ australian-fta.

UNCTAD, 2007, 'Investor-State Dispute Settlement and Impact on Investment Rule Making', viewed(21 March 2017) from unctad. org > docs > iteiia20073_en. pdf.

UNCTAD, 2016, 'World Investment Report 2016', viewed(31 March 2017) from http://unctad. org/en/PublicationsLibrary/wir2016_en. pdf.

Other sources

Henckels, C. , 2012, 'Proportionality and Standard of Review in Fair and Equitable Treatment Claims: Balancing Stability and Consistency with the Public Interest', Society of International Economic Law Conference, unpublished paper.

Suda, R. , 2005, 'The Effect of Bilateral Investment Treaties on Human Rights Enforcement and Realization', Global Law Working Paper 01/05 Symposium: Transnational Corporations and Human Rights.

Vadi, V. , 2012, 'Culture Clash: Investor's Rights vs. Cultural Heritage in International Investment Law and Arbitration', Society of International Economic Law (SIEL), 3rd Biennial Global Conference, unpublished paper.

Chapter 3

Books

Dezalay, Y. and Garth, B. G., 1996, *Dealing in Virtue: International Commercial Arbitration and the Construction of a Transnational Legal Order*, University of Chicago Press.

Echandi, R., 2013, *Prospects in International Investment Law and Policy, Complementing Investor-State Dispute Resolution: A Conceptual Framework for Investor-State Conflict Management*, Cambridge University Press.

Harrison, J., 2009, 'Human Rights Arguments in Amicus Curiae Submissions: Promoting Social Justice?', in Dupuy, P. (ed.) *Human Rights in International Investment Law and Arbitration*, Oxford University Press.

Kladermis, D., 'Investment Treaty Arbitration as Global Administrative Law: What This Might Mean in Practice', in Brown, C. and Miles, K. (eds) *Evolution in Investment Treaty Law and Arbitration*, Cambridge University Press.

Maupin, J. A., 2013, 'Transparency in International Investment Law: The Good, the Bad, and the Murky', in Bianchi, A. and Peters, A. (eds) *Transparency in International Law*, Cambridge University Press.

Miles, K., 2013, *The Origins of International Investment Law*, Cambridge University Press.

Petersmann, E., 2012, *International Economic Law in the 21st Century: Constitutional Pluralism and Multilevel Governance of Interdependent Public Goods*, Hart Publishing.

Titi, A., 2013, *The Right to Regulate in International Investment Law*,

Nomos Publishing.

Van den Berg, A., 2010, 'Dissenting Opinions by Party-Appointed Arbitrators in Investment Arbitration' in Mahnoush H. et al. (eds) *Looking to the Future: Essays on International Law in Honor of M. Reisman*, Brill.

Van Harten, G., 2007, *Investment Treaty Arbitration and Public Law*, Oxford University Press.

Journal articles

Bartholomeusz, L., 2005, 'The Amicus Curiae before International Courts and Tribunals', *Non-St Actors & International Law* 5.

Franck, S., 2005, 'The Role of International Arbitrators', *ILSA Journal of International & Comparative Law* 12(1).

Gathi, J. T. and Odumosu, I., 2009, 'International Economic Law in the Third World', *International Commercial Law Review* 11.

Magraw, D. and Amerasinghe, N., 2008, 'Transparency and Public Participation in Investor-State Arbitration', *ILSA Journal of International and Comparative Law* 15.

Miles, K., 2010, 'International Investment Law: Origins, Imperialism and Conceptualizing the Environment', *Colombian Journal of International Environmental Law & Policy* 1.

Odumosu, I., 2008, 'The Law and Politics of Engaging Resistance in Investment Dispute Settlement', *Penn St International Law Review* 26.

Puig, S., 2014, 'Social Capital in the Arbitration Market', *The European Journal of International Law* 25(2).

Rogers, C., 2013, 'The Politics of International Investment Arbitrators', *Santa Clara Journal*, *International Law* 12.

Schultz, T. and Kovacs, R. , 2012, 'The Rise of a Third Generation of Arbitrators? Fifteen Years after Dezalay and Garth', *Arbitration International* 28(2).

Sinclair, A. , Fischer, L. and Macrory, S. , 2009, 'ICSID Arbitration: How long does it take?', *Global Arbitration Review* 4.

Van Duzer, A. , 2007, 'Enhancing the Procedural Legitimacy of Investor-State Arbitration Through Transparency and Amicus Participation', *McGill Law Journal* 52.

Online sources

Bastin, L. , 2013, 'Amici Curiae in Investor-State Arbitrations: Two Recent Decisions', Australian International Law Journal, viewed(31 March 2017) from www. austlii. edu. au/au/journals/AUIntLawJl/2013/7. pdf.

Cappelletti, M. and Garth, R. , 1978, 'Access to Justice: The Worldwide Movement to Make Rights Effective, A General Report', viewed (31 March 2017) from www. repository. law. indiana. edu/cgi/viewcontent. cgi? article = 2140&context = facpub.

Maupin, J. , 2015, 'Recurring Problems in Investor-State Disputes & How South Africa Might Respond to Them', Max-Planck-Institut, viewed (31 March 2017) from www. saiia. org. za/doc_download/699 – 2015 – 02 – 10 – investor-state-disputes-pres-by-julie-maupin.

Mohamadieh, K. and Uribe, D. , 2016, 'The Rise of Investor-State Dispute Settlement in the Extractive Sectors: Challenges and Considerations for African Countries', Research paper 65, viewed (31 March 2017) from www. south centre. int/wp-content/uploads/2016/02/RP65_Rise-of-investor-state-dispute-settlement-in-extrative-sectors_EN. pdf.

Reeves, E. , 2012, 'Oil Revenues Controversy: Country's Obstructionism Threatens War', viewed(31 March 2017) from http://allafrica. com/stories/201201250523. html.

Schill, S. , 2014, 'Transparency as a Global Norm in International Investment Law', viewed(21 March 2017) from http://kluwerarbitrationblog. com/2014/09/15/transparency-as-a-global-norm-in-international-investment-law.

Sudan Tribune, 2013, 'Sudan Drops Demand for Compensation for Confiscated Oil Assets', viewed(31 March 2017) from www. sudantribune. com/spip. php? article45301.

Trevino, C. , 2015, 'Uganda Faces Investment Treaty Arbitration By Total Oil Company', IA Reporter, viewed (29 November 2016) from www. iareporter. com/articles/uganda-faces-investment-treaty-arbitration-by-total-oil-company/.

UNCTAD, 2010, 'Investor-State Disputes: Prevention and Alternatives to Arbitration', viewed (21 March 2017) from http://unctad. org/en/docs/diacia200911_en. pdf.

UNCTAD, 2010, 'Investor-State Disputes: Prevention and Alternatives to Arbitration', viewed(31 March 2017) from http://unctad. org/en/docs/diaeia200911_en. pdf.

UNCTAD, 2012, 'Series on Issues in International Investment Agreements II Transparency 2012', viewed (21 March 2017) from unctad. org/en/Publications Library/diaeia2013d2_en. pdf.

UNCTAD, 2012, 'Series on Issues in International Investment Agreements II Transparency', viewed (31 March 2017) from http://unctad. org/en/PublicationsLibrary/unctaddiaeia2011d6_en. pdf.

Other sources

Adeleke, F. , 2015, ‘The Role of Law in Assessing the Value of Transparency and the Disconnect with the Lived Realities under Investor-State Dispute Settlement’, Working Paper No. 6, presented at the Law & Society Conference, Seattle May 2015, unpublished paper.

Chapter 4

Books

Alschner, W. , 2014, ‘The Return of the Home State and the Rise of “Embedded” Investor-State Arbitration’, in Lalani, S. and Lazo, R. P. (eds) *The Role of the State in Investor-State Arbitration*, Brill publishing.

de Sena, P. , 2009, ‘Economic and Non-Economic Values in the Case Law of the European Court of Human Rights’, in Dupuy, P. (ed.) *Human Rights in International Investment Law and Arbitration*, Oxford University Press.

Hallward-Driermeier, M. , 2009, ‘Do Bilateral Investment Treaties Attract FDI? Only a Bit...And They Could Bite’, in Sachs, L. and Sauvant, K. (eds) *The Effect of Treaties on Foreign Direct Investment: Bilateral Investment Treaties, Double Taxation Treaties and investment Flows*, Oxford University Press.

Kriebaum, U. , 2009, ‘Is the European Court of Human Rights an Alternative to Investor-State Arbitration?’, in Dupuy, P. (ed.) *Human Rights in International Investment Law and Arbitration*, Oxford University Press.

Marchessault, L. and Jarvis, M. , 2013, ‘The Trend Towards Open

Contracting: Applicability and Implications for International Investment Agreements', in Bjorklund, A. (ed.) *Yearbook on International Investment Law Policy*, Oxford University Press.

Miles, K., 2013, *The Origins of International Investment Law: Empire, Environment and the Safeguarding of the Capital*, Cambridge University Press.

Nikken, P., 2009, 'Balancing of Human Rights and Investment Law in the Inter-American System of Human Rights', in Dupuy, P. (ed.) *Human Rights in International Investment Law and Arbitration*, Oxford University Press.

Pasqualucci, J. M., 2013, *The Practice and Procedure of the Inter-American Court of Human Right*, 2nd ed., Cambridge University Press.

Reiner, C. and Schreuer, C., 2009, 'Human Rights and International Investment Arbitration', in Dupuy, P. (ed.) *Human Rights in International Investment Law and Arbitration*, Oxford University Press.

Sachs, L. and Sauvant, K., 2009, 'BITs, DTTs, and FDI Flows', in Sachs, L. and Sauvant, K. (eds) *The Effect of Treaties on Foreign Direct Investment: Bilateral Investment Treaties, Double Taxation Treaties and investment Flows*, Oxford University Press.

Sachs, L. and Sauvant, K., 2009, 'The Impact on Foreign Direct Investments of BITs', in Sachs, L. and Sauvant, K. (eds) *The Effect of Treaties on Foreign Direct Investment: Bilateral Investment Treaties, Double Taxation Treaties and investment Flows*, Oxford University Press.

Sornarajah, M., 2015, *Resistance and Change in International Law on Foreign Investment*, Cambridge University Press.

Sornarajah, M., 2010, *The International Law on Foreign Investment*, 3rd edn, Cambridge University Press.

Viljoen, F. , 2012, *Internationnl Human Rights Law in Africa*, 2nd edn, Oxford University Press.

Journal articles

Bekaert, G. et al. , 2014, 'Political Risk Spreads', *Journal of International Business Studies* 45(4).

Bekker, P. and Ogawa, A. , 2013, 'The Impact of Bilateral Investment Treaty (BIT) Proliferation on Demand for Investment Insurance: Reassessing Political Risk Insurance After the "BIT Bang"', *ICSID Review* 28(2).

Christenson, G. A. , 1962, 'International Claims Procedure before the Department of State', *Syracuse Law Review* 13.

Contreras. P. , 2012, 'National Discretion and International Deference in the Restriction of Human Rights: A Comparison Between the Jurisprudence of the European and the Inter-American Court of Human Rights', *Northwestern Journal of International Human Rights* 11.

DeLeonardo, J. M. , 2004, 'Are Public and Private Political Risk Insurance Two of a Kind-Suggestions for a New Direction for Government Coverage', *Virginia Journal of International Law* 45.

Diebold, N. F. , 2011, 'Standards of Non-Discrimination in International Economic Law', *International and Comparative Law Quarterly* 60.

Dulitzky, A. , 2011, 'The Inter-American Human Rights System Fifty Years Later: Time for Changes', *Quebec Journal of International Law*, special edn.

Franck, S. D. , 2007, 'Foreign Direct Investment, Investment Treaty Arbitration, and the Rule of Law', *Global Business and Development Law Journal* 19.

Horlick, G. N. and Butteron, G. R., 2000, 'A Problem of Process in WTO Jurisprudence: Identifying Disputed Issues in Panels and Consultations', *Law & Policy in International Law* 31.

Khachaturian, A., 2005, 'Are We in Good Hands: The Adequacy of American and Multilateral Political Risk Insurance Programs in Fostering International Development', *Connecticut Law Review* 38.

Kochevar, S., 2013, 'Amici Curiae in Civil Law Jurisdictions', *Yale Law Journal* 122.

Lubambo, M., 2016, 'Is State-State Investment Arbitration an Old Option for Latin America?', *Conflict Resolution Quarterly* 1.

Marceau, G., 2002, 'WTO Dispute Settlement and Human Rights', *European Journal of International Law* 13.

Paparinskis, M., 2013, 'Investment Treaty Arbitration and the (New) Law of State Responsibility', *European Journal of International Lam* 24(2).

Pauwelyn, J., 2001, 'The Role of Public International Law in the WTO: How Far Can We Go?', *American Journal of International Law* 95.

Roberts, A., 2014, 'State-to-State Investment Treaty Arbitration: A Hybrid Theory of Interdependent Rights and Shared Interpretive Authority', *Harvard International Law Journal* 55(1).

Rogers, C. A., 2015, 'International Arbitration, Judicial Education, and Legal Elites', *Journal of Dispute Resolution*, 2015.

Ruiz-Chiriboga, O., 2012, 'The independence of the Inter-American judge', *The Law and Practice of International Courts and Tribunals* 11(1).

Sacerdoti, G., 2016, 'Panelists, Arbitrators, Judges: A Response To Joost Pauwelyn', *AJIL Unbound* 19.

Schill, S., 2006, 'Arbitration Risk and Effective Compliance: Cost

Shifting in Investment Treaty Arbitration', *Journal of World Investment & Trad*, 7.

Singh, S. and Sharma, S., 2013, 'Investor-State Dispute Settlement Mechanism: The Quest for a Workable Roadmap', *Merkourious: Utrecht Journal of International Law and European Law* 29(76).

Smith, J., 2004, 'Inequality in International Trade? Developing Countries and Institutional Change in WTO Dispute Settlement', *Review of International Political Economy* 11.

Stiglitz, J. E., 2008, 'Regulating Multinational Corporations: Towards Principles of Cross-Border Legal Frameworks in a Globalized World Balancing Rights with Responsibilities', *American University International Law Review* 23.

Trevino, C. J., 2014, 'State-to-State Investment Treaty Arbitration and the Interplay with Investor-State Arbitration Under the Same Treaty', *Journal of International Dispute Settlement* 5(1).

Online sources

Bernasconi-Osterwalder, N., 2014, 'State-State Dispute Settlement in Investment Treaties', International Institute for Sustainable Development, viewed (31 March 2017) from www.iisd.org/sites/default/files/publications/best-practices-state-state-dispute-settlement-investment-treaties.pdf.

Bernasconi-Osterwalder, N. and Dietrich-Brauch, M., 2015, 'Brazil's Innovative Approach to International Investment Law', International Institute for Sustainable Development, viewed (31 March 2017) from www.iisd.org/blog/brazils-innovative-approach-international-investment-law.

Bernasconi-Osterwalder, N. and Dietrich-Brauch, M., 2015, 'Comparative

Commentary to Brazil's Cooperation and Investment Facilitation Agreements (CIFAs) with Mozambique, Angola, Mexico, and Malawi', International Institute for Sustainable Development, viewed (31 March 2017) from www.iisd.org/sites/default/files/publications/commentary-brazil-cifas-acfis-mozambique-angola-mexico-malawi.pdf.

Bernasconi-Osterwalder, N. and Rossert, D., 2014, 'Investment Treaty Arbitration: Opportunities to Reform Arbitral Rules and Processes', IISD, viewed (25 March 2017) from www.iisd.org/pdf/2014/investment_treaty_arbitration.pdf.

Cordes K. E., et al., 2016, 'Land Deal Dilemmas: Grievances', Human Rights, and Investor Protections, Columbia Center on Sustainable Investment, viewed (31 March 2017) from http://ccsi.columbia.edu/files/2016/03/CCSI_Land-deals-and-the-law_Briefing.pdf.

Davis, C., 2008, 'The Effectiveness of WTO Dispute Settlement: An Evaluation of Negotiation Versus Adjudication Strategies', Annual Meeting of the American Political Science Association, viewed (31 March 2017) from www.princeton.edu/~cldavis/files/WTOeffectiveness_DavisAPSA08.pdf.

Drabek, Z. and Payne, W., 2001, 'The Impact of Transparency of Foreign Direct Investment', World Trade Organisation, ERAD-99-02, viewed (25 March 2017) from www.wto.org/english/res_e/reser_e/erad-99-02.doc.

European Commission, 2016, 'Establishment of a Multilateral Investment Court for Investment Dispute Resolution', viewed (25 March 2017) from http://ec.europa.eu/smart-regulation/roadmaps/docs/2016_trade_024_court_on_investment_en.pdf.

European Union, 2015, 'Proposal of the European Union for Investment

Protection and Resolution of Investment Disputes, Chapter II: Investment', European Union, viewed(21 March 2017) from http://trade.ec.europa.eu/doclib/docs/2015/november/tradoc_153955.pdf.

Gallagher, K. and Shrestha, E., 2011, 'Investment Treaty Arbitration and Developing Countries: A re-appraisal', Global Development and Environmental Institute, Working Paper No. 11-01, viewed(25 March 2017) from http://ase.tufts.edu/gdae/Pubs/wp/11-01TreatyArbitrationReappraisal.pdf.

Gaukrodger, D. and Gordon, K., 2012, 'Investor-State Dispute Settlement: A Scoping Paper for the Investment Policy Community', OECD Working Papers on International Investment, No. 2012/03, viewed(21 March 2017) from http://dx.doi.org/10.1787/5k46blr85j6f-en.

Gordon K., 2008, 'Investment Guarantees and Political Risk Insurance: Institutions, Incentives and Development', OECD Investment Policy Perspectives, viewed (25 March 2017) from www.oecd.org/finance/insurance/44230805.pdf.

Hindelang, S., 2014, 'Part II: Study on Investor-State Dispute Settlement ("ISDS") and Alternatives of Dispute Resolution in International Investment Law Study of Investor-State Dispute Settlement ("ISDS") and Alternatives of Dispute Resolution in International Investment Law', European Parliament, EXPO/B/INTA/2014/08-09-10, viewed (21 March 2017) from www.europarl.europa.eu/RegData/etudes/STUD/2014/534979/EXPO_STU(2014)534979(ANN01)_EN.pdf.

Jimenez, M. P. et al., 2016, 'Towards a Model of Transparency and Access to Information in the Inter-American Human Rights System', in Reynolds, K. A. (ed.) *The Inter-American Human Rights System Changing*

Times, *Ongoing Challenges*, Due Process of Law Foundation, viewed (31 March 2017) from www. dplf. org/sites/default/files/challenges_iahrs_final_web_08232016pdf. pdf.

Johnson, L. and Sachs, L., 2010, 'The Outsized Costs of Investor-State Dispute Settlement', *Academy of Business Insights* 16(1), viewed(25 March 2017) from http://ccsi. columbia. edu/files/2016/02/AIB-Insights-Vol. -16-Issue-1-The-outsized-costs-of-ISDS-Johnson-Sachs-Feb-2016. pdf.

Johnson, L., Sachs, L. and Sachs, J., 2015, 'Investor-State Dispute Settlement, Public Interest and US Domestic Law', Columbia Centre on Sustainable Environment.

Multilateral Investment Guarantee Agency (MIGA), World Investment and Political Risk 09, viewed (25 March 2017) from www. miga. org/documents/WIPR13. pdf.

Lambach, J., et al., 2003, 'Judicial Independence: Law and Practice of Appointments to the European Court of Human Rights', viewed(31 March 2017) from www. Ihr. md/images/appointment. pdf.

Marceau, G. and Mikella H., 2012, 'Transparency and Public Participation: A Report Card on WTO Transparency Mechanisms', Trade, Law and Development, viewed (31 March 2017) from www. tradelawdevelopment. com/index. php/tld/article/view/4 (1)% 20TL% 26D%2019%20(2012).

OECD, 2012, 'Government Perspectives on Investor-State Dispute Settlement: A Progress Report', accessed(25 March 2017) from www. oecd. org/daf/inv/ investment-policy/ISDSprogressreport. pdf.

Rossert, D., 2014, 'The Stakes are High: A Review of the Financial Costs of Investment Treaty Arbitration', IISD, accessed(25 March 2017) from www. iisd. org/sites/default/files/publications/stakes-are-high-review-financial-costs-investment-treaty-arbitration. pdf.

Sanchez, N. C. and Ceron, L. L., 2016, 'The Elephant in the Room: The Procedural Delay in the Individual Petitions System of the Inter-American System', in Reynolds, K. A. (ed.) *The Inter-American Human Rights System: Changing Times, Ongoing Challenge*, Due Process of Law Foundation, viewed (31 March 2017) from www. dplf. org/sites/default/files/challenges_iahrs_final_web_08232016pdf. pdf.

UNCTAD, 2014, 'IIA Issues Note: The Impact of International Investment Agreements on Foreign Direct Investment: An Overview of Empirical Studies 1998 – 2014', Working draft, viewed (25 March 2017), from http://investment-policyhub. unctad. org/Upload/Documents/unctad-web-diae-pcb – 2014 – Sep%2016. pdf.

UNCTAD, 2015, 'World Investment Report 2015 Reforming International Investment Governance', E. 15. II. D. 5, viewed (21 March 2017) from http://unctad. org/en/PublicationsLibrary/wir2015_en. pdf.

Wong, J., 2014, 'The Subversion of State-to-State Investment Treaty Arbitration', *Columbia Journal for Transnational Law* 53, viewed(25 March 2017) from http://jtl. columbia. edu/wp-content/uploads/sites/4/2015/01/Wong-Article-53-CJTL-6. pdf.

WTO, 2003, 'Introduction to the WTO Dispute Settlement System', viewed(25 March 2017) from www. wto. org/english/tratop_e/dispu_e/disp_settlement_cbt_e/introl_e. htm.

Other sources

ASEAN Economic Community, 2004, *ASEAN Protocol on Enhanced*

Dispute Settlement Mechanism, Appendix I(Covered Agreements). ASEAN.

Brazil-Mozambique Cooperation and Investment Facilitation Agreement, 2015.

Constitution of the Republic of South Africa, 1996.

Investment Agreement for the COMESA Common Investment Area.

SADC, 2012, *Southern African Development Community Model BIT*. SDAC.

Chapter 5

Books

Gazzini, T. and Radi, Y., 2012, 'Foreign Investment with a Human Face, with Special Reference to Indigenous Peoples' Rights', in R. Hofmann and C. Tams (eds) *International Investment Law and Its Others*, NOMOS Publishing.

Kladermis, D., 2011, 'Investment Treaty Arbitration as Global Administrative Law: What this Might Mean in Practice', in Brown, C. and Miles, K. (eds) *Evolution in Investment Treaty Law and Arbitration*, Cambridge University Press.

Krommendijk, J. and Morijn, J., 2009, '"Proportional" by What Measures? Balancing Investors Interests and Human Rights by Way of Applying the Proportionality Principle in Investor-State Arbitration', in Dupuy, P. (ed) *Human Rights in International Investment Law and Arbitration*, Oxford University Press.

Kulick, A., 2012, *Global Public Interest in International Investment Law*, Cambridge University Press.

Prislan, V., 2012, 'Non Investment Obligations in Investment Treaty

Arbitration-Towards a Greater Role for States?', in Baetens, F. (ed.) *Investment Law Within International Law: An Integrationist Perspective*, Cambridge University Press.

Sornarajah, M., 2008, 'A Coming Crisis: Expansionary Trends in Investment Treaty Arbitration, in Appeals Mechanism in International Investment Disputes', in Sauvant K. P. (ed.) *Appeals Mechanism in International Investment Disputes*, Oxford University Press.

Spears, S., 2011, 'Making Way for the Public Interest in International Investment Agreements', in Brown, C. and Miles, K. (eds) *Evolution in Investment Treaty Law and Arbitration*, Cambridge University Press.

Van Harten, G., 2007, *Investment Treaty Arbitration and Public Law*, Oxford University Press.

Journal articles

Adeleke, F., 2016, 'Human Rights and International Investment Arbitration', *South African Journal of Human Rights* 32(1).

Brower, C. N. and Schill, S. W, 2009, 'Is Arbitration a Threat or a Boon to the Legitimacy of International Investment Law?', *Chicago Journal of International Law* 9.

Chen, T., (2012), 'The Standard of Review and the Roles of ICSID Arbitral Tribunals in Investor State Dispute Settlement', *Contemporary Asia Arbitration Journal* 5(1).

Desierto, D. A., 2012, 'Calibrating Human Rights and Investment in Economic Emergencies: Prospects of Treaty and Valuation Defences', *Manchester Journal of International Economic Law* 9(2).

Franck, S. D., 2005, 'The Legitimacy Crisis in Investment Treaty

Arbitration: Privatizing Public International Law Through Inconsistent Decisions', *Fordham Law Review* 73.

Henckels, C., 2013, 'Balancing Investment Protection and the Public Interest: The Role of the Standard of Review and the Importance of Deference in Investor-State Arbitration', *Journal of International Dispute Settlement* 4 (1).

Orellana, M. A., 2011, 'The Right of Access to Information and Investment Arbitration', *ICSID Review Foreign Investment Law Journal* 26 (2).

Schill, S. W., 2011, 'Enhancing Investment Law's Legitimacy: Conceptual and Methodological Foundations of a new Public Law Approach', *Virginia Journal of International Law* 52.

Online sources

Hepburn, J. and Balcerzak, F., 2013, 'Polish Court Rules on Release of Investment Arbitration Awards under Freedom of Information Law', *IA Reporter*, viewed (17 February 2013) from www.iareporter.com/articles/20130102_3.

Kladermis, D., 2012, 'Systemic Integration and International Investment Law—Some Practical Reflections', working paper No. 2012/46, viewed (6 May 2017) from http://arbitrationlaw.com/files/free_pdfs/2012_-_d_kalderimis_-_system ic_integration_and_iil_-_some_practical_reflections.pdf.

UN Office of the High Commissioner for Human Rights, 2008, 'Frequently Asked Question on Economic, Social, and Cultural Rights', Fact Sheet No. 33, 25, viewed (29 March 2017) from www.ohchr.org/Documents/

Publications/ FactSheet33en. pdf.

Other sources

Bjorge, E. , 2012, 'Evolutionary Interpretation and the Intention of the Parties', University of Oslo Faculty of Law Research Paper No. 2012 – 33 (October), SSRN 6.

Schill, S. , 2012, 'Deference in Investment Treaty Arbitration: Re-Conceptualising the Standard of Review through Comparative Public Law', Society of International Economic Law (SIEL), SSRN.

Chapter 6

Journal articles

Carim, X. , 2012, 'South Africa's Review and New Policy on BITs', *South Bulletin* 69(8).

Online sources

Alschner, W. and Skougarevskiy, D. , 2016, 'Rule-takers or rule-makers? A new look at African bilateral investment treaty practice', Working Paper No. 7, viewed (30 March 2017) https://ssrn. com/abstract = 2791474.

Domeland, D. and Sander, F. G. , 'Growth in African Small States' 2007, World Bank, viewed(26 March 2017) from http://siteresources. worldbank. org/INTDEBT DEPT/Resources/468980-1206974166266/4833916-1206989877225/DomelandGilSander200704. pdf.

Hepburn, J. , 2015, 'An Update On Investor-State Claims Against Kenya', IA Reporter, viewed (29 November 2016) from www. iareporter.

com/articles/an-update-on-investor-state-claims-against-kenya/.

Klaaren, J. and Schneiderman, D., 2009, 'Investor-State Arbitration and SA's Bilateral Investment Treaty Policy Framework Review: Comment Submitted to the DTI 10 August 2009', Mandela Institute, viewed(31 March 2017) from www. elaw. org/system/files/Comments + on + DTI + BITs + review + FINAL. pdf.

Mohamadieh, K. and Uribe, D., 2016, 'The Rise of Investor-State Dispute Settlement in the Extractives Sectors: Challenges and Considerations for African countries', South Centre Research Paper 65, viewed(31 March 2017) from www. southcentre. int/research-paper-65-february-2016/.

Muchlinski, P., 2008, 'The COMESA Common Investment Area: Substantive Standards and Procedural Problems in Dispute Settlement', viewed (6 October 2016) from http://ssrn. com/abstract = 1698209.

Ngobeni, L. and Fagbayibo, B., 2015, 'The Investor-State Dispute Resolution Forum under the SADC Protocol on Finance and Investment: Challenges and Opportunities for Effective Harmonisation', Law Democracy Dev. 19, viewed (26 March 2017) from www. scielo. org. za/scielo. php? script = sci_arttext&pid = S2077-49072015000100009.

Peterson, L. E., 2013, 'Dismantling Of Southern African Development Community Tribunal Spawns Uncitral Arbitration Claim For Denial of Justice', IA Reporter, viewed(30 March 2017) from www. iareporter. com/articles/dismantling-of-southern-african-development-community-tribunal-spawns-uncitral-arbitration-claim-for-denial-of-justice/.

Peterson, L. E., 2014, 'Arbitrators Dismiss Some Objections in Face of $650 Million Oil Expropriation Claim Under Nigerian Investment Statute', IA Reporter, viewed(29 November 2016) from www. iareporter. com/articles/

arbitrators-dismiss-some-objections-in-face-of-650-million-oil-expropriation-claim-under-nigerian-investment-statute/.

Peterson, L. E. , 2016, 'Multilateral Investment Treaty's Exhaustion of Remedies Requirement Does Not Hobble Case Because Local Courts Couldn't Offer Same Relief Available Before International Tribunal', IA Reporter, viewed (30 March 2017) from www. iareporter. com/articles/multilateral-investment-treatys-exhaustion-of-remedies-requirement-does-not-hobble-case-because-local-courts-couldn't-offer-same-relief-available-before-international-tribunal/.

Sachs, L. and Sauvant, K. , 2009, 'BITs, DTTs and FDI flows: An Overivew', in Sachs, L. and Sauvant, K. (eds) *The Effect of Treaties on Foreign Direct Investment: Bilateral Investment Treaties, Double Taxation Treaties and Investment Flows*, Oxford University Press, viewed (26 March 2017) from http://ccsi. columbia. edu/files/2014/01/Overview-SachsSauvant-Final. pdf.

UNCTAD, 2012, 'Investment Policy Framework for Sustainable Development', University of the Witwatersrand, Johannesburg, 26 July 2012, viewed (26 March 2017) from http://unctad. org/meetings/en/Miscellaneous %20 Documents/South-Africa-Investment-statement _ Rob _ Davies. pdf.

UNCTAD, 2015, 'World Investment Report: Reforming International Investment Governance', viewed (27 March 2017) from http://unctad. org/en/ PublicationsLibrary/wir2015_en. pdf.

UNECA, 2015, 'Industrializing through Trade: Economic Report on Africa 2015', viewed (26 March 2017) from www. un. org/en/africa/osaa/pdf/pubs/2015era-uneca. pdf.

UNECA, 2016, 'Africa Regional Integration Index 2016', viewed (26 March 2017) from www.uneca.org/sites/default/files/PublicationFiles/arii-report2016_en_web.pdf.

UNECA, 2016, 'Investment Policies and Bilateral Investment Treaties in Africa Investment Treaties in Africa: Implications for Regional Integration Implications for Regional Integration', viewed (26 March 2017) from www.uneca.org/sites/default/files/PublicationFiles/eng_investment_landscaping_study.pdf.

UNECA, 2016, 'Pan-African Investment Code', viewed (30 March 2017) from http://repository.uneca.org/handle/10855/23009.

Other sources

Graduate School of Development Policy and Practice (GSDPP) UCT, 2014, 'The Political Economy of African Economic Integration: Strategic Reflections', unpublished Report.

Chapter 7

Books

Dupuy, P. M., 2009, 'Unification Rather than Fragmentation of International Law? The Case of International Investment Law and Human Rights Law', in Dupuy, P. M. (ed.) *Human Rights in International Investment Law and Arbitration*, Oxford University Press.

Morison, J. and Anthony, G., 2011, 'The Place of Public Interest', in G. Antony et al. (eds) *Values in Global Administrative Law*, Hart Publishing.

Online sources

European Commission, 2013, 'Incorrect Claims about Investor-State Dispute Settlement', viewed(25 March 2017) from http://trade. ec. europa. eu/doclib/ docs/2013/october/tradoc_151790. pdf.

Levashova, Y., 2012, 'Public Interest Norms in the European International Investment Policy: A Shattered Hope?', University of Oslo Faculty of Law, Legal Studies Research Paper Series No. 8, viewed (31 March 2017) from https://papers. ssrn. com/sol3/papers. cfm? abstract_id = 2083475.

Reinsch, A., 2016, 'The European Union and Investor-State Dispute Settlement: From Investor-State Arbitration to a permanent Investment Court', Investor-State Arbitration Series Paper No. 2, viewed (31 March 2017) from www. cigi online. org/sites/default/files/isa_paper_series_no. 2. pdf.

图书在版编目（CIP）数据

非洲国际投资法律与政策：基于人权路径探讨投资管理和争端解决问题 /（尼日利）福拉·阿德莱克著；李良才译. -- 北京：法律出版社，2024. --（非洲法律翻译及研究丛书）. -- ISBN 978 - 7 - 5197 - 9532 - 0

Ⅰ. D940.228

中国国家版本馆 CIP 数据核字第 2024WA8634 号

非洲国际投资法律与政策
——基于人权路径探讨投资管理和争端解决问题
FEIZHOU GUOJI TOUZI FALÜ YU ZHENGCE
—JIYU RENQUAN LUJING TANTAO TOUZI GUANLI HE ZHENGDUAN JIEJUE WENTI

[尼日利]福拉·阿德莱克 著
李良才 译

策划编辑 田亚飞
责任编辑 田亚飞
装帧设计 鲍龙卉

出版发行 法律出版社
编辑统筹 法律考试·职业教育出版分社
责任校对 杨锦华 王语童
责任印制 胡晓雅
经　　销 新华书店

开本 710 毫米 × 1000 毫米 1/16
印张 16.75 **字数** 214千
版本 2024 年 12 月第 1 版
印次 2024 年 12 月第 1 次印刷
印刷 北京建宏印刷有限公司

地址：北京市丰台区莲花池西里 7 号（100073）
网址：www.lawpress.com.cn
投稿邮箱：info@lawpress.com.cn
举报盗版邮箱：jbwq@lawpress.com.cn

销售电话：010 - 83938349
客服电话：010 - 83938350
咨询电话：010 - 63939796

书号：ISBN 978 - 7 - 5197 - 9532 - 0　　**定价**：68.00 元

凡购买本社图书，如有印装错误，我社负责退换。电话：010 - 83938349

图书在版编目（CIP）数据

[illegible]

[illegible]（2024）[illegible]

ISBN 978-7-5197-9532-0

[illegible]

中国国家版本馆 CIP 数据核字（2024）第[illegible]号

[illegible]